저자

김기훈   現 ㈜ 쎄듀 대표이사
         現 메가스터디 영어영역 대표강사
         前 서울특별시 교육청 외국어 교육정책자문위원회 위원
저서   천일문 / 천일문 Training Book / 천일문 GRAMMAR / 천일문 WRITING
         리딩그라피 / 리딩 플랫폼 / 리딩 릴레이 / Reading Q / Grammar Q / Listening Q
         천일문 VOCA / 쓰작 / 잘 풀리는 영문법
         어휘끝 / 어법끝 / 첫단추 / 파워업 / ALL씀 서술형
         수능영어 절대유형 / 수능실감 등

쎄듀 영어교육연구센터
쎄듀 영어교육센터는 영어 콘텐츠에 대한 전문지식과 경험을 바탕으로
최고의 교육 콘텐츠를 만들고자 최선의 노력을 다하는 전문가 집단입니다.
인지영 책임연구원 · **최세림** 전임연구원 · **김지원** 전임연구원

마케팅   콘텐츠 마케팅 사업본부
영업   문병구
제작   정승호
인디자인 편집   올댓에디팅
디자인   스튜디오에딩크, 윤혜영
일러스트   정윤지, 송미정
영문교열   James Clayton Sharp

독해를 바라보는 재미있는 시각

리딩그라피

Reading
Graphy

| Level |

2

중등 독해,
리딩그라피로 시작하세요!

초등 독해에서 중등 독해로 넘어갈 때 아이들이 어떤 부분을 가장 어려워할까요?
바로 **"단어"**와 **"문장 구조 파악"**입니다.
초등 독해에서는 단어가 비교적 쉽고, 문장이 간결하기 때문에
아이들이 흔히 하는 것처럼 단어들의 의미를 조합하면 대략 어떤 의미인지는 파악할 수 있었지만,
중등에서는 이 방식이 통하기 어렵습니다.

실제 사례를 한번 살펴볼까요? (*중등 학습 초기의 초등 고학년 아이들에게 리딩그라피 레벨1 수록 지문을 해석해 보도록 했습니다.)

1 It looks and tastes like regular chocolate.

 그 거대한 초콜릿 같은 것은 맛있어 보인다.

 그것은 맛있어 보인다 큰 초콜릿 같이 생긴.

2 Plus, many trees get cut down to make space for these cacao farms.

 많은 나무를 베서 만든다 우주의 카카오 농장을.

 카카오 농장을 위해 자르는 나무 수를 추가해 우주를 만든다.

단어와 구문을 잘못 파악하니, 전혀 다른 의미로 해석되었어요.

단어
• regular 형 1. 일반적인 ,평범한 　　　　　 2. (크기가) 보통의 • space 명 1. 우주 2. 공간

구문
• taste chocolate 초콜릿을 맛보다 　 taste like chocolate 초콜릿 같은 맛이 나다 • to make 1. 만드는 것 2. 만들기 위해 3. 만드는 4. 만들기에

이처럼, 단어와 구문을 함께 학습해야 **문장의 정확한 해석**이 가능하며,
지문의 길이가 점점 더 길어지더라도, **글 전체의 주제와 세부 내용을 정확하게 파악**하여 문제를 풀 수 있습니다.
리딩그라피는 단순 흥미 위주의 독해를 넘어 문제 풀이로 끝나버리지 않는, **"진짜 남는 것이 있는 독해"**를 지향합니다.

재미 100% 보장
내용까지 유익한 지문
+
중등 필수
단어
+
중등 필수
구문
=
리딩그라피

1 체계적인 시리즈 구성과 세심한 난이도 조정

	학습 대상	학습 구문 수준	문장 당 평균 단어 수	단어 수	*Lexile® 지수
Level 1	예비중 ~ 중1	중1 (80%) ~ 중2 (20%)	10 (3 ~ 17)	110 ~ 130	500 ~ 700
Level 2	중1	중1 (70%) ~ 중2 (30%)	11 (3 ~ 32)	120 ~ 140	600 ~ 800
Level 3	중2	중2 (80%) ~ 중3 (20%)	13 (5 ~ 26)	130 ~ 150	700 ~ 900
Level 4	중3	중2 (20%) ~ 중3 (80%)	14 (6 ~ 27)	140 ~ 160	800 ~ 1000

*Lexile(렉사일)® 지수: 미국 교육 기관 MetaMetrics에서 개발한 영어 읽기 지수로, 개인의 영어독서 능력과 수준에 맞는 도서를 읽을 수 있도록 개발된 독서능력 평가지수입니다. 미국에서 가장 공신력 있는 지수로 활용되고 있습니다.

2 중등 내신 필수 구문과 단어까지 완벽 학습

✔ 중학교 3년간 배워야 할 구문 완벽 정리 (지문 당 중등 필수 구문 3개 학습 가능)

❶ 지문에서 꼭 알아 두어야 하는 중등 필수 구문 1개를 <1일 1문장>으로 선정해 해석하는 방법 안내

> **1일 1문장**
> While he was walking, // he saw about 20 furry animals / near the water.
> 접속사 주어   동사
> 해석TIP 접속사 while 뒤에 '주어+동사 ~'가 오면 '~하는 동안[사이]'라고 해석할 수 있어요.

❷ 학습한 <1일 1문장> 구문을 정확하게 해석할 수 있는지 문제를 통해 확인

> **1일 1문장**
> 5 다음 굵게 표시된 부분에 주의하여 문장의 해석을 완성하세요.
> Don't look at your smartphone // while you are walking.
> → 네 스마트폰을 보지 마라 //

❸ 워크북에서 <1일 1문장> 복습 및 지문에서 추가로 꼭 알아 두어야 하는 중등 필수 <구문 Plus ①, ②>를 학습

> **1일 1문장** 'while + 주어 + 동사 ~」 '~가 …하는 동안[사이]'
> TIP while이 이끄는 절이 문장 앞에 오면 줄임(,)를 뒤에 붙여요.
> **While** Emily was playing tennis, she injured her ankle.
> 에밀리는 _____ 발목을 다쳤다.
>
> **Plus 1** 'start v-ing」 '~하는 것을[~하기] 시작하다
> TIP 동사 start의 목적어 v-ing는 to-v로도 바꿔 쓸 수 있어요.
> All the kids **started laughing** when she entered the classroom.
> 그녀가 교실에 들어왔을 때 모든 아이들이 _____
>
> **Plus 2** 'try to-v」 '~하려고 노력하다
> TIP 'try v-ing」는 시험 삼아 ~해보다'라는 의미로 뜻이 달라지므로 주의해요.
> He **is trying to find** the password for the website.

❹ <1일 1문장>, <구문 Plus ①, ②>가 포함된 문장의 '주어-동사'를 직접 찾아보고, 각 문장을 정확하게 해석할 수 있는지 확인

> 1 While he was walking, // he saw about 20 furry animals / near the water.
> →   //
>
> 2 The otters thought / Steve was a danger too, // so they ran toward him / and started biting his ankles and legs.
> →   /   //
>
> 3 Steve tried to stop them, // but he couldn't.
> →   //

✔ 교육부 지정 중등 필수 단어 강조 표시

Words

❶ **go for a walk** 산책하러 가다
(go-went-gone)
· while 접 ~하는 동안
· **furry** 형 털로 덮인

❷ scared 형 겁먹은, 무서워하는
· **suddenly** 부 갑자기
· jogger 명 조깅하는 사람

지문별로 ❶ 지문 소재 특성에 따른 단어, ❷ 반드시 외워야 하는 필수 단어가 있습니다. 리딩그라피 에서는 교육부에서 지정한 중등 필수 단어에 강조 표시를 해두어 학습자들이 우선순위를 두고 학습할 수 있도록 했습니다.

① 흥미로운 주제의 영어 지문

재미와 지식, 상식을 모두 갖춘 최신 경향 위주의 영어 지문으로 구성되었습니다.

② 단어 수

지문별 단어 개수를 제공하며, 권내에서도 다양한 단어 수의 지문을 학습할 수 있습니다.

③ QR코드

QR코드를 사용해 지문과 단어의 MP3 파일을 손쉽게 들을 수 있습니다.

④ 1일 1문장

각 지문마다 꼭 알아 두어야 하는 중등 필수 구문 1개를 선정해, 해당 문장을 정확히 해석할 수 있도록 안내하고 있습니다.

01 ● Animals

● 단어 수 141

In a park in Singapore, a man named Steve went for a morning walk. It was still dark and quiet. ✏ While he was walking, he saw about 20 furry animals near the water. They were *otters! (A) The other otters got angry and scared. (B) Suddenly, a jogger ran by, and he accidentally stepped on an otter. (C) He stopped for a moment and got close to look at the cute animals. The otters thought Steve was a danger too, so they ran toward him and started biting his ankles and legs. Steve tried to stop them, but he couldn't. At last, Steve climbed a tree to get away from the angry otters. He stayed there until the otters calmed down and went back to the water.

Steve learned a lesson that day: always be careful around wild animals, even if they look _____.

*otter 수달

● 1일 1문장

While he was walking, // he saw about 20 furry animals / near the water.
접속사 주어   동사

해석 TIP 접속사 while 뒤에 「주어+동사 ~」가 오면 '~하는 동안[사이]'라고 해석할 수 있어요.

✏ 해석 그가 걷고 있는 동안, 그는 물 근처에서 약 수달 마리의 털이 많은 동물들을 보았다.

#접속사 #부사절 #while

14 | LEVEL 2

단어 Review

3개의 지문에서 학습한 단어 및 표현을 완벽하게 복습할 수 있습니다. '영영 뜻 파악 ➜ 어구 완성 ➜ 문장 완성'의 3단계 문제로 구성되어 있습니다.

1일 1문장 Review

3개의 지문에서 학습한 〈1일 1문장〉을 완벽하게 복습할 수 있습니다. 각 문장의 동사를 찾아보는 '동사 찾기' ➜ 어순을 확인하는 '배열 영작' ➜ 해석을 연습하는 '문장 해석'으로 구성되어 있습니다.

무료 부가서비스

무료로 제공되는 부가서비스로 완벽히 복습하세요. (www.cedubook.com)
① 단어 리스트 ② 단어 테스트 ③ 직독직해 연습지 ④ 영작 연습지 ⑤ 받아쓰기 연습지 ⑥ MP3 파일 (단어, 지문)

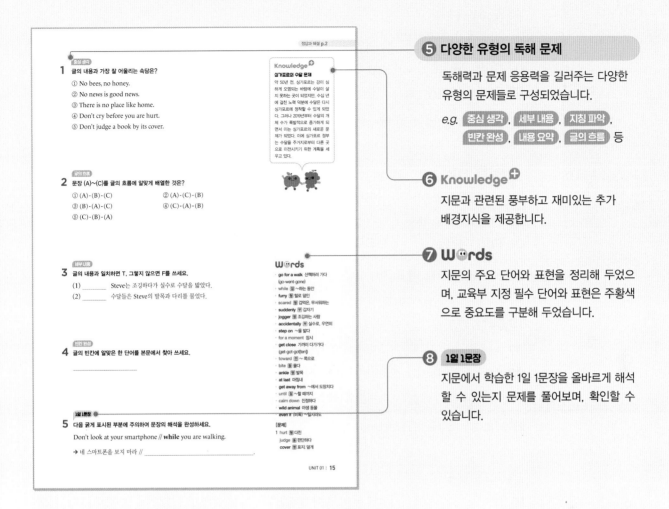

중심 생각

1 글의 내용과 가장 잘 어울리는 속담은?

① No bees, no honey.
② No news is good news.
③ There is no place like home.
④ Don't cry before you are hurt.
⑤ Don't judge a book by its cover.

글의 흐름

2 문장 (A)~(C)를 글의 흐름에 알맞게 배열한 것은?

① (A)-(B)-(C)　　　② (A)-(C)-(B)
③ (B)-(A)-(C)　　　④ (C)-(A)-(B)
⑤ (C)-(B)-(A)

세부 내용

3 글의 내용과 일치하면 T, 그렇지 않으면 F를 쓰세요.

(1) _____ Steve는 조깅하다가 실수로 수달을 밟았다.
(2) _____ 수달들은 Steve의 발목과 다리를 물었다.

빈칸 완성

4 글의 빈칸에 알맞은 한 단어를 본문에서 찾아 쓰세요.

_____

1일 1문장

5 다음 굵게 표시된 부분에 주의하여 문장의 해석을 완성하세요.

Don't look at your smartphone // **while** you are walking.

→ 네 스마트폰을 보지 마라 // _____.

Knowledge➕

싱가포르의 수달 문제

약 50년 전, 싱가포르는 강이 심하게 오염되는 바람에 수달이 살지 못하는 곳이 되었지만, 수십 년에 걸친 노력 덕분에 수달이 다시 싱가포르에 정착할 수 있게 되었다. 그러나 2019년부터 수달의 개체 수가 폭발적으로 증가하게 되면서 이는 싱가포르의 새로운 문제가 되었다. 이에 싱가포르 정부는 수달을 주거지로부터 다른 곳으로 이전시키기 위한 계획을 세우고 있다.

W⬤rds

go for a walk 산책하러 가다 (go-went-gone)
while 图 ~하는 동안
furry 图 털로 덮인
scared 图 겁먹은, 무서워하는
suddenly 图 갑자기
jogger 图 조깅하는 사람
accidentally 图 실수로, 우연히
step on ~을 밟다
for a moment 잠시
get close 가까이 다가가다 (get-got-gotten)
toward 图 ~ 쪽으로
bite 图 물다
ankle 图 발목
at last 마침내
get away from ~에서 도망치다
until 图 ~할 때까지
calm down 진정하다
wild animal 야생 동물
even if 图 ~일지라도

[문제]
1 **hurt** 图 다친
judge 图 판단하다
cover 图 표지; 덮개

UNIT 01 : 15

---

⑤ 다양한 유형의 독해 문제

독해력과 문제 응용력을 길러주는 다양한 유형의 문제들로 구성되었습니다.

e.g. 중심 생각, 세부 내용, 지칭 파악, 빈칸 완성, 내용 요약, 글의 흐름 등

⑥ Knowledge➕

지문과 관련된 풍부하고 재미있는 추가 배경지식을 제공합니다.

⑦ W⬤rds

지문의 주요 단어와 표현을 정리해 두었으며, 교육부 지정 필수 단어와 표현은 주황색으로 중요도를 구분해 두었습니다.

⑧ 1일 1문장

지문에서 학습한 1일 1문장을 올바르게 해석할 수 있는지 문제를 풀어보며, 확인할 수 있습니다.

‖ WORKBOOK ◆

◐ 〈1일 1문장〉은 복습, 〈구문 Plus ①, ②〉는 추가로 학습한 후, '주어-동사 찾기' 및 '직독직해' 문제를 풀어보며 구문 이해도를 확인할 수 있습니다.
◐ 〈내신 맛보기〉에서는 중등 내신 문제와 유사한 어휘 및 서술형 문제를 풀어볼 수 있습니다.

‖ 정답과 해설 ◆

◐ 정답의 이유를 알려주는 자세한 '문제 해설', '본문 해석', 문장을 의미 단위로 끊어 읽는 법을 알려주는 '직독직해', '주요 구문 해설'로 구성되어 있습니다.

‖ 단어 암기장 ◆

◐ 지문에 등장하는 주요 단어와 표현을 정리해 두었으며, 암기장은 가지고 다니며 학습할 수 있습니다.
◐ QR코드를 통해 MP3 파일을 들으며, 단어와 표현의 의미를 확인할 수 있습니다.

CONTENTS
목차

지문별 중등 필수 구문

유닛	지문	1일 1문장	WB 구문 PLUS ❶	WB 구문 Plus ❷
01	01	부사절 접속사 while 〈시간〉	목적어로 쓰인 동명사 (start v-ing)	to부정사의 명사 역할 (목적어) (try to-v)
	02	명사 수식 과거분사	전치사 during	to부정사의 부사 역할 〈목적〉
	03	목적어로 쓰인 동명사 (imagine v-ing)	전치사 because of	bring+직접목적어+to+간접목적어
02	04	조동사 used to 〈과거 습관·행동〉	to부정사의 명사 역할 (목적어) (want to-v)	give+간접목적어+직접목적어
	05	to부정사의 명사 역할 (목적어) (pretend to-v)	감각동사 sound like+명사	목적어로 쓰인 명사절 that 생략
	06	수동태 현재	to부정사의 부사 역할 〈목적〉	부사절 접속사 until
03	07	현재완료 〈경험〉	목적어로 쓰인 명사절 that	to부정사의 부사 역할 〈목적〉
	08	부사절 접속사 as 〈시간〉	형용사 역할의 전치사구 (of)	현재진행형
	09	make+목적어+보어(형용사)	접속사 or의 병렬 구조 (동명사구)	비교급+than
04	10	목적어로 쓰인 if 명사절	현재진행형	접속사 or의 병렬 구조 (동사구)
	11	to부정사의 부사 역할 〈목적〉	명사 수식 과거분사	want+목적어+보어(not+to부정사)
	12	ask+목적어+보어(to부정사)	과거진행형	감각동사 look like+명사
05	13	help+목적어+보어(동사원형)	명사 수식 현재분사	be getting+비교급
	14	명사 수식 현재분사	목적어로 쓰인 if 명사절	목적어로 쓰인 명사절 that
	15	it(가주어) ~ to부정사구(진주어) …	help+목적어+보어(동사원형)	teach+간접목적어+직접목적어
06	16	현재완료 〈완료〉	to부정사의 명사 역할 (목적어) (start to-v)	부사절 접속사 so 〈결과〉
	17	to부정사의 형용사 역할	과거진행형	전치사 like
	18	부사절 접속사 even though 〈대조〉	접속사 like	to부정사의 명사 역할 (목적어) (forget to-v)

추천 학습 방법 THE BEST WAY TO STUDY

리딩그라피는 다음과 같이 학습할 때 최고의 학습 효과를 얻을 수 있어요. 다만, 개인 성향, 학습 경험에 따라 개개인에게 맞는 학습법이 다를 수 있으므로, 아래 학습법을 바탕으로 각자 자신에게 맞는 나만의 학습법을 찾아보세요.

STEP 1
단어 의미 확인하기

본격적으로 지문을 읽기 전에 단어 암기장을 사용해 지문에 나오는 단어와 표현을 먼저 확인해 보세요.

Tip 다양한 소재의 지문이 등장하므로, 지문에 나오는 단어의 뜻을 모르면 해석하기 어려울 수 있어요. 단어의 뜻을 미리 확인해 보는 게 큰 도움이 될 거예요.

STEP 2
지문 읽기

1 문장을 정확하게 해석하기 어려워도 중간에 멈추지 말고, 한번 쭉 읽어 보세요.

2 그다음 지문의 각 문장을 꼼꼼히 해석해보며 읽어 보세요.

Tip QR코드의 음원을 사용해 원어민의 발음으로 지문을 들어볼 수도 있어요.

STEP 3
문제 풀기

중심 생각, 세부 내용, 지칭 파악, 글의 흐름, 내용 요약 등의 문제를 풀어보며, 지문의 내용을 잘 이해했는지 확인해 보세요.

Tip 문제를 풀 때는 정답을 보지 않고 끝까지 푸는 것이 매우 중요해요.

STEP 4
워크북으로 복습하기

1 먼저 〈1일 1문장〉 복습과 함께, 중등 필수 〈구문 Plus ①, ②〉를 추가로 학습해 보세요.

2 그다음 〈내신 맛보기〉에서 어휘 및 서술형 실전 문제를 풀어보며, 자신이 지문에 나온 단어와 구문을 얼마나 잘 이해하고 있는지 점검해 보세요.

Tip 홈페이지에서 무료로 제공되는 단어 테스트, 직독직해 연습지, 영작 연습지 등을 함께 사용하면, 지문의 내용을 완벽하게 내것으로 만들 수 있어요.

STEP 5
Review로 마무리하기

3개의 지문을 학습한 후에는, 〈단어 Review〉와 〈1일 1문장 Review〉 문제를 풀어 보세요. 3개 지문에서 누적 학습된 단어와 1일 1문장을 잘 이해하고 있는지 확인할 수 있을 거예요.

직독직해 PRACTICE 일러두기

워크북의 지문별 〈직독직해 Practice〉 코너에서는 중등 필수 구문이 담긴 3개 문장의 주어와 동사 찾기를 연습해요.
워크북을 학습하기 전에 아래 내용을 꼭 확인해 보세요.

→ 본책의 <1일 1문장 Review>의 A 유형 문제를 풀 때도 아래 내용은 동일하게 적용되어요.

직독직해 Practice

✓ 각 문장의 주어에는 밑줄을, 동사에는 동그라미 해보세요.

✓ 그다음 끊어 읽기한 부분에 주의하여 빈칸에 해석을 써보세요.

① 주어를 뒤에서 꾸며 주는 어구나 절이 있을 때

주어를 뒤에서 꾸며 주는 전치사구, 현재분사(v-ing)구, 과거분사(p.p.)구, 관계사절 등이 있는 경우, 이를 제외한 주어 부분에만 밑줄을 그으세요.

> *e.g.* But if more people (buy) it, // the dark side of the chocolate industry / (might become) brighter!
> → 전치사 of가 이끄는 어구(of the chocolate industry)는 the dark side를 꾸며 주는 말이므로, 문장의 주어인 the dark side에만 밑줄을 그으세요.
> In Portugal, a referee named Catarina Campos (started) to use this white card first.
> → 과거분사구(named Catarina Campos)는 주어(a referee)를 꾸며 주는 말이에요.

② 동사가 조동사와 함께 쓰일 때

문장의 동사가 will, can, may 등과 같은 조동사와 함께 쓰일 때는, 「조동사+동사원형」을 문장의 동사로 표시해요.

> *e.g.* In fact, one picture (can take) him / four to five days / to finish.

③ 동사 사이에 수식어가 있을 때

문장의 동사는 한 개이지만, 다음과 같이 동사 사이에 수식어가 있을 때는 동그라미를 두 개로 표시해요.

> *e.g.* They (re) actually (getting) salt / from our sweat!
> → 문장의 동사는 현재신행형 are getting이에요.

④ 주어와 동사가 한 문장 안에 여러 개일 때

한 문장 안에서 접속사나 관계사절이 쓰이면 주어와 동사가 여럿이 될 수 있어요.
이때 문장 옆에 힌트가 제공되니, 힌트에 제시된 주어와 동사의 개수를 꼭 확인하세요.

> *e.g.* It (looks) and (tastes) like regular chocolate. **Hint** 주어 1개, 동사 2개
> A common story (is) // that Indian workers / who (came) to South Africa / to work in sugar cane fields / (created) it.
> **Hint** 주어 2개, 동사 3개

⑤ 「동사+부사/전치사」 형태의 구동사가 쓰일 때

「동사+부사/전치사」 등과 같이 두 개 이상의 단어로 이루어져 있지만, 하나의 동사처럼 쓰이는 말을 구동사라고 해요.
구동사의 경우, 「동사+부사/전치사」 전체를 문장의 동사로 봐야 해요.

> *e.g.* But as they (grow up), // their feet (turn) blue!

Unit 01

01

Animals

단어 수 | 120 130 140 | 141

In a park in Singapore, a man named Steve went for a morning walk. It was still dark and quiet. ✎ **While he was walking,** he saw about 20 furry animals near the water. They were *otters! (A) The other otters got angry and scared. (B) Suddenly, a jogger ran by, and he accidentally stepped on an otter. (C) He stopped for a moment and got close to look at the cute animals. The otters thought Steve was a danger too, so they ran toward him and started biting his ankles and legs. Steve tried to stop them, but he couldn't. At last, Steve climbed a tree to get away from the angry otters. He stayed there until the otters calmed down and went back to the water.

Steve learned a lesson that day: always be careful around wild animals, even if they look _____.

*otter 수달

1일 1문장 ✎

While he was walking, // he saw about 20 furry animals / near the water.
접속사 주어 동사

해석 TIP 접속사 while 뒤에 「주어＋동사 ～」가 오면 '～하는 **동안[사이]**'라고 해석할 수 있어요.

✔**해석** 그가 걷고 있는 동안, 그는 물 근처에서 약 스무 마리의 털로 덮인 동물들을 보았다.

#접속사 #부사절 #while

Knowledge ➕

싱가포르의 수달 문제

약 50년 전, 싱가포르는 강이 심하게 오염되는 바람에 수달이 살지 못하는 곳이 되었지만, 수십 년에 걸친 노력 덕분에 수달은 다시 싱가포르에 정착할 수 있게 되었다. 그러나 2019년부터 수달의 개체 수가 폭발적으로 증가하게 되면서 이는 싱가포르의 새로운 문제가 되었다. 이에 싱가포르 정부는 수달을 주거지로부터 다른 곳으로 이전시키기 위한 계획을 세우고 있다.

중심 생각

1 글의 내용과 가장 잘 어울리는 속담은?

① No bees, no honey.

② No news is good news.

③ There is no place like home.

④ Don't cry before you are hurt.

⑤ Don't judge a book by its cover.

글의 흐름

2 문장 (A)~(C)를 글의 흐름에 알맞게 배열한 것은?

① (A) - (B) - (C)   ② (A) - (C) - (B)

③ (B) - (A) - (C)   ④ (C) - (A) - (B)

⑤ (C) - (B) - (A)

세부 내용

3 글의 내용과 일치하면 T, 그렇지 않으면 F를 쓰세요.

(1) _____ Steve는 조깅하다가 실수로 수달을 밟았다.

(2) _____ 수달들은 Steve의 발목과 다리를 물었다.

빈칸 완성

4 글의 빈칸에 알맞은 한 단어를 본문에서 찾아 쓰세요.

_____

1일 1문장

5 다음 굵게 표시된 부분에 주의하여 문장의 해석을 완성하세요.

Don't look at your smartphone // **while** you are walking.

→ 네 스마트폰을 보지 마라 // _____.

W⦿rds

* **go for a walk** 산책하러 가다 (go-went-gone)
* **while** 젭 ~하는 동안
* **furry** 형 털로 덮인
* **scared** 형 겁먹은, 무서워하는
* **suddenly** 부 갑자기
* **jogger** 명 조깅하는 사람
* **accidentally** 부 실수로, 우연히
* **step on** ~을 밟다
* **for a moment** 잠시
* **get close** 가까이 다가가다 (get-got-got[ten])
* **toward** 전 ~ 쪽으로
* **bite** 동 물다
* **ankle** 명 발목
* **at last** 마침내
* **get away from** ~에서 도망치다
* **until** 젭 ~할 때까지
* **calm down** 진정하다
* **wild animal** 야생 동물
* **even if** (비록) ~일지라도

[문제]
1 hurt 형 다친
   judge 동 판단하다
   cover 명 표지; 덮개

단어 수 ⟨ 120 130 **133** 140 ⟩

Every year on January 19th and 20th, the Jarramplas Festival takes place in Piornal, Spain. During this festival, everyone in town chases and throws *turnips at two monsters.

So, who are the monsters? Two people from the village act as the monsters. 🖉 They wear **costumes decorated with** lots of colorful pieces of cloth. Underneath these costumes, they wear special protection to avoid getting hurt.

The festival is based on a local story. The monsters act as the thief named el Jarrampla. In the story, the thief stole animals from the farmers. To chase him away, the farmers threw turnips at him.

The two monsters might have a few **bruises in the end. But people in Piornal think playing el Jarrampla is a big honor. So, over 2,000 people are on a waiting list!

*turnip 순무
**bruise 멍, 타박상

1일 1문장 🖉

They wear *costumes* [**decorated with** lots of colorful pieces of cloth].
주어　동사　　목적어

해석 TIP 과거분사(p.p.)가 이끄는 어구가 바로 앞의 명사를 꾸며 줄 때는 '~된[~하게 된] (명사)'라고 해석해요.

✅ **해석** 그들은 많은 수의 화려한 천 조각들로 장식된 의상을 입는다.

#분사 #명사 수식 #과거분사

중심 생각

1 글의 목적으로 가장 알맞은 것은?

① 스페인의 지역 축제들을 비교하기 위해서

② 스페인의 Piornal 지역을 소개하기 위해서

③ Jarramplas 축제에 참여하도록 설득하기 위해서

④ Jarramplas 축제의 역사와 전통을 설명하기 위해서

⑤ Jarramplas 축제의 부정적인 관행을 비판하기 위해서

세부 내용

2 글의 내용과 일치하면 T, 그렇지 않으면 F를 쓰세요.

(1) _____ 몬스터들은 추위를 피하기 위해 특별한 보호 장치를 착용한다.

(2) _____ 마을 사람들은 el Jarrampla 역할을 하는 것이 큰 영광이라고 생각한다.

내용 요약

3 글의 내용과 일치하도록 빈칸에 알맞은 말을 본문에서 찾아 쓰세요.

The Jarramplas Festival

- **When:** Every year on January 19th and 20th
- **Where:** Piornal, Spain
- **What happens:** Everyone in town ⓐ _____ and ⓑ _____ turnips at two monsters.
- **Origin:** It's based on a ⓒ _____ story about the thief named el Jarrampla.

1일 1문장

4 다음 굵게 표시된 부분에 주의하여 문장의 해석을 완성하세요.

My grandma lives / in a city **called** Hudson / in New York.

→ 나의 할머니는 살고 계신다 / _____ / 뉴욕의.

Words

- **take place** (행사 등이) 열리다, 일어나다 (= happen)
- **during** 젠 ~동안, 내내
- **chase** 통 뒤쫓다, 추격하다
  cf. **chase A away** A를 쫓아버리다, 내쫓다
- **throw** 통 던지다 (throw-threw-thrown)
- **village** 명 마을
- **act as** ~의 역할을 하다
- **costume** 명 의상
- **decorated with** ~으로 장식된, 꾸며진
- **piece** 명 조각
- **cloth** 명 천; 옷감
- **underneath** 전 ~아래에, ~안쪽에
- **protection** 명 보호 수단; 보호
- **avoid v-ing** ~하는 것을 피하다
- **based on** ~에 근거하여
- **local** 형 현지의, 지역의
- **thief** 명 도둑
- **steal** 통 훔치다 (steal-stole-stolen)
- **might** 조 ~일[할]지도 모른다
- **honor** 명 ((단수형)) 영광스러운 일, 명예로운 일

[문제]
3 origin 명 기원, 유래

03
Technology

단어 수 ⎯⎯[133]⎯⎯
120 130 140

✎ **Imagine playing** your favorite music just by **moving your eyes.** Thanks to the software program, EyeHarp, this is now possible.

Zacharias is a musician and computer scientist. In 2010, his musician friend had a bad motorcycle accident. His friend wasn't able to move his arms because of his injuries. So, Zacharias decided to create EyeHarp for him.

Here is how EyeHarp works: First, it shows a colorful circle with music scales on your computer screen. Then, when you look at a specific color, the program follows your eyes and plays the right sound for you!

EyeHarp is just like other instruments. It takes time and practice to play music well. However, this amazing software can bring the joy of music to everyone. It doesn't matter even if they can't move their bodies well.

1일 1문장 ✎

Imagine **playing** your favorite music / just by moving your eyes.
　　동사　　　　　　목적어

해석 TIP 동사 imagine의 목적어 자리에 「동사원형+-ing」가 오면 '~하는 것을 상상하다'라고 해석해요.

✔ 해석 여러분의 눈동자만 움직여서 여러분이 가장 좋아하는 음악을 연주하는 것을 상상해 보세요.

#동명사 #목적어 역할

1 중심 생각

글의 제목으로 가장 알맞은 것은?

① A Story of True Friendship

② The Power of Computer Science

③ Zacharias: The Inventor of EyeHarp

④ The Joy of Playing Music with Your Hands

⑤ EyeHarp: Playing Music with Just Your Eyes

2 세부 내용

글에서 언급한 EyeHarp의 작동법으로 가장 알맞은 것은?

①    ②    ③

3 내용 요약

글의 내용과 일치하도록 빈칸에 알맞은 말을 본문에서 찾아 쓰세요.

EyeHarp

Who Created It	Zacharias, a musician and computer scientist.
Why It Was Created	For Zacharias' friend. He couldn't **a** _____ his arms after an accident.
How It Works	It **b** _____ your eyes on the screen and plays a specific sound you're looking at.
Who Can Use It	Anyone can use it even if they can't move their bodies well.

4 1일 1문장

다음 굵게 표시된 부분에 주의하여 문장의 해석을 완성하세요.

Imagine becoming a superhero / for a day.

→ _____ / 하루 동안.

Words

- imagine v-ing ~하는 것을 상상하다
- thanks to ~덕분에
- possible [형] 가능한
- musician [명] 음악가, 연주자
- motorcycle [명] 오토바이
- accident [명] 사고
- be able to-v ~할 수 있다
- injury [명] 부상
- decide to-v ~하기로 결심하다, 결정하다
- create [동] 만들다, 발명하다
- work [동] 작동하다; 일하다
- music scale 음계
- screen [명] 화면, 스크린
- specific [형] 특정한
- follow [동] 따라가다
- instrument [명] 악기
- It takes A to-v ~하는 데 A가 든다[필요하다]
- practice [명] 연습 [동] 연습하다
- amazing [형] 놀라운, 굉장한
- bring [동] ~을 가져다주다; 데려오다
- matter [동] 문제가 되다; 중요하다

[문제]
1 friendship [명] 우정
   inventor [명] 발명가

단어 Review

영영 뜻 파악

A 다음 단어에 해당하는 알맞은 의미를 찾아 연결하세요.

1

piece
•

•
ⓐ a very small town

2

village
•

•
ⓑ a small, often broken part of something

3

chase
•

•
ⓒ to quickly follow someone or something in order to catch them

어구 완성

B 다음 우리말 뜻에 맞게 주어진 철자를 바르게 배열한 다음, 빈칸을 완성하세요.

1 만들다   e r c a e t   → _____ a new character

2 연습   a c c e p r t i   → have soccer _____

3 겁먹은, 무서워하는   a r d s c e   → be _____ of dogs

문장 완성

C 다음 빈칸에 알맞은 단어를 〈보기〉에서 찾아 쓰세요.

보기
accident   follow   throw   judge

1 You have to _____ the signs to find the way out.

2 There was a car _____ on the icy road last winter.

3 It's not good to _____ a person quickly. Give him a second chance.

A 1 ⓑ broken 휑 깨진, 부서진   ⓒ quickly 튀 빨리, 빠르게 in order to ~하기 위해서   **B 1** character 휑 등장인물, 캐릭터   **C 1** the way out 나가는 길
2 icy 휑 얼어붙은

1일 1문장 　Review

A 다음 굵게 표시된 주어에 알맞은 동사를 찾아 동그라미 해보세요.

1 **The chicken** cooked by the chef was really soft.

2 **I** sometimes imagine living in a world filled with candy.

3 While **we** were waiting for the bus, Jake kept telling funny jokes.

B 다음 우리말과 의미가 같도록 주어진 어구들을 올바르게 배열하세요.

1 그녀는 그녀의 할머니가 만든 인형을 항상 가지고 다닌다.

| carries | made | the doll | by her grandmother |

→ She _____ all the time.

2 나는 어젯밤 거기에서 그녀를 만날 거라고 상상하지 못했다.

| meeting | imagine | her | couldn't |

→ I _____ there last night.

3 내가 병원에 있는 동안, Mike가 내 강아지를 돌봐주었다.

| while | was | I | in the hospital |

→ _____, Mike took care of my dog.

C 다음 굵게 표시된 부분에 주의하여 문장을 해석해보세요.

1 William ate / the cake **left** for his brother.

→ William은 먹었다 / _____.

2 I can't **imagine living** / without an air conditioner.

→ 나는 _____ / 에어컨 없이.

3 **While** my mom prepares dinner, // I set the table.

→ 엄마가 _____, // 나는 식탁을 차린다.

A 2 filled with ~으로 가득 찬　**3** joke 몡 농담　**B 1** all the time 항상　**3** take care of ~을 돌보다 (take-took-taken)　**C 1** leave 동 남기다 (leave-left-left)
2 without 전 ~ 없이　air conditioner 명 에어컨　**3** prepare 동 준비하다　set the table 식탁[상]을 차리다

Interesting World

누구나 연주할 수 있는 특별한 전자 악기, Headspace

장애는 예기치 않게 누구에게나 찾아올 수 있어요. 장애로 인해 우리가 지금까지 즐겼던 것들을 더 이상 하지 못하게 된다면 얼마나 답답할까요?

영국의 뛰어난 트럼펫 연주자였던 클래런스 아두(Clarence Adoo)는 누구보다 이 답답함을 잘 알고 있어요. Clarence는 "음악을 연주하는 것은 먹고 마시는 것과 같았어요."라고 말할 정도로 음악에 대한 열정이 대단했어요. 어느 날 그는 끔찍한 자동차 사고를 겪었고, 이로 인해 목 아래가 마비되었어요. 더 이상 음악을 연주할 수 없을 것이라 생각했던 그

에게, 작곡자이자 엔지니어인 롤프 겔하르(Rolf Gelhaar)는 Headspace라는 전자 악기를 만들어 주었어요. 이 전자 악기는 헤드셋 형태이며, 호흡과 목의 움직임만으로 트럼펫 연주를 할 수 있어요! 목을 돌리면 스크린의 커서가 원하는 음을 선택해 주고, 헤드셋에 달린 튜브에 바람을 불며 고개를 돌리면 볼륨을 조절할 수 있어요. 이 발명품 덕분에 클래런스는 다시 음악을 연주할 수 있었고 2012년에는 영국 파라오케스트라(British Paraorchestra)의 창립 멤버가 되었어요!

Unit
02

04

Inventions

단어 수 [120 | 130 **131** 140]

Bill Bowerman was a running coach at a college in the U.S. He always wanted to make better shoes for running. ✏️ So ⓐ he **used to** take apart shoes and make small changes to improve them. ⓑ He often tested his new shoe ideas with his friend, Phil Knight. Phil wasn't a fast runner. So if any shoes could help ⓒ him run faster, they were considered good ones.

One day, while Bill was having breakfast, he noticed ⓓ his wife's waffle iron. The iron had a special pattern. It gave him a great idea! ⓔ He decided to make a shoe bottom that looked like a waffle. At first, it didn't work well, but he kept trying and finally succeeded. The new waffle shoes made runners much faster. Even today, many shoes use this design.

1일 1문장 ✏️

So he **used to** take apart shoes / and (used to) make small changes / to improve them.
주어　　　　동사1　　　목적어1　　　　동사2　　　　목적어2
　　　　　　　　　　　　　　　　　↳ 접속사 and 뒤에 반복되는 말인 used to는 생략되었어요.

해석 TIP　used to는 '과거의 습관'이나 '반복된 행동'을 나타내는 조동사로, 「used to＋동사원형」은 '~하곤 했다'라고 해석해요.

✔해석　그래서 그는 신발을 개선하기 위해 그것을 분해하거나 작은 변화를 주곤 했다.

#조동사 #used to #과거 습관, 행동

Knowledge ➕

나이키(NIKE)를 만든 사람들

빌 바우어만(Bill Bowerman)과 필 나이트(Phil Knight)는 세계적으로 인기 있는 신발 브랜드인 나이키를 설립한 창립자이다. 필 나이트는 대학원에서 신발 산업에 대한 연구를 하던 중, 육상 선수의 신발에 대한 혁신의 필요성을 느끼게 되었다. 이에 그는 육상 코치였던 빌 바우어만에게 동업을 제안했고, 그들은 1964년 '블루 리본 스포츠'를 설립했다. 이후 1970년에 회사의 이름은 우리가 아는 부메랑 모양의 로고와 함께 나이키로 바뀌었다.

중심 생각

1 글의 제목으로 가장 알맞은 것은?

① Great Ideas for Shoe Design

② Different Types of Shoe Bottoms

③ Best Running Coach, Bill Bowerman

④ How Phil Knight Became a Fast Runner

⑤ Bill Bowerman's Waffle Shoe Invention

지칭 파악

2 밑줄 친 ⓐ~ⓔ 중, 가리키는 대상이 나머지 넷과 다른 것은?

① ⓐ   ② ⓑ   ③ ⓒ   ④ ⓓ   ⑤ ⓔ

지칭 파악

3 글의 밑줄 친 <u>a great idea</u>가 의미하는 것을 우리말로 쓰세요.

_____

내용 요약

4 글의 내용과 일치하도록 빈칸에 알맞은 말을 본문에서 찾아 쓰세요.

> Bill wanted to make running shoes that could help runners run
> **ⓐ** _____. He got an idea from a waffle iron and made
> a **ⓑ** _____ _____ that has a waffle pattern.

1월 1문장

5 다음 굵게 표시된 부분에 주의하여 문장의 해석을 완성하세요.

We **used to** go camping / every summer // when I was a child.

➜ 우리는 _____ / 여름마다 // 내가 어렸을 때.

W⬤rds

- coach 몡 코치
- college 몡 대학(교)
- **take apart** 분해하다
  (↔ put together 붙이다)
- **improve** 통 개선하다, 향상시키다
- **test** 통 시험하다, 실험하다
- consider 통 ~라고 여기다, 생각하다
- **while** 접 ~하는 동안
- **notice** 통 알아차리다
- **waffle iron** 와플 굽는 틀, 와플 팬
- **pattern** 몡 무늬; 양식; 패턴
- decide to-v ~하기로 결정하다, 결심하다
- **shoe bottom** 신발 밑창
- **look like** ~처럼 생기다, 보이다
- **at first** 처음에는
- **keep v-ing** 계속해서 ~하다
  (keep-kept-kept)
- **finally** 분 결국, 마침내
- **succeed** 통 성공하다
- **even** 분 심지어, ~까지도

[문제]
1 invention 몡 발명

05
Environment

Do you know the word "greenwashing"? It may sound like a nice word, but it's actually not. 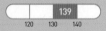 We use this word when companies **pretend to be** eco-friendly to sell more products. (①) For example, a car company might say that their cars don't pollute much, but it may not be true. (②) Similarly, fashion companies might say their clothes are good for the Earth, but they're not always. (③)

It can be hard to tell if a company is really helping the environment or not. (④) Look at the labels or read the product descriptions. (⑤) This will help you see if a product is really good for the Earth. You can also research the company online. Don't forget: We need to be smart shoppers. It's important to choose things that are actually good for the environment.

1일 1문장 ✎

We use this word // when companies **pretend to be** eco-friendly / to sell more products.
주어　　　　동사　　　목적어　　　　　　　수식어
⌐ to sell은 부사적 역할로 '팔기 위해서'라고 해석해요.

해석 TIP 동사 pretend의 목적어 자리에 「to+동사원형」이 오면 **'~인[~하는] 척하다'**라고 해석해요.

✅ **해석** 우리는 기업들이 더 많은 제품들을 팔기 위해 친환경적인 척할 때 이 단어를 사용해요.

#to부정사 #명사 역할 #목적어

글의 흐름

1 다음 문장이 들어갈 위치로 가장 알맞은 곳은?

> But there are ways to find out.

①   ②   ③   ④   ⑤

내용 추론

2 다음 중 greenwashing에 해당하지 <u>않는</u> 것은?

① 성분 전체를 공개하지 않은 '친환경' 세제
② 환경에 해로운 화학물질이 포함된 '무독성' 페인트
③ 자연이나 유기농 성분의 일부를 포함한 '천연' 화장품
④ 재활용할 수 있는 소재로 만든 '친환경' 패스트푸드 포장재
⑤ 얇게 만든 플라스틱 병을 '친환경'이라고 광고하는 음료 회사

내용 요약

3 글의 내용과 일치하도록 빈칸에 알맞은 말을 본문에서 찾아 쓰세요.

> "Greenwashing" means companies **a** _____ to be eco-friendly to sell more products. We should check labels and **b** _____ online to see if the companies are telling the truth.

1일 1문장

4 다음 굵게 표시된 부분에 주의하여 문장의 해석을 완성하세요.

My brother always **pretends to know** everything.

→ 나의 형은 항상 _____.

Knowledge ➕

Greenwashing의 유래

'greenwashing'이라는 용어는 1986년 환경운동가 제이 웨스터빌드(Jay Westerveld)가 피지의 한 호텔에 투숙하던 당시, '환경 보호를 위해 타월을 재사용해 주세요.'라는 안내문을 보고 만들어 낸 단어이다. 얼핏 보면 환경을 위한 행동인 것 같지만 진짜 목적은 수건 세탁 비용을 줄이기 위함이었다. 그는 호텔 산업이 환경 친화적인 이미지를 제시하면서 'greenwashing'을 하는 것이라고 비판했다. 이 용어는 그 후로 환경에 대한 거짓 정보를 전하는 모든 분야에 사용되고 있다.

Words

- **sound like** ~처럼 들리다
- **actually** (부) 사실은, 실제로는
- **company** (명) 회사
- **pretend to-v** ~인[하는] 척하다
- **eco-friendly** (형) 친환경적인
- **product** (명) 상품, 제품
- **pollute** (동) 오염시키다
- **similarly** (부) 마찬가지로; 비슷하게
- **hard** (형) 어려운, 힘든
  (↔ easy 쉬운)
- **tell** (동) 구별하다; 말하다
- **environment** (명) 환경
- **label** (명) 라벨, 상표
- **description** (명) (제품의) 설명서
- **research** (동) 조사하다, 연구하다
- **need to-v** ~해야 한다, ~할 필요가 있다
- **smart** (형) 똑똑한, 영리한
  (= clever)
- **shopper** (명) 쇼핑객
- **choose** (동) 고르다, 선택하다

[문제]
1 way (명) 방법, 방식
   find out (~에 대해) 알아내다
3 truth (명) 진실, 사실

When people make roads, what do you think they use? Surprisingly, the people of Wales in the U.K. use diapers!

In the U.K., about three billion diapers **are thrown away** each year, and this creates 400,000 tons of waste. Diapers can take 500 years to break down. To help with this problem, people started using recycled diapers to fix the roads in Wales. This creative idea is reducing the number of diapers thrown away.

But how do diapers become part of a road? First, the diapers are cut into small pieces and washed. Then, they go through various steps until they turn into small, soft pieces. Finally, these pieces are added to a sticky material called *bitumen. This last step keeps the **asphalt from falling apart. For now, only the U.K. is testing this idea. But who knows? It might spread to the whole world one day!

*bitumen 역청 ((도로 포장 등에 쓰이는 끈적한 시커먼 물질))
**asphalt 아스팔트

1일 1문장

In the U.K., / about three billion diapers **are thrown away** / each year, // and this creates
　　　　　　　　　주어　　　　　　　　　　　　　동사　　throw alway의 과거분사형(p.p.)이에요.
400,000 tons of waste.

해석 TIP 「be동사＋과거분사(p.p.)」는 주어가 동사의 동작을 당하게 되는 수동태로, '~되다[~당하다, ~받다]'라고 해석해요.

✔해석 영국에서는, 매년 약 30억 개의 기저귀가 버려지고, 이것은 40만 톤의 쓰레기를 만들어 냅니다.

#수동태 #수동태 시제(현재)

1 Write T if the statement is true or F if it is false.

(1) _____ About three billion diapers are thrown away every year in the U.K.

(2) _____ Many countries all over the world are using diapers to fix roads.

2 Choose a statement that best describes each picture from the box.

> ⓐ The pieces mix with sticky material called bitumen.
> ⓑ The diapers change into small, soft pieces through various steps.
> ⓒ The diapers are cut into little pieces and cleaned.

(1)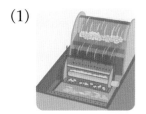

(2)

(3)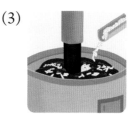

_____   _____   _____

3 According to the passage, which set of words best fits in the blanks (A) and (B)?

> In Wales, people ___(A)___ recycled diapers to ___(B)___ roads.

	(A)	(B)		(A)	(B)
①	buy	⋯ fix	②	buy	⋯ make
③	use	⋯ fix	④	use	⋯ close
⑤	wash	⋯ close			

4 Fill in the blank with the Korean translation.

This song **is loved** / all over the world.

→ 이 노래는 _____ / 전 세계적으로.

영영 뜻 파악

A 다음 단어에 해당하는 알맞은 의미를 찾아 연결하세요.

1

coach
•

•

ⓐ to make air, water, or soil dangerously dirty

2

waste
•

•

ⓑ someone who trains a person or team in a sport

3

pollute
•

•

ⓒ things that are no longer useful or wanted

어구 완성

B 다음 굵게 표시된 우리말 뜻에 맞는 영단어의 철자를 넣어 어구를 완성하세요.

1 **제품**을 사용하다 → use the p ☐ d ☐ t

2 **환경**을 보호하다 → protect the e ☐ i ☐ ment

3 내 영어 실력을 **향상시키다** → ☐ m ☐ r ☐ e my English skills

문장 완성

C 다음 우리말과 일치하도록 빈칸에 알맞은 표현을 써보세요.

1 만약 우유가 냄새나면, 너는 그것을 버려야 해.

→ If the milk smells bad, you should _____ it _____.

2 Jenny는 머리 스타일을 바꿨다. 그녀는 다른 사람처럼 보인다.

→ Jenny changed her hair style. She _____(e)s _____ a different person.

3 나의 오래된 컴퓨터는 고장이 나서, 나는 그것을 고치기 위해 분해해야 했다.

→ My old computer was broken, so I had to _____ it _____ to fix it.

A ⓐ soil 몡 흙, 토양 ⓑ train 통 훈련시키다 ⓒ useful 톙 쓸모 있는, 유용한 **B 2** protect 통 보호하다, 지키다 **C 1** smell bad 안 좋은 냄새가 나다
3 broken 톙 고장 난; 부서진

정답과 해설 **p.13**

동사 찾기

A 다음 굵게 표시된 주어에 알맞은 동사를 찾아 동그라미 해보세요.

1 **My grandmother** used to tell us fun stories.

2 **Tickets** to the amusement park are sold at half price after 6 p.m.

3 **Julia** sometimes pretends to be sick when she doesn't want to go to school.

문장 연결

B 다음 우리말과 일치하도록 알맞은 어구들을 연결하여 문장을 완성하세요.

> **1** Josh와 나는 여름마다 낚시를 하러 가곤 했다.
> **2** 그녀는 돈이 하나도 없는 척했다.
> **3** 그 성은 산꼭대기에 지어져 있다.

1 Josh and I •   • is built •   • on top of the mountain.

2 She •   • pretended •   • go fishing every summer.

3 The castle •   • used to •   • to have no money.

문장 해석

C 다음 굵게 표시된 부분에 주의하여 문장을 해석해보세요.

1 I **used to** collect stickers // when I was little.

→ 나는 _____ // 내가 어렸을 때.

2 My brother **pretended to be** busy / to avoid doing chores.

→ 나의 오빠는 _____ / 집안일을 하지 않기 위해.

3 Camping and cooking **are allowed** / only in the camping area.

→ 캠핑과 요리는 _____ / 오직 캠핑 지역에서만.

A 2 half 휑 반의, 절반의　B build 동 짓다, 건설하다 (build-built-built)　C 2 chore 명 집안일　3 allow 동 허용하다, 허락하다　area 명 지역; 구역

DID YOU KNOW …?

Inventions

크리스마스 최대 발명품을 15살 소년이 만들었다구요?

우리가 일상생활에서 쓰는 모든 발명품은 성인이 만든 것일까요? 좋은 아이디어를 내는 데 나이는 중요하지 않아요. 전 세계적으로 유용하게 쓰이는 발명품 중에는 사실 청소년들이 만든 것들도 많이 있어요. 그중 한 예시는 바로 크리스마스 전구예요! 1900년대 초에 사람들은 크리스마스트리에 불타는 양초를 걸어 장식하곤 했어요. 이는 큰 화재를 일으키기 십상이었죠. 하지만 1917년에 열다섯 살 소년인 앨버트 사다카 (Albert Sadacca)가 크리스마스트리용 줄 전구를 발명하면서, 크리스마스트리가 불타는 걱정은 하지 않게 되었어요. 이 외에도 시각 장애인을 위한 점자, 겨울철이면 모두가 착용하는 귀마개 등은 모두 청소년들이 발명한 것이에요. 여러분들도 창의적인 아이디어만 있다면, 위대한 것을 발명할 수 있어요!

일본에서는 기저귀를 어떻게 재활용할까요?

Fun Facts

일본은 어느 나라보다 고령화 문제가 심각하여, 이제는 노인들이 사용하는 기저귀의 양이 아기들이 사용하는 것보다 더 많다고 해요! 일본 돗토리현 호키조의 한 마을에서는 전체 쓰레기양 중 10분의 1이나 차지하는 기저귀 폐기물을 처리하기 위해, 기저귀를 재활용하기 시작했어요. 이들은 양로원에서 사용된 기저귀를 수거해 세척하고, 작은 연료 조각들로 만들었어요. 이 기저귀 연료 조각은 마을의 대중목욕탕의 물을 따뜻하게 데우는 데 사용돼요. 기저귀 문제를 해결하기 위해 일본 환경부는 현재 기저귀를 건설 혹은 도로를 만드는 데 재활용하는 방법을 실험해 보고 있어요.

Unit

03

07

Art

단어 수 128
120 130 140

✏ **Have** you **ever seen** statues from ancient Egypt in museums? Interestingly, many of them are missing their noses. Some people thought that the broken noses were just because of *corrosion.

_____, this doesn't explain everything. Even statues inside buildings have broken noses. There might be another reason for this mystery.

In ancient Egypt, people made statues for the dead. They believed that a person's soul would move into a statue after death. If someone wanted to remove the soul, they needed to destroy the statue. Then, why did they only break the nose? Egyptians believed the nose was the source of life.

So, when people wanted to steal treasure from **pharaoh's tombs, they always did one thing first. They broke the statue's nose to destroy the soul forever!

*corrosion (구조물의) 침식 (작용) ((비, 바람 등의 자연 현상이 지표면을 깎는 일))
**pharaoh 파라오 ((고대 이집트의 왕))

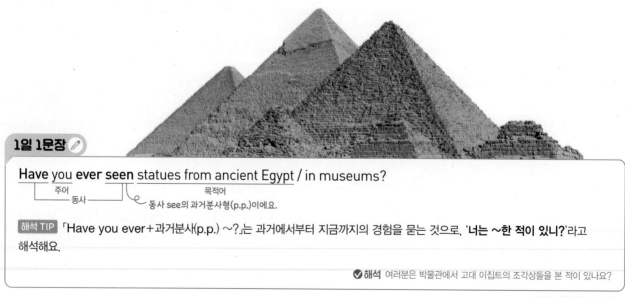

1일 1문장 ✏

Have you **ever seen** statues from ancient Egypt / in museums?

주어 — 동사 — 목적어
동사 see의 과거분사형(p.p.)이에요.

해석 TIP 「Have you ever+과거분사(p.p.) ~?」는 과거에서부터 지금까지의 경험을 묻는 것으로, **'너는 ~한 적이 있니?'**라고 해석해요.

✔ 해석 여러분은 박물관에서 고대 이집트의 조각상들을 본 적이 있나요?

#시제 #현재완료 #경험

중심 생각

1 글의 제목으로 가장 알맞은 것은?

① Who Stole Pharaohs' Treasure?

② The Beauty of Statues in Egypt

③ Why Noses Are Important in Egypt

④ How Ancient Egyptians Made Statues

⑤ Why Egyptian Statues Have Broken Noses

세부 내용

2 글의 내용과 일치하면 T, 그렇지 않으면 F를 쓰세요.

(1) _____ 이집트인들은 코를 생명의 원천으로 여겼다.

(2) _____ 파라오의 무덤에 있는 조각상들은 훼손되지 않았다.

연결어

3 글의 빈칸에 들어갈 말로 가장 알맞은 것은?

① In short   ② In addition

③ However   ④ For example

⑤ Therefore

내용 요약

4 글의 내용과 일치하도록 빈칸에 알맞은 말을 본문에서 찾아 쓰세요.

> a _____ Egyptians believed that a person's
> b _____ would move into a statue after death.

1일 1문장

5 다음 굵게 표시된 부분에 주의하여 문장의 해석을 완성하세요.

Have you **ever seen** this movie?

→ _____?

Knowledge ➕

이집트 스핑크스의 비밀

이집트 피라미드 앞에는 스핑크스 상이 있다. 과학자들에 의하면 스핑크스는 지금은 주변의 모래와 같이 황토색을 띠고 있지만, 한때는 알록달록한 색이었을 것이라고 한다. 빨간색 잔여물은 아직도 스핑크스의 얼굴에서 쉽게 찾아볼 수 있으며, 얼굴 전체가 이 색으로 칠해졌을 것으로 가정된다. 노란색과 파란색의 흔적 또한 스핑크스의 몸 군데서 발견되어, 과거 스핑크스의 화려한 모습을 상상할 수 있게 한다.

Words

- **see** 〈동〉보다 (see-saw-seen)
- **statue** 〈명〉조각상
- **ancient** 〈형〉고대의
- **Egypt** 〈명〉이집트
  cf. **Egyptian** 〈명〉이집트인 〈형〉이집트(인)의
- **interestingly** 〈부〉흥미롭게도
- **think** 〈동〉생각하다; 믿다 (think-thought-thought)
- **broken** 〈형〉부러진, 깨진
  cf. **break** 〈동〉깨다, 부수다 (break-broke-broken)
- **explain** 〈동〉설명하다
- **reason** 〈명〉이유
- **mystery** 〈명〉미스터리, 수수께끼
- **person** 〈명〉사람, 개인
- **soul** 〈명〉영혼
- **move into** ~로 옮기다, 이동하다
- **death** 〈명〉죽음, 사망
- **remove** 〈동〉제거하다, 없애다
- **destroy** 〈동〉파괴하다, 손상시키다
- **source** 〈명〉원천, 근원
- **steal** 〈동〉훔치다 (steal-stole-stolen)
- **treasure** 〈명〉보물
- **tomb** 〈명〉무덤
- **forever** 〈부〉영원히

단어 수 ▮▮▮▮ 152
120 130 140

Sophia's family was on a trip to South Dakota. Sophia thought this trip would be boring because people say South Dakota is one of the most boring states in America.

On the way, she spent most of the time on her phone. Her brother, Tony, saw this and asked, "What's so interesting on your phone?" She showed him pictures of her friend Ally's exciting trip to Florida. Tony said, "Hey, our trip can be an exciting adventure, too. Anything can happen!"

Just then, their car got a flat tire. Their dad stopped the car and said, "Stay safe in the car while I fix the tire." ✐ **As they waited,** they saw a large group of *bison passing by. Sophia was surprised and said, "Wow! I didn't expect to see that!" She quickly lifted her phone to take pictures. Tony smiled and said, "See! Our trip is turning into a real _____ now!"

*bison 들소

1일 1문장 ✐

As they waited, // they saw / a large group of bison passing by.
접속사 주어　동사

해석 TIP 접속사 as 뒤에 「주어+동사 ~」가 오면 '~할 때[~하면서, ~하는 동안]'등으로 해석할 수 있어요.
이때 문맥에 따라 알맞은 의미로 해석하는 것이 중요해요.

✅ **해석** 그들은 기다리는 동안, 큰 무리의 들소들이 지나가는 것을 보았다.

#접속사 #부사절 #as

Knowledge ➕

미국의 지루한 주(州): 와이오밍 (Wyoming)

와이오밍주는 미국에서 가장 지루한 주 4위에 뽑혔다. 와이오밍주는 알래스카에 이어 두 번째로 인구 밀도가 낮은 주인데, 약 2.6km²당 오직 6명만이 살고 있다. 이는 서울 전체 면적에 약 1400명 정도의 인구가 사는 것과 같다. 그러나 옐로스톤 국립공원과 아름다운 밤하늘을 갖고 있어 미국에서 가장 아름다운 주 10위에 든다.

1 중심 생각

글을 읽고 얻을 수 있는 교훈은?

① 기회가 왔을 때 잡아야 한다.

② 무슨 일이든지 그 일의 시작이 중요하다.

③ 한 가지 일을 끝까지 해야 성공할 수 있다.

④ 모든 경험은 새로운 발견의 기회가 될 수 있다.

⑤ 새로운 것을 시도하는 것은 항상 불편하다.

2 감정 파악

글의 내용으로 미루어 알 수 있는 Sophia의 감정 변화로 가장 알맞은 것은?

① angry → nervous   ② angry → upset

③ bored → upset   ④ bored → excited

⑤ hopeful → excited

3 세부 내용

글의 내용과 일치하면 T, 그렇지 않으면 F를 쓰세요.

(1) _____ Sophia는 사우스다코타로의 여행이 지루할 것이라고 생각했다.

(2) _____ Sophia와 Tony는 아빠가 타이어를 수리하는 것을 돕던 중, 들소 무리를 봤다.

4 빈칸 완성

글의 빈칸에 알맞은 한 단어를 본문에서 찾아 쓰세요.

_____

5 1일 1문장

다음 굵게 표시된 부분에 주의하여 문장의 해석을 완성하세요.

As I cleaned my room, // my dog was sleeping.

→ _____, // 내 개는 자고 있었다.

W☺rds

- **trip** 명 여행
- **boring** 형 지루한
  (↔ interesting 재미있는)
- **state** 명 주(州) ((미국의 행정 구역))
- **on the way** 가는 도중에
- **spend** 동 (시간을) 보내다
  (spend-spent-spent)
- **most of** 대부분의
- **exciting** 형 신나는, 흥미진진한
- **adventure** 명 모험
- **happen** 동 일어나다, 발생하다
  (= occur)
- **flat tire** 바람 빠진 타이어
- **while** 접 ~하는 동안
- **pass by** 지나가다, 지나쳐가다
- **surprised** 형 놀란 (= amazed)
- **expect to-v** ~하기를 기대하다, 예상하다
- **lift** 동 들어 올리다
- **turn into** ~로 바뀌다
- **real** 형 진짜의, 실제의

[문제]

2 nervous 형 긴장한, 초조한
  upset 형 속상한
  hopeful 형 희망에 찬

Do you enjoy dancing to music or moving to a beat? Some people naturally dance better than others. A team of scientists found a reason for this.

They recently discovered special *genes. These genes help us dance and clap along with music. This means our dancing skills actually come from our genes! In fact, there are hundreds of genes that help us keep rhythm. When we tap our foot, clap our hands, or dance to music, it can show our natural sense of rhythm. ✏ **This sense of rhythm makes us musical.**

However, our sense of rhythm isn't only important for dancing. It's also linked to everyday activities — like walking and breathing. So, when you're dancing, or even walking, think of your genes. They help make the rhythm in your life!

*gene 유전자

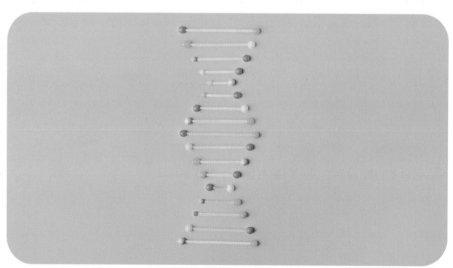

1일 1문장 ✏

This sense of rhythm **makes** / us **musical**.
　　주어　　　　　　　　동사　　A　형용사

해석 TIP 동사 make 뒤에 「A(목적어)+형용사」가 오면, '**A를 ~하게 만들다**'라고 해석해요.

✅ **해석** 이 리듬감이 우리를 음악적으로 만들어줘요.

#문장의 구조 #주+동+목+보(형용사)

중심 생각

1 글의 주제로 가장 알맞은 것은?

① the science of dancing

② different types of dance styles

③ the role of genes in our everyday life

④ different types of genes related to music

⑤ the effect of genes on our dancing and rhythm

세부 내용

2 글의 내용과 일치하지 <u>않는</u> 것을 알맞게 고른 것은?

(a) 과학자들은 일부 사람들이 춤을 더 잘 추는 이유를 찾았다.
(b) 춤추는 솜씨는 유전자의 영향을 받지 않는다.
(c) 리듬을 유지하는 데 도움이 되는 수백 개의 유전자가 있다.
(d) 걷기나 숨쉬기와 같은 일상적인 활동은 리듬감과 연관이 없다.

① (a), (b) ② (a), (d) ③ (b), (c)

④ (b), (d) ⑤ (c), (d)

내용 요약

3 글의 내용과 일치하도록 빈칸에 알맞은 말을 본문에서 찾아 쓰세요.

Our dancing skills and our sense of rhythm ⓐ _____
_____ special genes. These genes also help us do
ⓑ _____ activities like walking and breathing.

1일 1문장

4 다음 굵게 표시된 부분에 주의하여 문장의 해석을 완성하세요.

These delicious cookies **make** / us **happy**.

➜ 이 맛있는 쿠키들이 _____ / _____.

W🙂rds

- **beat** 명 박자, 리듬
- **naturally** 부 본래, 타고나기를; 자연스럽게
  cf. **natural** 형 타고난; 자연스러운
- **recently** 부 최근에
- **discover** 동 발견하다
- **clap** 동 박수를 치다
- **along with** ~에 따라, ~와 함께
- **mean** 동 의미하다, ~을 뜻하다
- **skill** 명 솜씨, 재주
- **actually** 부 사실은, 실제로는
- **come from** ~에서 오다
- **in fact** 사실은
- **rhythm** 명 리듬
- **tap** 동 가볍게 두드리다, 톡톡 치다
- **sense** 명 감각, 느낌
- **musical** 형 음악적인, 음악의
- **important** 형 중요한
- **be linked to** ~와 연관되다
- **everyday** 형 일상적인, 매일의
- **activity** 명 활동
- **breathe** 동 숨 쉬다, 호흡하다

[문제]
1 **role** 명 역할
  related to ~와 관련된
  effect 명 영향, 효과

A 다음 단어에 해당하는 알맞은 의미를 찾아 연결하세요.

1

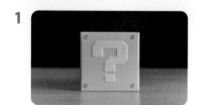

mystery

2

statue

3

breathe

ⓐ a figure of a person or animal that is made from stone or metal

ⓑ to take air into your lungs and push it out

ⓒ something that is difficult to understand or explain

B 다음 우리말 뜻에 맞게 주어진 철자를 바르게 배열한 다음, 빈칸을 완성하세요.

1 지루한   `g i n r o b`   → a _____ job

2 보물   `a r t e e u s r`   → hidden _____ under the sea

3 고대의   `n i n e c t a`   → be interested in _____ culture

C 다음 빈칸에 알맞은 단어를 〈보기〉에서 찾아 쓰세요.

| 보기 |
| explain   tap   destroy   expect |

1 I didn't _____ to see the sad ending in that movie.

2 To copy the text, just _____ the screen three times.

3 Can you _____ how to use this software program?

A ⓐ figure 명 형체, 형상   ⓑ lung 명 폐   **B 2** hidden 형 숨겨진   **3** be interested in ~에 관심이 있다   **C 1** ending 명 결말   **2** copy 동 복사하다

1일 1문장 · Review

정답과 해설 p.19

동사 찾기

A 다음 굵게 표시된 주어에 알맞은 동사를 찾아 동그라미 해보세요.

1 **The smell** of fresh bread always makes me hungry.

2 Have **you** ever seen any famous stars in person?

3 As **my sister** talks with her friend, her voice gets loud.

배열 영작

B 다음 우리말과 의미가 같도록 주어진 어구들을 올바르게 배열하세요.

1 Joshua는 음악을 들으면서, 그의 숙제를 했다.

| Joshua | listened to | as | music |

→ _____, he did his homework.

2 너는 새로운 수학 선생님에 대해 들은 것이 있니?

| heard | have | anything | you |

→ _____ about the new math teacher?

3 추운 날씨에 뜨거운 차는 우리의 몸을 따뜻하게 만들어준다.

| our bodies | makes | warm | hot tea |

→ _____ in cold weather.

문장 해석

C 다음 굵게 표시된 부분에 주의하여 문장을 해석해보세요.

1 **Have** you **ever tried** / an extreme sport?

→ _____ / 익스트림 스포츠를?

2 The final exam **made** / the students **nervous**.

→ _____ / _____.

3 **As** our dad built the tent, // we moved our bags / from the car.

→ _____, // 우리는 가방을 옮겼다 / 차에서.

A **2** star 명 (연예인 등과 같은) 스타 in person 직접   B **2** hear 동 듣다 (hear-heard-heard)
C **1** extreme sport 익스트림 스포츠 ((번지 점프같이 위험성을 동반하는 스포츠))   **2** final exam 기말고사 nervous 형 긴장한

Questions & Answers

Art

Q 왜 이집트의 고대 신들은 동물 형상을 띄고 있나요?

A 고대 이집트인들은 동물들의 강한 힘, 적들을 물리칠 수 있는 능력을 본받고 싶어했어요. 그래서 그들은 자신들이 섬기는 신을 동물의 형상으로 표현해, 각 신의 특징과 성격에 대한 사람들의 믿음을 시각적으로 표현했어요. 예를 들어, 이집트 신화에서 물의 신인 세베크(Sobek)는 악어의 머리를 가지고 있어요. 이집트인들은 세베크가 악어처럼 강한 힘을 가지고 있어 나일강을 보호해 주었다고 믿었어요.

Q 고대 이집트인들은 왜 사람들이 옆을 향하게 그렸을까요?

A 고대 이집트 벽화 속 인물들을 보면 대다수가 몸은 정면을 향하고 얼굴이나 발은 옆을 향해 있어요. 이집트인들이 이 특이한 화풍을 선택한 이유는 무엇일까요? 이는 이집트인들이 2차원의 관점에서 그림을 그렸기 때문이에요. 이집트인들은 사실적으로 인물을 그리기보단, 각 인물의 대표적인 특징들이 잘 나타날 수 있게 그리는 것을 선호했어요. 덕분에 관람객들은 그 인물에 대해 중요하게 여겨졌던 요소들을 한눈에 쉽게 파악할 수 있어요!

Q 이집트의 피라미드는 누가 지었을까?

A 피라미드의 노동자들에 대해서는 많은 가설들이 있어요. 어떤 사람들은 유대인 노예들이 만들었을 것이라 가설을 세우기도 하고, 누군가는 아틀란티스인들이 지었을 것이라고 생각하기도 해요. 하지만 연구자들은 가장 가능성 있는 가설은 바로 근처 농부들 및 마을 주민들이 주된 노동자들이었을 것이라는 거예요! 계절에 따라 농부들은 일감이 적은 시기가 있었고, 이 시기에 다른 주민들과 함께 파라오의 피라미드를 만드는 것을 도왔어요. 이들은 피라미드를 짓는 것이 그들의 사후 세계에서의 행복을 보장하고, 이집트의 미래와 번영에도 도움이 될 것이라 믿었다고 해요.

Unit 04

Brian Fischler is blind. He lost most of his sight when he was 13. ✎ Now, he can only tell **if it's light or dark outside.** However, an app, "Be My Eyes," is helping him every day!

This app connects Brian with people who can see through video calls. It has more than 6 million volunteers all over the world. These volunteers describe things Brian can't see. They can read product labels or mail for him, describe photos, or even guide him to a specific place.

Now, "Be My Eyes" is getting an upgrade. It's adding a new function, artificial intelligence (AI). AI can do some things better than humans, but the volunteers are still important. This upgrade will hopefully help blind people do even more amazing things and improve their lives!

1일 1문장 ✎

Now, he can only tell // **if** it's light or dark outside.
주어 ┗동사┛ 목적어

해석 TIP 「if+주어+동사 ~ (or not)」이 동사의 목적어 자리에 오면, '~가 …인지 (아닌지)'라고 해석해요.

✅ **해석** 이제, 그는 오직 밖이 밝은지 어두운지만 알 수 있다.

#접속사 #명사절 if #목적어

중심 생각

1 글의 목적으로 가장 알맞은 것은?

① 한 시각 장애인의 삶을 소개하려고

② 최신 애플리케이션의 기능을 홍보하려고

③ 장애인을 돕는 자원봉사자를 모집하려고

④ AI를 활용한 애플리케이션을 안내하려고

⑤ 시각 장애인을 위한 애플리케이션을 소개하려고

세부 내용

2 "Be My Eyes"의 자원봉사자가 하는 일로 언급되지 <u>않은</u> 것은?

① 제품 라벨 읽어주기 　　② 우편물 읽어주기

③ 사진 묘사해 주기 　　④ 색 구분해 주기

⑤ 길 안내해 주기

내용 요약

3 글의 내용과 일치하도록 빈칸에 알맞은 말을 〈보기〉에서 찾아 쓰세요.

| 보기 |

| function | sight | volunteers | blind |

"Be My Eyes" is an app for ⓐ _____ people. It connects them with ⓑ _____ around the world. This app is now getting smarter with a new ⓒ _____, AI, but it still needs people's help.

1일 1문장

4 다음 굵게 표시된 부분에 주의하여 문장의 해석을 완성하세요.

I can't tell // **if** it's going to rain or not.

➔ 나는 모르겠다 // _____.

Words

- blind 〔형〕 앞을 못 보는, 눈이 먼
- lose 〔동〕 잃다; 잃어버리다
  (↔ gain 얻다)
  (lose-lost-lost)
- sight 〔명〕 시력
- tell 〔동〕 알다; 말하다
- app 〔명〕 앱, 애플리케이션
  ((application의 약어))
- connect A with B A와 B를 연결하다
- through 〔전〕 ~을 통해
- video call 영상 통화
- million 〔형〕 100만의
- volunteer 〔명〕 자원봉사자
- describe 〔동〕 (~이 어떠한지를) 말하다, 묘사하다
- product 〔명〕 상품, 제품
- label 〔명〕 상표, 라벨
- guide A to B A를 B까지 안내하여 데려가다
- specific 〔형〕 특정한; 구체적인
  (= particular)
- upgrade 〔명〕 업그레이드, 개선
- add 〔동〕 추가하다
- function 〔명〕 기능
- artificial intelligence (AI) 인공지능
- hopefully 〔부〕 바라건대
- improve 〔동〕 개선하다, 향상시키다

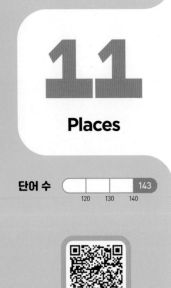

The Alnwick Garden in England is famous worldwide. ✏ However, don't stop **to smell** the flowers in its Poison Garden — they can actually poison you!

The 1st *Duke of Northumberland created the Alnwick Garden in 1750. It was passed down in the family for years. But over time, the garden was forgotten. In 1995, Jane Percy, the 12th Duke's wife, decided to recreate the garden. She made it more beautiful than before.

Then in 2005, Jane added a special garden called "the Poison Garden." It's filled with over 100 different poisonous plants. Some of the plants are even kept in cages for safety.

Signs in the Poison Garden warn visitors not to touch or smell anything. But despite the dangers, the Alnwick Garden attracts over 600,000 visitors every year. Jane hopes the garden will teach people about the good and bad effect of plants.

*Duke (과거 유럽의) 공작[군주]

1일 1문장 ✏

However, / don't stop / **to smell** the flowers / in its Poison Garden // — they can actually poison you!
　　　　　　동사　　　　　　수식어

해석 TIP 「to+동사원형」은 부사처럼 동사를 꾸며 줄 수 있으며, 이때 '목적'을 나타낼 때는 '~하기 위해'라고 해석해요.

✅ **해석** 그러나, 그곳의 Poison Garden에 있는 꽃들의 냄새를 맡기 위해 멈추지는 마세요 — 그것들은 실제로 여러분에게 독이 될 수 있어요!

#to부정사 #부사 역할 #목적

정답과 해설 **p.21**

1 중심 생각

1 글의 제목으로 가장 알맞은 것은?

① Plants that Make People Sick

② The Duke who Loved Gardens

③ Dangerous Flowers in the World

④ A Dangerous Garden in England

⑤ Safety Rules for the Dangerous Garden

2 세부 내용

2 글에서 The Poison Garden에 대해 언급되지 <u>않은</u> 것을 <u>모두</u> 고르세요.

① 만든 사람   ② 규모

③ 설립 연도   ④ 공원 내 주의 사항

⑤ 누적 방문객 수

3 내용 요약

3 글의 내용과 일치하도록 빈칸에 알맞은 말을 본문에서 찾아 쓰세요.

The History of The Alnwick Garden

In 1750	It was created by the 1st Duke of Northumberland.
In 1995	Jane Percy, the 12th Duke's wife, decided to **ⓐ** _____ the garden.
In 2005	Jane Percy made a special garden filled with **ⓑ** _____ plants.

4 1일 1문장

4 다음 굵게 표시된 부분에 주의하여 문장의 해석을 완성하세요.

We stopped / **to take** pictures of the beautiful scenery.

→ 우리는 멈췄다 / _____.

Words

- **worldwide** 〔부〕 세계적으로
- **poison** 〔명〕 독, 독약 〔동〕 독살하다
  cf. **poisonous** 〔형〕 독을 가진
- **create** 〔동〕 만들어내다, 창조하다
- **pass down** (후대에) ~을 물려
  주다[전해주다]
- **forget** 〔동〕 잊다, 잊어버리다
  (forget-forgot-forgot[ten])
- **decide to-v** ~하기로 결심하다,
  결정하다
- **recreate** 〔동〕 재현하다, 되살리다
- **be filled with** ~로 가득 차다
- **plant** 〔명〕 식물
- **keep** 〔동〕 ~에 두다, 보관하다
  (keep-kept-kept)
- **safety** 〔명〕 안전
  cf. **safety rule** 안전 수칙
- **sign** 〔명〕 표지(판)
- **warn** 〔동〕 ~에게 경고하다, 주의를
  주다
- **despite** 〔전〕 ~에도 불구하고
  (= in spite of)
- **danger** 〔명〕 위험
  cf. **dangerous** 〔형〕 위험한
- **attract** 〔동〕 ~을 끌다
- **effect** 〔명〕 영향, 효과

[문제]
4 scenery 〔명〕 풍경, 경치

12

People

단어 수 ◁━━━━━━━━ 146
                    120 130 140

My name is Lowri and I'm from England. (①) I wear glasses and believe we need more good role models with glasses in movies and TV shows. (②) ✐ **I asked** them **to make** more characters wearing glasses. (③) My mom shared my letter on Facebook and lots of people liked it. (④) Thankfully, Disney listened and created the character, Mirabel in the movie *Encanto*. (⑤) The movie was a huge success!

I also started a campaign called #GlassesOn. The idea started when my mom was looking for an emoji for me. There were few emojis with glasses, and they didn't look like me. So, I wrote a letter to  the *Unicode Consortium to ask for more emojis with glasses. I also sent a letter to big tech companies like Google. Many people agree with me now, and we'll keep trying!

*Unicode Consortium 유니코드 협회 ((컴퓨터 언어 및 문자 사용 규정의 기준을 만들어주는 단체))

1일 1문장 ✐

I asked / them **to make** more characters wearing glasses.
주어 동사   A   to+동사원형

해석 TIP 동사 ask 뒤에 「A(목적어)+to부정사」가 오면, 'A에게 ~해 달라고 **부탁[요청]하다**'라고 해석해요.

✔️**해석** 저는 그들에게 안경을 쓰고 있는 더 많은 캐릭터를 만들어달라고 부탁했어요.

#문장의 구조 #주+동+목+보(to부정사)

1 **What kind of writing is this?**

① Letter   ② Diary

③ Novel   ④ Personal Story

⑤ News Report

2 **Where would the following sentence best fit in?**

> So, I sent a letter to Disney when I was 9.

①   ②   ③   ④   ⑤

3 **Fill in the blanks with the words from the passage.**

In the letter to Disney,

> Lowri asked to make more **a** _____ wearing glasses.

⬇

> Disney **b** _____ the character, Mirabel in *Encanto*.

In the letter to the Unicode Consortium,

> Lowri **c** _____ _____ more emojis with glasses.

⬇

> Many people support Lowri, and they won't stop trying.

4 **Fill in the blank with the Korean translation.**

We **asked** / him **to join** our tennis club.

→ 우리는 _____ / _____.

Knowledge ➕

다양성을 존중하는 디즈니

오랫동안 디즈니 애니메이션의 주인공들은 백인이거나, 남자 주인공의 도움을 받아야 하는 여성 캐릭터가 주를 이루어 캐릭터의 다양성을 추구하지 못한다는 비판을 받았다. 하지만, 2000년대에 들어서면서 디즈니는 인종, 장애, 성 정체성 등 편견을 뛰어넘으려는 노력을 해왔다. 이제, 디즈니 영화에서는 흑인, 동양인, 히스패닉계 주인공들을 쉽게 볼 수 있다.

W🍎rds

- **wear** 图 쓰고[입고, 착용하고] 있다
- **role model** 图 롤 모델, 역할 모델
- **ask** 图 부탁하다, 요청하다
  - *cf.* **ask for A** A를 요청하다
- **character** 图 등장인물, 캐릭터
- **share** 图 공유하다, 같이 나누다
- **thankfully** 图 고맙게도, 다행스럽게도
- **a huge success** 큰 성공
- **campaign** 图 캠페인
- **look for** ~을 찾다
- **emoji** 图 이모티콘
- **few** 图 거의 없는, 얼마 안 되는
- **write** 图 쓰다
  (write-wrote-written)
- **send** 图 보내다, 발송하다
  (send-sent-sent)
- **tech**(= technology) 图 (과학) 기술
- **agree with A** A에 동의하다
- **keep v-ing** 계속해서 ~하다

[문제]
1 **novel** 图 소설
  personal 图 개인적인
3 **support** 图 지지하다, 지원하다
4 **join** 图 가입하다

A 다음 단어에 해당하는 알맞은 의미를 찾아 연결하세요.

1

attract
·
·

ⓐ to cause someone
or something to go to
a place

2

warn
·
·

ⓑ not able to see

3

blind
·
·

ⓒ to tell someone about
possible danger or
trouble

B 다음 우리말 뜻에 맞게 주어진 철자를 바르게 배열한 다음, 빈칸을 완성해보세요.

1 독 　 i o s n p o 　 → a deadly ＿＿＿＿＿＿＿＿

2 특정한 　 p c c f i i e s 　 → get ＿＿＿＿＿＿＿ information

3 공유하다 　 a e r h s 　 → ＿＿＿＿＿＿＿ personal stories on a blog

C 다음 빈칸에 알맞은 단어를 〈보기〉에서 찾아 쓰세요.

보기
sign　　guide　　improve　　send

1 I will ＿＿＿＿＿＿＿ you the photos that I took today.

2 There was a danger ＿＿＿＿＿＿＿ for the wet floors.

3 The man kindly ＿＿＿＿＿＿＿(e)d us to the gate at the airport.

A ⓐ cause 통 초래하다, 야기하다　 ⓒ possible 형 있을 수 있는; 가능한　 **B 1** deadly 형 치명적인　 **C 2** wet 형 젖은, 물기가 있는　 **3** kindly 부 친절하게
gate 명 출입구

1일 1문장 Review

동사 찾기

A 다음 굵게 표시된 주어에 알맞은 동사를 찾아 동그라미 해보세요.

1 Tommy always forgets if **he** locked the door.

2 **The girl** is learning French to travel to Paris one day.

3 **My little sister** sometimes asks me to help with her math homework.

배열 영작

B 다음 우리말과 의미가 같도록 주어진 어구들을 올바르게 배열하세요.

1 나는 그의 말이 농담인지 아닌지 모르겠다.

| his words | are | if | a joke |

→ I don't know _____ .

2 Jenny와 나는 자전거 바퀴에 바람을 넣기 위해 멈췄다.

| to put | Jenny and I | stopped | air |

→ _____ in the bike's tire.

3 그 여자는 요리사에게 그녀의 음식에 당근을 빼달라고 부탁했다.

| the chef | asked | to remove | the carrots |

→ The woman _____ in her food.

문장 해석

C 다음 굵게 표시된 부분에 주의하여 문장을 해석해보세요.

1 Harry **asked** / me **to recommend** fun K-dramas.

→ Harry는 _____ / _____ .

2 I checked // **if** I made a mistake / on my test paper.

→ 나는 확인했다 // _____ / 내 시험지에.

3 Joe eats a healthy diet / **to maintain** his weight.

→ Joe는 건강한 식단을 먹는다 / _____ .

A 1 lock 동 잠그다 B 1 joke 명 농담 3 remove 동 빼다, 제거하다 C 1 recommend 동 추천하다 K-drama 한국 드라마 2 make a mistake 실수를 하다
3 diet 명 식단 maintain 동 유지하다

TRUTHS & WONDERS

 IT

인공지능이 완성한 베토벤의 교향곡

"베토벤이 직접 작곡한 것 같아요!"

베토벤은 전 세계적으로 많은 사람에게 사랑을 받는 독일의 작곡가예요. 그는 아름다운 아홉 개의 교향곡을 작곡한 것으로 널리 알려져 있어요. 베토벤은 죽기 전, 열 번째 교향곡의 작곡을 시작했는데 이를 미처 마무리 짓지 못했어요. 현대인들은 이 곡이 완성되었으면 어땠을지 의문을 가지기 시작했죠. 이에 등장한 것이 인공지능이에요. 인공지능은 베토벤의 모든 음악을 학습해 그의 작곡 특징을 분석했고, 베토벤의 스타일을 반영해 그의 열 번째 미완성 교향곡을 마무리 짓는 데 성공했어요! 인공지능이 예술에 이바지한 사례 중 하나예요.

Places

플로리다의 이색 뱀 사냥 대회

"이 뱀은 플로리다 생태계에 위협이 되고 있어요!"

미국 플로리다에서는 매년 뱀 사냥 대회가 열려요. 이 대회는 뱀을 해치는 목적이 아니라, 외래종인 버미즈 파이선(Burmese python)을 제거하기 위해 시작되었어요. 이 뱀은 본래 아시아에서 주로 발견되는 종인데, 플로리다 주민들이 반려동물로 데려온 후 유기하거나 우리에서 탈출해 문제가 되었어요. 버미즈 파이선은 특히 플로리다의 습지에서 잘 자라, 1979년에 처음 야생에서 발견된 후 현재는 플로리다에만 수천 마리가 있다고 해요. 이 뱀으로 인해 플로리다 습지에서 토끼, 여우, 그리고 너구리를 거의 찾아볼 수 없게 되었다고 해요. 하지만 사람들은 이 대회를 통해 매년 수백마리의 뱀을 제거하고 있으며, 플로리다 습지의 생태계가 다시 돌아오기를 바라고 있어요.

Unit 05

13

Nature

단어 수 ▭▭▭ 144
120 130 140

Puffins are cute birds living near the ocean in the North Atlantic. Puffins are very friendly, so ⓐ they aren't afraid of people. Many people in the U.K. and the U.S. love ⓑ them. But puffins were once an endangered species. The Earth and the ocean are getting warmer, and this put puffins in danger.

A man named Steve Kress from Maine, the U.S., wanted to help puffins. He made a better home for ⓒ them in nature. He also used fake puffins because he thought the real puffins might see ⓓ them as friends. 🖉 This effort **could help** puffins **stay** in the area.

Now, there are more puffins than before. During the COVID-19 *pandemic in the U.K., there were fewer tourists. So the puffins could have more babies. As a result, the **US Fish and Wildlife Service removed ⓔ them from the endangered species list in December 2020.

*pandemic 전국[전 세계]적인 유행병
**US Fish and Wildlife Service 미국 어류 및 야생동물관리국

1일 1문장 🖉

This effort **could help** / puffins **stay** in the area.
　　주어　　　　　동사　　　　A　　동사원형
　　　　　　　　　　　　　　↳ 동사원형 대신 to부정사(to stay)를 쓸 수도 있어요.

해석 TIP 동사 help 뒤에 「A(목적어)+동사원형」이 오면, 'A가 ~하도록 돕다'라고 해석해요.

✅ 해석 이런 노력이 퍼핀들이 그 지역에 머무르도록 도울 수 있었다.

#문장의 구조 #주+동+목+보(동사원형)

중심 생각

1 글의 주제로 가장 알맞은 것은?

① 퍼핀의 귀여움과 친근함

② 멸종 위기에서 벗어난 퍼핀

③ 지구 온난화가 퍼핀에 미친 영향

④ 코로나19 대유행이 영국에 미친 영향

⑤ 퍼핀을 구하기 위한 Steve Kress의 일생

지칭 파악

2 밑줄 친 ⓐ~ⓔ 중, 가리키는 대상이 나머지 넷과 **다른** 것은?

① ⓐ　　② ⓑ　　③ ⓒ　　④ ⓓ　　⑤ ⓔ

내용 요약

3 글의 내용과 일치하도록 빈칸에 알맞은 말을 본문에서 찾아 쓰세요.

| 보기 |
| more　remove　use　fewer |

과거의 Puffins | were an endangered species

↓

During the COVID-19 pandemic:
• met ⓐ _____ tourists
• had ⓑ _____ baby puffins

↓

현재의 Puffins | are ⓒ _____ (e)d from the endangered species list

Words

- ocean 명 바다, 대양
- North Atlantic 북대서양
- friendly 형 호의적인, 친절한; 다정한
- be afraid of ~을 무서워하다
- once 부 한때, 한동안
- endangered 형 멸종 위기에 처한
- species 명 종 ((생물 분류의 기초 단위))
- put A in danger A를 위험에 빠뜨리다 (put-put-put)
- name 동 ~의 이름을 짓다
- fake 형 가짜의, 모조의 (↔ real 진짜의, 실제의)
- see A as B A를 B로 보다, 생각하다
- effort 명 노력, 수고
- more 형 더 많은 (↔ fewer 더 적은 수의)
- tourist 명 관광객
- as a result 결과적으로, 그 결과
- remove A from B A를 B에서 제거하다

[문제]
4 escape from ~에서 탈출하다

1일 1문장

4 다음 굵게 표시된 부분에 주의하여 문장의 해석을 완성하세요.

The firefighter **helped** / people **escape** from fires.

➡ 그 소방관은 _____ / _____.

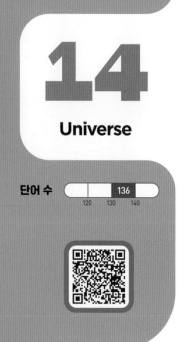

단어 수 [120 **136** 140] 130

✏️ *Asteroids **hitting** the Earth is a common story in movies. Many people think about this at least once. But does it only happen in movies, or can it actually happen in real life?

In 2022, NASA did an experiment called DART. NASA wanted to see if hitting an asteroid could change its path. So they built a spaceship with a camera and sent it  into space. The spaceship followed an asteroid named Dimorphos for 10 months. When the spaceship had the opportunity, it crashed into Dimorphos very fast and changed its path. NASA successfully changed the **orbit of an asteroid!

Scientists say that right now, the chance of an asteroid hitting the Earth is very low. However, they are still studying asteroids. They want _____, even if nothing is likely to happen!

*asteroid 소행성
**orbit 궤도

1일 1문장 ✏️

Asteroids [**hitting** the Earth] / is a common story / in movies.
주어 ↑ _____ 동사 보어

해석 TIP 현재분사(-ing)가 이끄는 어구가 바로 앞의 명사를 꾸며 줄 때는 '~하는[~하고 있는] (명사)'라고 해석해요.

✅ 해석 지구에 충돌하는 소행성은 영화에서 흔한 이야기이다.

#분사 #명사 수식 #현재분사

중심 생각

1 글에 언급된 NASA의 실험 목적으로 가장 알맞은 것은?

① 우주에서 소행성 충돌을 관찰하기 위해

② 소행성과 우주선의 충돌 가능성을 조사하기 위해

③ 지구에 위협이 될 수 있는 소행성을 찾아내기 위해

④ 우주선이 소행성을 추적할 수 있는지 확인하기 위해

⑤ 소행성에 충돌하여 궤도를 바꿀 수 있는지 확인하기 위해

빈칸 완성

2 글의 빈칸에 들어갈 말로 가장 알맞은 것은?

① to be ready for asteroids

② to have one more chance

③ to see asteroids in real life

④ to destroy all asteroids in space

⑤ to keep spaceships safe from asteroids

내용 요약

3 글의 내용과 일치하도록 빈칸에 알맞은 말을 〈보기〉에서 찾아 쓰세요.

| 보기 |
| crash happen change follow |

Q. What happened in the DART experiment?

A. NASA sent a spaceship with a camera into space.

It **a** _____ (e)d an asteroid named Dimorphos. Then, the spaceship **b** _____ (e)d into it.

Q. Was it successful?

A. Yes. When the spaceship hit Dimorphos very fast,

it **c** _____ (e)d its orbit.

1일 1문장

4 다음 굵게 표시된 부분에 주의하여 문장의 해석을 완성하세요.

The boy **dancing** on the stage / is my brother.

➔ _____ / 내 남동생이다.

Knowledge ⊕

소행성이 지구와 충돌하면?!

지구에 소행성이 충돌하면 인류가 멸종하는 건 아닐지 걱정할 수 있다. 하지만 그것이 현실이 되려면 지구에 돌진하는 소행성은 크기가 얼마나 커야 할까? 공룡이 멸종했을 때의 소행성 지름은 약 12km였다. 이는 지구를 농구공으로 비교했을 때, 모래 알갱이 정도의 크기라고 한다. 소행성이 떨어지면 화재, 충격파, 방사능, 산성비나 거대한 쓰나미의 피해를 겪을 수 있다. 하지만 너무 걱정하지는 말자. 이런 소행성 충돌은 1억 년에 1번 정도 일어나는, 아주 확률이 희박한 일이라고 한다.

W⊙rds

· **hit** 동 충돌하다, 부딪치다
· **common** 형 흔한
  (↔ rare 드문, 흔치 않은)
· **at least** 적어도, 최소한
· **happen** 동 일어나다, 발생하다
  (= occur)
· **in real life** 현실에서는
· **experiment** 명 실험
· **path** 명 궤도, 진로
· **build** 동 만들다; 짓다
  (build-built-built)
· **spaceship** 명 우주선
· **send** 동 보내다
  (send-sent-sent)
· **follow** 동 뒤따르다, 따라가다
· **opportunity** 명 기회
  (= chance)
· **crash into** ~와 충돌하다
· **successfully** 부 성공적으로
  cf. **successful** 형 성공적인
· **chance of v-ing** ~할 가능성
· **still** 부 아직도, 여전히
· **study** 동 연구하다; 공부하다
· **even if** (비록) ~일지라도
· **be likely to-v** ~할 것 같다

[문제]
4 **stage** 명 무대

15

Culture

120 130 **138** 140

In Indonesia, there is a unique game known as Panjat Pinang. This game takes place every August 17th, and it was started to celebrate Indonesia's independence from the Netherlands. In the game, people climb up *greased poles to reach the prizes at the top!

However, the poles are really slippery and tall, so **it**'s not possible **to climb** them alone. Friends and family need to work together. They form teams and help each other climb. At the top of the poles, there are prizes like bicycles, electronics, and bags of sugar. Women and children cheer for their friends and family. It's exciting to see who will get the prizes first.

Panjat Pinang teaches people the importance of teamwork and cooperation. It's a fun way to celebrate Indonesia's Independence Day and have a good time with friends and family.

***greased** 기름을 바른

1일 1문장 ✎

However, / the poles are really slippery and tall, // so **it**'s not possible / **to climb** them alone.
가주어 동사　보어　진주어
↳ 이때 it은 가짜 주어이며, 따로 해석하지 않아요.

해석 TIP to부정사가 주어로 쓰일 때는 주로 「It(가짜 주어) ~ to+동사원형(진짜 주어) …」 형태로 쓰이며, '…하는 것은 ~하다'라고 해석해요. it(가주어) 뒤에 오는 보어 자리에는 possible, easy, difficult 등과 같은 형용사가 잘 쓰여요.

✔**해석** 그러나, 그 기둥들은 매우 미끄럽고 높아서, 그것들을 혼자 올라가는 것은 가능하지 않다.

#to부정사 #명사 역할 #주어

Knowledge ➕

인도네시아의 독립

인도네시아는 네덜란드에 의해 약 430년간 식민 지배를 받았다. 네덜란드는 인도네시아를 착취해 얻은 이윤으로 부유한 나라가 되었으나, 인도네시아 원주민은 가난과 배고픔에 시달렸다. 식민지 정책에 저항하는 전쟁은 모두 실패로 돌아갔다. 그러다, 20세기에 민족주의 운동이 활발해지고, 제2차 세계대전 때 네덜란드 정권이 붕괴되면서 1945년 8월 17일 인도네시아는 네덜란드로부터 독립을 선언했다.

1 〔중심 생각〕 글의 제목으로 가장 알맞은 것은?

① How to Play Panjat Pinang

② A Unique Game from Indonesia

③ Prizes for Winners of Panjat Pinang

④ Importance of Teamwork and Cooperation

⑤ Indonesia's Independence from the Netherlands

2 〔세부 내용〕 글을 읽고 대답할 수 **없는** 질문은?

① When does the game take place?

② Why is it hard to climb the poles alone?

③ How long does it take to play the game?

④ What kinds of prizes are there for the game?

⑤ What does the game teach people?

W●rds

- **unique** 〔형〕 독특한
- **known as** ~으로 알려진
- **take place** 열리다, 개최되다
  (= happen)
- **celebrate** 〔동〕 기념하다, 축하하다
- **independence** 〔명〕 독립
  cf. **Independence Day**
  독립 기념일
- **climb** 〔동〕 오르다, 올라가다
- **pole** 〔명〕 막대기, 기둥
- **reach** 〔동〕 ~에 이르다, 닿다
- **prize** 〔명〕 상품, 상
- **slippery** 〔형〕 미끄러운, 미끈거리는
- **possible** 〔형〕 가능한
  (↔ impossible 불가능한)
- **form** 〔동〕 구성하다
- **electronics** 〔명〕 전자 제품, 전자 기기
- **cheer for** ~을 응원하다
- **exciting** 〔형〕 신나는, 흥미진진한
- **importance** 〔명〕 중요성
- **teamwork** 〔명〕 팀워크
- **cooperation** 〔명〕 협력, 협동

[문제]
1 **winner** 〔명〕 우승자
4 **break a habit** 습관을 고치다

3 〔내용 요약〕 글의 내용과 일치하도록 빈칸에 알맞은 말을 〈보기〉에서 찾아 쓰세요.

| 보기 |
| teamwork   climb   form   celebrate |

Panjat Pinang, a unique game, was started to **a** _____ Indonesia's Independence Day. It teaches **b** _____ by making people **c** _____ greased poles together for prizes.

4 〔1일 1문장〕 다음 굵게 표시된 부분에 주의하여 문장의 해석을 완성하세요.

It is not easy / **to break** an old habit.

→ 쉽지 않다 / _____ .

영영 뜻 파악

A 다음 단어에 해당하는 알맞은 의미를 찾아 연결하세요.

1

prize
•

•
ⓐ a very large area of sea

2

ocean
•

•
ⓑ to stretch out your arm in order to get something

3

reach
•

•
ⓒ something that is given as an award

어구 완성

B 다음 굵게 표시된 우리말 뜻에 맞는 영단어의 철자를 넣어 어구를 완성하세요.

1 **가능한** 빨리 → as soon as ☐ ☐ s ☐ i ☐ e

2 **희귀한** 물고기 **종** → a rare ☐ p e ☐ ☐ s of fish

3 **기회**를 놓치다 → miss an o ☐ ☐ o r ☐ ☐ i t y

문장 완성

C 다음 우리말과 일치하도록 빈칸에 알맞은 표현을 써보세요.

1 너는 결승전에서 어느 팀을 응원할거니?

→ Which team will you _____ _____ in the final?

2 셔츠에서 얼룩을 제거하기는 어렵다.

→ It's hard to _____ the stain _____ the shirt.

3 지금 출발하지 않으면, 우리는 그 기차를 놓칠 것 같아.

→ If we don't leave now, we are _____ _____ miss the train.

A ⓑ stretch out (팔 등을) 쭉 뻗다 in order to ~하기 위해 ⓒ award 명 상 **B 2** rare 형 희귀한, 드문 **3** miss 동 놓치다 **C 1** final 명 결승전
2 stain 명 얼룩

동사 찾기

A 다음 굵게 표시된 주어에 알맞은 동사를 찾아 동그라미 해보세요.

1 Dogs barking loudly at night can be annoying.

2 The flowers blooming in the garden are colorful.

3 Kate and Mike will help me prepare my presentation.

배열 영작

B 다음 우리말과 의미가 같도록 주어진 어구들을 올바르게 배열하세요.

1 그 문제의 답을 찾는 것은 어려웠다.

| difficult | it | was | to find | the answer |

→ _____ to the question.

2 제 자리가 어디인지 찾아 주시겠어요?

| me | my seat | find | help |

→ Could you _____ , please?

3 운동장에서 놀고 있는 아이들은 에너지가 넘친다.

| on | playing | kids | the playground |

→ _____ are full of energy.

문장 해석

C 다음 굵게 표시된 부분에 주의하여 문장을 해석해보세요.

1 It was boring / **to stay** home alone / all day long.

→ _____ / _____ / 하루 종일.

2 A cup of warm milk **will help** / you **fall** asleep / easily.

→ 따뜻한 우유 한 컵이 _____ / _____ / 쉽게.

3 The girl **holding** a red balloon / seems lost.

→ _____ / 길을 잃은 것 같다.

A 1 bark 통 (개가) 짖다 annoying 형 짜증스러운 **2** bloom 통 꽃이 피다 colorful 형 (색이) 다채로운 **3** prepare 통 준비하다, 대비하다 presentation 명 발표
B 3 be full of ~로 가득 찬 **C 1** all day long 하루 종일 **2** fall asleep 잠들다 **3** lost 형 길을 잃은

POP QUIZ

Quiz #1

Q1 소행성들은 일반적으로 ⬜⬜이 생성되고 남은 잔여물이에요.

Q2 대부분의 소행성들은 화성과 ⬜⬜ 사이의 궤도 사이에 존재해요.

Q3 소행성들이 대기에 들어와 불타오르는 것을 우리는 유성, 또는 ⬜⬜⬜이라고 불러요.

Nature

Quiz #2

Q4 얼음층 위에 쌓인 눈이 살짝 녹아서로 엉켜 붙은 후 강한 바람으로 인해, 두루마리와 같은 형태를 띄게 되는 희귀한 자연현상을 무엇이라고 할까요?

ㅅ ㄴ ㅇ ㄹ ㄹ

Culture

Quiz #3

Q5 인도네시아 사람의 대다수는 힌두교를 믿는다. ·········· O X

Q6 인도네시아의 면적의 크기는 프랑스의 약 3.5 배이다. ········· O X

Q7 인도네시아에는 17,000개가 넘는 섬이 있다. ·········· O X

정답 **Q1** 행성　**Q2** 목성　**Q3** 별똥별　**Q4** 스노우 롤러　**Q5** ✕　**Q6** ○　**Q7** ○

Unit 06

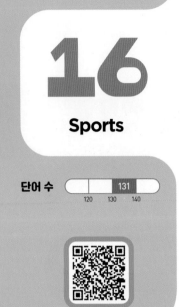

In soccer games, *referees use red and yellow cards when players don't follow the rules. But now, there's a new white card! This card is for players, coaches, or medical staff who show good behavior.

In Portugal, a referee named Catarina Campos started to use the white card first. It was introduced during a game between the two teams, Benfica and Sporting Lisbon. When a person in the crowd got sick, medical staff from both teams quickly went to help. The referee was moved by their quick response so she gave them a _____ card! 🖉 But, **FIFA **hasn't approved** the use of the white card yet. Only Portugal is using white cards in soccer right now. Do you think it's a good idea, and should other countries use white cards too?

*referee (스포츠 경기의) 심판
**FIFA 피파, 국제축구연맹

1일 1문장 🖉

But, FIFA **hasn't approved** / the use of the white card / *yet*.
　　　주어　　　　동사　　　　　　　목적어
　　　　　└ hasn't는 has not의 줄임말이에요.

해석 TIP 「have/has+not+과거분사(p.p.)」가 yet과 함께 쓰이면, 과거의 어느 시점부터 현재까지 **'아직 ~하지 않았다'**라는 의미를 나타내요.

✅**해석** 하지만, FIFA는 아직 화이트카드의 사용을 승인하지 않았어요.

#시제 #현재완료 #완료

중심 생각

1 글의 주제로 가장 알맞은 것은?

① 축구 경기 중에 생길 수 있는 부상의 위험
② 축구 경기에서 심판이 사용하는 카드의 종류
③ 축구 경기에서 선의의 행동에 주어지는 카드
④ 축구 경기에서 화이트카드를 사용하는 나라들
⑤ 축구 경기에서 레드카드와 화이트카드의 차이점

세부 내용

2 글의 내용과 일치하면 T, 그렇지 않으면 F를 쓰세요.

(1) _____ 화이트카드가 처음 사용된 나라는 포르투갈이다.

(2) _____ 현재 포르투갈뿐만 아니라 여러 나라에서 화이트카드를 사용하고 있다.

세부 내용

3 다음 중 화이트카드를 받을 수 <u>없는</u> 사람을 <u>모두</u> 고르세요.

① 선수   ② 코치
③ 심판   ④ 의료진
⑤ 관중

빈칸 완성

4 글의 빈칸에 알맞은 한 단어를 본문에서 찾아 쓰세요.

_____

1일 1문장

5 다음 굵게 표시된 부분에 주의하여 문장의 해석을 완성하세요.

My friend **has not arrived** yet. I'm still waiting.

→ 내 친구는 _____. 나는 여전히 기다리는 중이야.

W❂rds

· follow 동 (충고·지시 등을) 따르다; 따라가다
· rule 명 규칙
· coach 명 코치
· medical 형 의학의, 의료의
· staff 명 직원
· behavior 명 행동, 태도
· start to-v ~하는 것을 시작하다
· introduce 동 도입하다
· during 전 ~동안, ~(하는) 중에
· crowd 명 관중, 사람들
· get 동 (어떤 상태가) 되다 (get-got-got[ten])
· both 형 둘 다(의)
· quickly 부 빨리, 빠르게
  cf. quick 형 신속한, 재빠른
· move 동 감동시키다
· response 명 반응, 대응
· approve 동 승인하다
· yet 부 (부정문·의문문에서) 아직

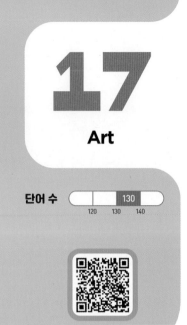

단어 수   130
120 130 140

Have you seen coffee with a picture on top? It is known as "latte art." It's a creative way to decorate coffee using milk. Interestingly, something similar was happening thousands of years ago in China!

The ancient Chinese tea art was called Chabaixi. It means "a hundred tricks with tea." To make Chabaixi, artists first turned tea leaves into powder. Then, they mixed water with the powder until it became *foamy. After that, they used a special spoon to draw pictures, like bamboo and mountains.

Chabaixi is a little different from modern latte art. It uses clear water instead of milk to make the designs. When the water touches the tea, it turns white. 🖊 Although the picture disappears in just 20 minutes, that's enough time **to enjoy** the beautiful designs!

*foamy 거품이 생기는

1일 1문장 🖊

~, that's *enough time* [**to enjoy** the beautiful designs]!
주어 동사   보어

해석 TIP 「to+동사원형」이 (대)명사 바로 뒤에 쓰여 명사를 꾸며 주는 형용사 역할을 할 때, '~하는[~할] (명사)'라고 해석해요.

✔해석 ~, 그것은 아름다운 디자인을 즐기기에 충분한 시간이에요.

#to부정사 #형용사 역할 #명사 수식

1 중심 생각

글의 주제로 가장 알맞은 것은?

① 현대 라테 아트의 종류

② 현대의 라테 아트를 만드는 방법

③ 고대 중국에서 시작된 차를 이용한 예술

④ 고대 중국의 차 예술에 사용되는 재료 및 도구

⑤ 고대 중국의 차 문화와 현대 라테 아트의 공통점

2 세부 내용

Chabaixi에 관한 글의 내용과 일치하지 <u>않는</u> 것은?

① 차를 이용한 백 가지의 묘기라는 뜻이다.

② 찻잎을 가루로 만들어 사용한다.

③ 거품이 나지 않도록 물과 찻잎 가루를 섞는다.

④ 특별한 숟가락을 사용해 그림을 그린다.

⑤ 현대의 라테 아트와 달리 우유를 사용하지 않는다.

3 세부 내용

글의 내용과 일치하도록 각 그림이 의미하는 것을 〈보기〉에서 고르세요.

┌─| 보기 |─────────────────────────────┐
ⓐ Artists mix water with the tea powder until it becomes foamy.
ⓑ Artists draw pictures with a special spoon.
ⓒ Tea leaves become powder.
└──────────────────────────────────────┘

(1)  (2)  (3)

_____   _____   _____

4 1일 1문장

다음 굵게 표시된 부분에 주의하여 문장의 해석을 완성하세요.

It was a chance **to meet** my favorite singer.

→ 그것은 _____.

W🌀rds

- **be known as** ~로 알려져 있다
- **creative** 〔형〕 창의적인
- **decorate** 〔동〕 꾸미다, 장식하다
- **interestingly** 〔부〕 흥미롭게도
- **similar** 〔형〕 비슷한, 유사한
  (↔ different 다른)
- **ancient** 〔형〕 고대의
- **tea** 〔명〕 차
- **mean** 〔동〕 ~라는 의미이다, ~을 뜻하다
- **trick** 〔명〕 묘기; 속임수
- **powder** 〔명〕 가루, 분말
- **mix** 〔동〕 섞다
- **until** 〔접〕 ~할 때까지
- **bamboo** 〔명〕 대나무
- **be different from** ~와 다르다
- **modern** 〔형〕 현대의, 근대의
- **clear** 〔형〕 투명한, 맑은
- **instead of** 〔전〕 ~대신에
- **design** 〔명〕 디자인; 무늬
- **although** 〔접〕 (비록) ~이지만
- **disappear** 〔동〕 사라지다
  (↔ appear 나타나다)

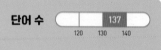

18

Plants

단어 수 ⟨ 137 ⟩
120 130 140

Some plants have a surprising secret. ⓐ <u>They</u> can actually make sounds like popping popcorn! But these sounds are very quiet, so we can't usually hear ⓑ <u>them</u>. The plants normally make one tiny popping sound each hour.

However, scientists discovered something interesting. They studied tomato plants with special microphones that can hear the quietest sounds. When the plants were stressed — such as when their stems were cut — ⓒ <u>they</u> made 30 to 50 popping sounds in an hour! This shows that plants react to stress, just like we do.

But this reaction doesn't mean that plants communicate with each other by making sounds. Making sounds is just their unique way of reacting to stress. So, if you're taking care of plants, don't forget to give ⓓ <u>them</u> water. ✏️ **Even though you can't hear anything,** ⓔ <u>they</u> might be shouting for help!

1일 1문장 ✏️

Even though you can't hear anything, // they might be shouting for help!
　　　접속사　　　주어　　동사　　　목적어

해석 TIP 접속사 even though는 앞뒤 문장의 내용이 대조될 때 사용하며, '(비록) ~이긴 하지만'이라는 의미를 나타내요.

✅**해석** 비록 여러분은 아무것도 들을 수 없긴 하지만, 그것들은 도와달라고 외치고 있을지도 몰라요!

#접속사 #부사절 #even though

1 **What is the passage mainly about?**

① tips for taking care of plants

② how to communicate with plants

③ stress-free environments for plants

④ the technology behind hearing plant sounds

⑤ the link between sounds made by plants and stress

2 **Choose the one that indicates something different.**

① ⓐ   ② ⓑ   ③ ⓒ   ④ ⓓ   ⑤ ⓔ

3 **Write T if the statement is true or F if it is false.**

(1) _____ Plants usually make several popping sounds every hour.

(2) _____ The plants communicate with each other by making sounds.

4 **Fill in the blanks with the words from the box.**

stressed	hear	sound

Normally, plants make one tiny popping ⓐ _____ each hour. But when they are ⓑ _____, they make 30 to 50 popping sounds in an hour.

5 **Fill in the blank with the Korean translation.**

Even though it's an old building, // it is still strong.

→ _____, // 여전히 튼튼하다.

Words

- secret 뎽 비밀
- like 젠 ~같은 젭 ~하는 것처럼
- pop 뚱 펑 하고 터지다; 펑 하는 소리가 나다
- usually 뿐 보통, 대개 (= normally)
- hear 뚱 듣다, 들리다
- tiny 혱 아주 작은 (↔ huge 아주 큰)
- discover 뚱 발견하다
- study 뚱 연구하다; 공부하다
- microphone 뎽 마이크
- stressed 혱 스트레스를 받는 cf. stress 뎽 스트레스
- such as 예를 들어 (~와 같은)
- stem 뎽 줄기
- react 뚱 반응하다, 반응을 보이다 cf. reaction 뎽 반응
- communicate 뚱 의사소통을 하다
- take care of ~을 돌보다
- shout 뚱 외치다, 소리치다

[문제]
1 tip 뎽 비법, 조언
  environment 뎽 환경
  technology 뎽 (과학) 기술
  link 뎽 연관성, 관련성
3 several 혱 몇몇의, 여럿의

단어 Review

영영 뜻 파악

A 다음 단어에 해당하는 알맞은 의미를 찾아 연결하세요.

1

tiny

•

•

ⓐ to make something look more attractive by putting things on it

2

decorate

•

•

ⓑ very small in size or amount

3

crowd

•

•

ⓒ a large group of people who are together in one place

어구 완성

B 다음 우리말 뜻에 맞게 주어진 철자를 바르게 배열한 다음, 빈칸을 완성하세요.

1 규칙 | e l r u | → the _____ of the game

2 현대의 | o n r d e m | → a museum of _____ art

3 의사소통을 하다 | t o i c m a n m c u e | → _____ with body language

문장 완성

C 다음 빈칸에 알맞은 단어를 〈보기〉에서 찾아 쓰세요.

| 보기 |
| creative   shout   until   behavior |

1 Helping others is a kind _____.

2 We'd better wait _____ the snowstorm stops.

3 The teacher liked her _____ answer to the problem.

A ⓐ attractive 형 매력적인   ⓑ amount 명 양   **C 2** had['d] better ~하는 게 낫다[좋다]   snowstorm 명 눈보라

동사 찾기

A 다음 굵게 표시된 주어에 알맞은 동사를 찾아 동그라미 해보세요.

1 **Mr. White** has not answered my email yet.

2 **My brother** is trying to find a place to live.

3 Even though **it** was raining, they decided to go for a walk.

배열 영작

B 다음 우리말과 의미가 같도록 주어진 어구들을 올바르게 배열하세요.

1 이것은 읽기 좋은 책이다.

a good book　this　is　to read

→ _____ .

2 나는 아직 그녀에게 줄 선물을 고르지 못했다.

a gift　haven't　I　chosen

→ _____ for her yet.

3 선생님이 조용히 해달라고 요청했지만, 그 남자아이는 계속 떠들었다.

the teacher　even though　silence　asked for

→ _____ , the boy kept talking.

문장 해석

C 다음 굵게 표시된 부분에 주의하여 문장을 해석해보세요.

1 There is nothing **to eat** / in the refrigerator.

→ _____ / 냉장고에.

2 The team **hasn't won** a single game / yet / this week.

→ 그 팀은 _____ / _____ / 이번 주에.

3 **Even though** the heater was on, // it was still cold inside.

→ _____ , // 실내는 여전히 추웠다.

A 1 answer 동 (편지 등에) 답장하다　**3** go for a walk 산책하러 가다　**B 2** choose 동 고르다 (choose-chose-chosen)　**3** silence 명 침묵
ask for ~을 부탁[요청]하다　**C 1** nothing 대 아무것도 (~않은) refrigerator 명 냉장고　**2** win 동 이기다 (win-won-won) single 형 단 하나의

DID YOU KNOW …?

축구공은 한때 방광으로 만들어졌었다고요? Sports

　축구는 아주 긴 역사를 지닌 스포츠예요. 하지만 우리가 알고 있는 고무 축구공은 1800년대에 들어서야 발명되었어요. 그전에 사람들은 무엇을 공으로 사용하였을까요? 동물의 두개골이나 천 뭉치를 꿰매서 쓰기도 했는데, 그중 가장 많이 쓰인 것은 동물의 방광이었어요! 방광의 모양은 완벽한 원형이 아니었기 때문에 발로 찼을 때 공이 어디로 가게 될지 예상할 수 없었고, 오래 못 가 터지곤 했어요. 또한, 방광으로 만든 축구공은 풍선처럼 일일이 바람을 불어넣어야 했는데, 이는 건강에 좋지 않았어요. 1862년에 영국의 리차드 린던(Richard Lindon)이 고무 축구공을 만들기 시작했는데, 이는 안타까운 개인사에서 시작되었어요. 그의 아내가 돼지 방광으로 만든 공을 입으로 부풀렸는데, 그 방광이 감염된 방광이었기 때문에 폐질환에 걸려 사망했다고 해요. 리차드는 다른 사람이 자신의 아내와 같은 결말을 맞이하지 않도록 하기 위해 고무 축구공을 만들기 시작했어요.

곤충을 사용해 예술 작품을 만든다고요? Art

　네덜란드 출신의 예술가 세드릭 라키에즈(Cedric Laquieze)는 매우 독특한 재료를 사용해 아름다운 요정 조각상을 만들어요. 그가 사용하는 재료는 바로 곤충이에요! 세드릭은 죽은 곤충들을 분해한 후, 여러 곤충들을 이리저리 조합하여 새로운 예술 작품을 만들어내요. 각 조각상은 다양한 색, 모양, 질감을 갖추기 위해 열 마리 이상의 곤충으로 조합되기도 해요. 세드릭은 같은 모양의 조각상은 반복해 만들지 않으며, 다양한 스타일의 조각상들을 만들어요. 그의 작품은 자연의 곤충을 사용함으로써 요정이라는 주제에 대한 신비로움을 잘 나타낼 수 있어요.

Unit
07

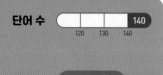

19

Environment

단어 수 ▱▱▱ 140
120 130 140

Newtok is a small village in the *Arctic area. It is on the west coast of Alaska, U.S. Because of climate change, Newtok is facing a big problem.

Newtok is on land called **permafrost. (A) But, the weather is getting warmer very fast. (B) It's a kind of soil that stays frozen all the time. (C) For a very long time, the land didn't melt thanks to the cold weather. 🖉 **This is making** the ice inside the permafrost **melt**.

When permafrost melts, this can break buildings and roads. In fact, houses in Newtok shake when people walk inside them. That's why Newtok has to move to a safer place. The people of Newtok feel both sad and relieved about it.

Newtok became one of the first villages to move because of climate change. Sadly, more villages might be like Newtok in the future.

*Arctic area 북극 지방
**permafrost 영구 동토층 ((땅속이 1년 내내 언 상태로 있는 지대))

1일 1문장 🖉

This **is making** / the ice inside the permafrost **melt**.
주어　　동사　　　　　　　　　　A　　　　　　　동사원형

해석 TIP 동사 make 뒤에 「A(목적어)+동사원형」이 오면, **'A가 ~하게 하다[만들다]'**라고 해석해요.

✅ **해석** 이것이 영구 동토층 안에 있는 얼음을 녹게 만들고 있다.

#문장의 구조 #주+동+목+보(동사원형)

중심 생각

1 글의 주제로 가장 알맞은 것은?

① 알래스카의 영구 동토층

② Newtok 마을의 문화와 전통

③ 미국 알래스카의 지리적 특징

④ Newtok 마을에 있는 건물들의 위험성

⑤ 기후 변화로 인한 Newtok 마을의 이주

글의 흐름

2 문장 (A)~(C)를 글의 흐름에 알맞게 배열한 것은?

① (A)-(B)-(C)　　　　　② (A)-(C)-(B)

③ (B)-(A)-(C)　　　　　④ (B)-(C)-(A)

⑤ (C)-(B)-(A)

세부 내용

3 글의 내용과 일치하면 T, 그렇지 않으면 F를 쓰세요.

(1) _____ Newtok 마을에서는 집 안에서 걸으면, 집이 흔들린다.

(2) _____ Newtok 마을 사람들은 안전한 곳으로 가게 되어 매우 행복해한다.

내용 요약

4 글의 내용과 일치하도록 빈칸에 알맞은 말을 〈보기〉에서 찾아 쓰세요.

보기
melting　　shaking　　move　　climate

Newtok is facing a big problem because of **a** _____ change. The ice inside the permafrost is **b** _____, so the people need to **c** _____ to a safer place.

1일 1문장

5 다음 굵게 표시된 부분에 주의하여 문장의 해석을 완성하세요.

This comedy movie **will make** / you **laugh**.

➔ 이 코미디 영화는 _____ / _____.

Words

- village 몡 마을
- coast 몡 해안
- climate 몡 기후
- **face a problem** 문제[과제]에 직면하다
- **get** 동 (어떤 상태가) 되다, ~해지다
- **warm** 형 따뜻한 (↔ cool 시원한)
- soil 몡 토양, 흙
- **stay** 동 (상태를) 유지하다
- **frozen** 형 얼어붙은
- **all the time** 줄곧, 내내, 항상
- **for a long time** 오랫동안
- melt 동 녹다 (↔ freeze 얼다)
- **thanks to** ~ 덕분에
- **in fact** 사실은
- **shake** 동 흔들리다
- **move** 동 이주하다, 이사하다
- **relieved** 형 안도하는, 다행으로 여기는
- **become** 동 ~이 되다, ~해지다 (become-became-become)
- **sadly** 분 안타깝게도

[문제]

5 laugh 동 웃다

20

People

단어 수 | 137
120　130　140

Noam Oxman is a composer who writes special songs to remember pets. His music makes people feel less sad when they miss their lost pets.

After finishing school, Noam wanted to use his talents in a special way. He loved animals, music, and drawings. So, he started "Sympawnies," a project that combines the words "*symphony" and "paw." He uses pet photos to create beautiful songs. Surprisingly, the **scores look exactly like the pets. The results are fun for both the eyes and the ears.

Before composing, he learns about the pets from their owners. If the pet is lively, he makes happy music. If the pet is calm, he makes gentle music. For example, he thought a cat named Chubby Cat was sweet and playful. So, he made a sweet and playful song just like Chubby Cat!

*symphony 교향곡, 심포니
**score 악보

1일 1문장 ✎

Noam Oxman is *a composer* [**who** writes special songs to remember pets].
　　　　주어　　　동사　　　보어
　　　　　　　　　　　　　　　who는 선행사가 '사람'일 때 쓰여요.

해석 TIP 주격 관계대명사 who는 「who+동사 ~」의 형태로 앞의 명사(선행사)를 꾸며 줘요.
이때, '~하는[~한] (명사)'라고 해석하면 돼요.

✔해석 Noam Oxman은 반려동물을 기억하기 위해 특별한 노래를 쓰는 작곡가이다.

#관계대명사 #주격 #who

중심 생각

1 글의 제목으로 가장 알맞은 것은?

① Music Made Just for Animals

② Noam's Melodies for Lost Pets

③ Noam's Special Talents in Music

④ A Song for a Sweet and Playful Cat

⑤ Stories for Families Who Lost Their Pets

세부 내용

2 글을 읽고 Noam에 대해 대답할 수 없는 질문은?

① What is his job?

② When did he finish his school?

③ Why did he start the Sympawnies project?

④ What does he use to make his songs?

⑤ What does he do before composing?

내용 요약

3 글의 내용과 일치하도록 빈칸에 알맞은 말을 본문에서 찾아 쓰세요.

> Noam Oxman makes special songs about pets using their
>
> a _____. People who miss their pets feel less
>
> b _____ when they listen to his songs.

1일 1문장

4 다음 굵게 표시된 부분에 주의하여 문장의 해석을 완성하세요.

I have a friend **who** has a special talent in music.

→ 나는 음악에 _____.

W⦿rds

- **composer** 몡 작곡가
  cf. **compose** 동 작곡하다
- **remember** 동 기억하다
- **lose** 동 (사고, 죽음 등으로) 잃다;
  (물건을) 잃어버리다
  (lose-lost-lost)
- **talent** 몡 재능, 재주
- **combine** 동 ~을 결합하다, 조합
  하다
- **paw** 몡 (동물의) 발
- **create** 동 만들다, 창조하다
- **exactly** 뷔 정확히
- **result** 몡 결과
- **owner** 몡 주인
- **lively** 혱 활발한, 명랑한
- **calm** 혱 차분한, 침착한
- **gentle** 혱 온화한, 부드러운
  (↔ rough 거친, 난폭한)
- **think** 동 (~라고) 생각하다
  (think-thought-thought)
- **chubby** 혱 포동포동한, 통통한
- **sweet** 혱 상냥한, 다정한 (= nice)
- **playful** 혱 장난기 많은

[문제]

1 melody 몡 곡, 노래; 멜로디

단어 수 ⎯⎯⎯⎯ 145
120 130 140

The Stone of Destiny is a special stone with a long history. It's a large, rectangular rock and weighs about 125 kilograms. For many years, this stone played an important role in the ceremonies for new kings and queens of the U.K.

✎ Originally, the Stone of Destiny **was used to *crown Scottish kings.** (A) He wanted to show off his power and control over the Scottish people. (B) Because of what the king did, they felt sad and angry. (C) However, in 1296, an English king named Edward I took the stone from Scotland. So, the Scottish people wanted the Stone of Destiny back for a long time.

Finally, in 1996, the British government officially returned the stone to Scotland. The Scottish people were happy. They felt like a missing part of their history was finally back! Now, you can see the stone at Edinburgh Castle in Scotland.

***crown** 왕관을 씌우다, 왕위에 앉히다

1일 1문장 ✎

Originally, the Stone of Destiny **was used** / **to crown** Scottish kings.
　　　　　　주어　　　　　　동사　　　　　수식어

해석 TIP 「be used to+동사원형」은 '**~하는 데 사용되다**'라고 해석해요. 이때 to부정사는 '목적'을 나타내는 부사적 역할로 쓰였어요.

✔해석 원래, 운명의 돌은 스코틀랜드 왕들을 왕위에 앉히는 데 사용되었다.

#수동태 #be used to-v

Knowledge ➕

운명의 돌(The Stone of Destiny)을 돌려주는 조건

운명의 돌(The Stone of Destiny)은 영국에서 약 700년 동안 26명의 왕과 왕비의 대관식에 사용되었다. 이 돌은 이제 영국 국민에게도 매우 상징적인 돌이어서, 스코틀랜드로 반환될 때, 영국에서 대관식을 할 때는 언제라도 빌려주기로 동의했다. 새로운 영국의 국왕 찰스 3세 또한 스코틀랜드에서 온 운명의 돌 위에 앉아 왕관을 부여받았다.

중심 생각

1 글의 제목으로 가장 알맞은 것은?

① The Long History of Scotland

② A Missing Part of The Stone of Destiny

③ The Special History of a Stone from Scotland

④ An Important Ceremony for Kings and Queens

⑤ The Stone of Destiny: Power and Control over People

글의 흐름

2 문장 (A)~(C)를 글의 흐름에 알맞게 배열한 것은?

① (A) - (B) - (C) ② (B) - (A) - (C)

③ (B) - (C) - (A) ④ (C) - (A) - (B)

⑤ (C) - (B) - (A)

세부 내용

3 The Stone of Destiny에 관한 글의 내용과 일치하지 <u>않는</u> 것은?

① 직사각형의 큰 바위로 무게는 약 125kg이다.

② 스코틀랜드 왕이 권력을 과시하는 데 사용되었다.

③ 1296년 에드워드 1세에 의해 영국으로 옮겨졌다.

④ 1996년 영국 정부에 의해 스코틀랜드에 반환되었다.

⑤ 이제 스코틀랜드의 Edinburgh 성에서 볼 수 있다.

W⦿rds

- destiny 명 운명
- rectangular 형 직사각형의
- weigh 동 무게가 ~이다
- play a role 역할을 하다
- important 형 중요한
- ceremony 명 식, 의식
- originally 부 원래, 본래
- Scottish 형 스코틀랜드의
- show off ~을 자랑하다, 과시하다
- control over ~에 대한 통제
- feel 동 ~하게 느끼다
  (feel-felt-felt)
- *cf.* feel like ~하는 것처럼 느끼다
- English 형 영국의
- finally 부 마침내
- government 명 정부, 정권
- officially 부 공식적으로
- return 동 돌려주다, 반납하다
- missing 형 잃어버린, 없어진

1일 1문장

4 다음 굵게 표시된 부분에 주의하여 문장의 해석을 완성하세요.

The money **was used** / **to help** children in Africa.

➔ 그 돈은 _____ / 아프리카에 있는 _____.

단어 Review

정답과 해설 **p.43**

영영 뜻 파악

A 다음 단어에 해당하는 알맞은 의미를 찾아 연결하세요.

1	2	3

shake	melt	weigh
•	•	•
•	•	•
ⓐ to change from a solid to a liquid	ⓑ to have a particular weight	ⓒ to move back and forth or up and down, with short, quick movements

---

어구 완성

B 다음 굵게 표시된 우리말 뜻에 맞는 영단어의 철자를 넣어 어구를 완성하세요.

1 만족스러운 **결과** → a satisfying ☐☐ s ☐☐ t

2 춥고 건조한 **기후** → cold and dry ☐☐☐☐ ate

3 운동과 식단을 **결합하다** → c ☐☐☐ i ☐ e exercise with a diet

문장 완성

C 다음 빈칸에 알맞은 단어를 〈보기〉에서 찾아 쓰세요.

보기
coast   gentle   important   ceremony

1 My dad always talks with a(n) _____ voice.

2 Family is the most _____ thing to me.

3 There are paths for walking along the _____.

A ⓐ solid 명 고체 liquid 명 액체 ⓑ particular 형 특정한 ⓒ back and forth 앞뒤로 movement 명 움직임 **B 1** satisfying 형 만족스러운
C 3 path 명 길 along 전 ~을 따라

A 동사 찾기

다음 굵게 표시된 주어에 알맞은 동사를 찾아 동그라미 해보세요.

1 **The raised money** was used to build a new school.

2 **The teacher** who teaches us math is very kind.

3 **The magician** surprisingly made a rabbit appear out of a hat.

B 배열 영작

다음 우리말과 의미가 같도록 주어진 어구들을 올바르게 배열하세요.

1 그녀는 내가 위기에 처했을 때 도와준 사람이다.

| the person | me | who | helped |

→ She's _____ when I was in trouble.

2 그녀의 따뜻한 말은 그의 기분이 나아지게 했다.

| feel better | made | her warm words | him |

→ _____ .

3 과거에, 그 동굴은 얼음을 저장하는 데 사용되었다.

| was | ice | to store | used |

→ In the past, the cave _____ .

C 문장 해석

다음 굵게 표시된 부분에 주의하여 문장을 해석해보세요.

1 William is a pilot **who** can fly a helicopter.

→ William은 _____ .

2 The loud noise **made** / the baby **wake up**.

→ 시끄러운 소리는 _____ / _____ .

3 This book **will be used** / **to teach** students history.

→ 이 책은 _____ / 학생들에게 _____ .

A 1 raise 图 (돈을) 모으다 **3** magician 图 마술사 appear 图 나타나다 out of ~밖으로 **B 1** in trouble 위기에 처한 **3** store 图 저장하다 cave 图 동굴
C 1 fly 图 조종하다; 날다 helicopter 图 헬리콥터

Interesting World

History

모두가 갖고 싶어하는 다이아몬드, 코이누르

영국은 17세기 초 이래 신대륙과 동양에 적극적으로 진출했어요. 북아메리카, 인도 등의 나라들부터 시작하여 19세기에는 캐나다, 오스트레일리아, 뉴질랜드까지도 지배했죠. 전 세계적으로 엄청난 수의 식민지를 보유하고 있었기 때문에 영국은 '해가 지지 않는 나라'라는 별명까지 얻게 되었어요. 영국은 이 시기 동안 다양한 나라의 문화유산들을 본국에 가져왔어요. 예를 들어, 영국 왕실의 왕관의 정중앙에는 세계에서 가장 큰 다이아몬드 중 하나인 코이누르(Koh-i-Noor)가 박혀 있는데요. 이는 페르시아어로 '빛의 산'이라는 뜻을 가지고 있으며, 코이누르 다이아몬드는 원래 인도 무굴제국의 공작 왕좌를 장식하는 데 사용되었어요. 코이누르를 손에 넣으면 세계를 정복한다는 전설 때문에 수천년간 수많은 나라의 지배자들이 그것을 탐냈어요. 여러 나라의 손을 거쳐 인도가 보관하고 있었던 이 보석을 영국이 1849년에 빼앗아갔어요. 현재까지도 인도, 파키스탄, 이란, 그리고 아프가니스탄 정부들이 각자 코이누르 다이아몬드의 소유권을 주장하지만, 영국은 보석이 합법적으로 입수되었음을 주장하며 다른 나라들의 주장을 기각했어요.

Unit

08

Join us in the fight against hunger!

Are you interested in helping other people? Do you want to try something new during your summer vacation? If so, 412 Food Rescue is the right place for you!

We're a group of people working together to prevent food waste. Our goal is to make sure food goes to people who are hungry. At 412 Food Rescue, we collect leftover food from places like stores, restaurants, and farms. Then, we give this food to people who really need it.

But without our amazing volunteers, we can't do this work. They deliver the food for us. So come and join 412 Food Rescue. 🖉 You **will** also **be able to** help people in need! Let's fight food waste together.

Contact Us
☎ +123-456-7890

✉ hello@412foodrescue.com

○ 1234 Station St, Pittsburgh 15000

1일 1문장 🖉

You **will** also **be able to** help / people in need!
　주어　└──동사──┘　　　　목적어

해석 TIP 「be able to+동사원형」은 '~할 수 있다'라는 뜻이며, 미래를 나타내는 표현 will과 함께 쓰이면 '~할 수 있을 것이다'라는 뜻의 '미래의 능력, 가능'을 나타내요.

✅ 해석 여러분도 도움이 필요한 사람들을 도울 수 있을 거예요!

#조동사 #will be able to #미래의 능력·가능

Knowledge ➕
유통기한에서 소비기한으로
한국은 2023년 1월 1일부터 식품 폐기물을 줄이기 위해 소비기한 표시제를 시행하기로 했다. 소비기한이란 식품 등에 표시된 보관 방법을 준수할 경우 섭취하여도 안전에 이상이 없는 기한을 말한다. 많은 소비자가 유통기한을 소비기한으로 혼동하여 소비기한 내의 식품을 폐기해왔다. 소비기한 운영제가 도입되면 연간 약 1조 원의 폐기물 처리 비용 감소와 탄소 절감 효과가 있을 것으로 기대된다.

중심 생각

1 글의 목적으로 가장 알맞은 것은?

① 새로 생긴 식당을 홍보하려고
② 급식 봉사 활동을 소개하려고
③ 음식 회사에서 근무할 사람을 모집하려고
④ 음식물 쓰레기 줄이기 캠페인을 홍보하려고
⑤ 음식 배달에 필요한 자원봉사자를 모집하려고

세부 내용

2 글을 읽고 412 Food Rescue에 대해 대답할 수 <u>없는</u> 질문은?

① What is the aim of the group?
② Where do they collect food from?
③ What do the volunteers do for them?
④ How many volunteers do they have now?
⑤ How can the volunteers contact them?

내용 요약

3 글의 내용과 일치하도록 빈칸에 알맞은 말을 본문에서 찾아 쓰세요.

412 Food Rescue

Why They Work	• in order to ⓐ _____ food waste
What They Mainly Do	• ⓑ _____ leftover food from stores, restaurants, farms, etc. • give the food to people in need

1일 1문장

4 다음 굵게 표시된 부분에 주의하여 문장의 해석을 완성하세요.

You **will be able to** learn new words / in today's English class.

➔ 여러분은 새로운 단어들을 _____ /
오늘 영어 수업에서.

W⊙rds

- **join** 동 함께하다
- **fight against** ~과의 싸움
- **hunger** 명 굶주림; 배고픔
  cf. **hungry** 형 배고픈
- **be interested in v-ing** ~하는 것에 관심[흥미]이 있다
- **rescue** 명 구제, 구조
- **group** 명 단체, 그룹
- **prevent** 동 막다, 예방하다
- **waste** 명 쓰레기, 폐기물
- **goal** 명 목표 (= aim)
- **make sure** 확실하게 하다
- **leftover** 형 (먹거나 쓰고) 남은
- **without** 전 ~ 없이
- **volunteer** 명 자원봉사자
- **deliver** 동 배달하다
- **in need** 어려움에 처한, 도움이 필요한
- **contact** 동 연락하다

[문제]
3 in order to-v ~하기 위해서
  mainly 부 주로
  etc. ~ 등, 등등

23

Fun Facts

단어 수  131
120 130 140

One day, something funny happened in the town of Olten, Switzerland. Cocoa powder — the main ingredient in chocolate — began to fall from the sky like snow! This all started at a chocolate factory in the town.

The factory had a problem with its air system. That's why cocoa flew out of the factory into the sky. On that day, a strong wind was blowing, so it spread the cocoa powder all over the town. Cars, houses, and streets all got covered in cocoa powder.

🖊 The factory told everyone **that** this chocolate snow wasn't harmful at all. They fixed the air system and offered to clean up the cocoa powder. But the people in the town loved this happening. One person even said, "Chocolate snowflakes falling from the sky! Dreams come true!"

1일 1문장 🖊

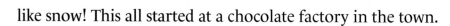

The factory told everyone // **that** this chocolate snow wasn't harmful at all.
　　주어　　 동사　 간접목적어　　　　　　　　　 직접목적어

해석 TIP 동사 tell 뒤에 「A(간접목적어)+that+주어+동사~」가 오면, '**A에게 ~하다고 말하다**'라고 해석해요.

✅**해석** 그 공장은 모두에게 이 초콜릿 눈은 전혀 해롭지 않다고 말했다.

#접속사 #명사절 that #직접목적어

정답과 해설 p.45

중심 생각

1 글의 제목으로 가장 알맞은 것은?

① Olten's First Chocolate Festival

② How Swiss People Use Cocoa Powder

③ The Day Chocolate Snow Fell on Olten

④ A Day of Milk Chocolate Rain in Olten

⑤ Building a New Chocolate Factory in Olten

세부 내용

2 글의 읽고 대답할 수 없는 질문은?

① Where did the chocolate snow fall?

② Why did cocoa powder fall from the sky?

③ How did the factory fix the air system?

④ How did the factory handle the problem?

⑤ How did people in the town feel about this happening?

글의 흐름

3 글을 읽고, (A)~(D)를 Olten 마을에 일어난 사건의 순서에 따라 알맞게 배열하세요.

(A) Cocoa powder covered the whole town.

(B) The factory fixed the air system and offered to clean up.

(C) The air system pushed cocoa out of the factory and into the sky.

(D) There was a problem with the factory's air system.

_____ → _____ → _____ → _____

1일 1문장

4 다음 굵게 표시된 부분에 주의하여 문장의 해석을 완성하세요.

My sister told me // **that** she lost her wallet.

→ 내 여동생은 _____ //

_____ .

Knowledge ➕

초콜릿을 가장 많이 먹는 나라

한 사람당 초콜릿을 가장 많이 먹는 나라는 스위스이다. 스위스에서는 평균적으로 한 사람이 매년 약 9kg의 초콜릿을 먹는다고 한다. 스위스는 세계적으로 유명한 초콜릿 산업을 가지고 있으며, 'Toblerone(토블론)'은 그중에서도 가장 유명한 초콜릿 회사 중 하나이다. 스위스에는 이러한 인기 있는 초콜릿 회사들이 많기 때문에 스위스 사람들이 엄청나게 많은 양의 초콜릿을 먹는다는 사실이 그리 놀랍지 않을 것이다.

Words

- happen 통 일어나다, 발생하다
  cf. **happening** 명 (우연히 일어난) 일, 사건
- **Switzerland** 명 스위스
  cf. **Swiss** 형 스위스의
- **cocoa** 명 코코아 (가루)
- **powder** 명 가루, 분말
- **main** 형 주된, 주요한
- **ingredient** 명 재료
- **factory** 명 공장
- **system** 명 시스템
- **out of** ~밖으로
- **blow** 통 (바람이) 불다
- **spread** 통 퍼뜨리다
  (spread-spread-spread)
- **all over** ~ 곳곳에, ~ 전체에
- **get covered in** (온통) ~로 뒤덮이다 (get-got-got[ten])
- **not ~ at all** 전혀 ~아닌
- **harmful** 형 해로운, 유해한
- **fix** 통 수리하다, 고치다
- **offer to-v** ~하는 것을 제안하다, ~해 주겠다고 하다
- **clean up** 청소하다, 치우다
- **snowflake** 명 눈송이
- **come true** 실현되다, 이루어지다

[문제]

2 **handle** 통 다루다, 처리하다

Some people may believe that only the Moon has *craters, but actually, the Earth has them as well. 🖉 Then, why does the Moon **seem to have** more of them than the Earth?

The Earth has a thick atmosphere that protects it from space rocks. The Moon, on the other hand, doesn't have an atmosphere. This means space rocks can hit the Moon more often. Additionally, on Earth, things like rain, wind, and even plants help to slowly erase craters. (①) But the Moon doesn't have weather or plants. (②) When a space rock makes a crater, it stays there for a very long time. (③)

In 2022, scientists found huge craters in Wyoming, U.S. (④) That's older than dinosaurs! (⑤) Because Earth's ground changes a lot and craters usually disappear, finding these old craters is really amazing.

*crater (운석이 떨어져 생긴) 구멍, 운석 구덩이

1일 1문장 🖉

Then, / why does the Moon **seem to have** more of them / than the Earth?
의문사 　주어　 목적어
동사

해석 TIP 「seem to+동사원형」은 '~하는 것 같다'라는 뜻으로, 하나의 표현처럼 잘 쓰여요.

✅해석 그렇다면, 왜 달은 지구보다 그것들을 더 많이 갖고 있는 것 같을까?

#to부정사 표현 #seem to

1 **What is the passage mainly about?**

① how space rocks hit the Earth

② the mystery of Earth's huge craters

③ the discovery of craters in Wyoming

④ the atmosphere that protects the Earth

⑤ why the Moon has more craters than the Earth

2 **Where would the following sentence best fit in?**

> The surprising fact is that these craters are about 280 million years old.

①   ②   ③   ④   ⑤

3 **Fill in the blanks with the words from the passage.**

The Earth	The Moon
• A thick atmosphere → It **a** ＿＿＿＿＿＿ the Earth from space rocks.	• No atmosphere → Space rocks can hit the Moon more **c** ＿＿＿＿＿＿.
• Rain, wind, and plants → They help to slowly **b** ＿＿＿＿＿＿ craters.	• No weather or plants → Craters can stay for a very long time.

4 **Fill in the blank with the Korean translation.**

He **seems to have** a problem / with his eye.

→ 그는 ＿＿＿＿＿＿＿＿＿＿＿＿＿＿＿＿＿ / 그의 눈에.

W⊙rds

- **believe** 图 믿다
- **as well** 또한, 역시
- **thick** 图 두꺼운 (↔ thin 얇은)
- **atmosphere** 图 대기
- **protect A from B** B로부터 A를 지키다, 보호하다
- **space** 图 우주
- **on the other hand** 반면에
- **mean** 图 ~을 뜻하다, 의미하다
- **additionally** 图 게다가
- **erase** 图 없애다, 지우다
- **stay** 图 그대로 있다, 남아있다
- **find** 图 찾다, 발견하다 (find-found-found)
- **huge** 图 거대한 (= enormous)
- **disappear** 图 사라지다, 없어지다 (↔ appear 나타나다)
- **amazing** 图 놀라운

[문제]
1 **mystery** 图 미스터리, 수수께끼
  discovery 图 발견
2 **surprising** 图 놀라운
  fact 图 사실
  million 图 100만

A 다음 단어에 해당하는 알맞은 의미를 찾아 연결하세요.

1	2	3

deliver	ingredient	fix

ⓐ to make something able to work again

ⓑ to take letters or packages to a person or place

ⓒ one of the things used to make food

B 다음 우리말 뜻에 맞게 주어진 철자를 바르게 배열한 다음, 빈칸을 완성하세요.

1 ~ 없이   `u t o i h t w`   → a house ＿＿＿＿＿＿ a garden

2 대기   `r o m h e t p s e a`   → the ＿＿＿＿＿＿ around the Earth

3 막다, 예방하다   `r e p n t e v`   → ＿＿＿＿＿＿ the spread of the disease

C 다음 우리말과 일치하도록 빈칸에 알맞은 표현을 써보세요.

1 내 남동생이 식탁 전체에 우유를 쏟았다.

→ My brother spilled milk ＿＿＿＿＿＿ ＿＿＿＿＿＿ the table.

2 그녀는 추리 소설을 읽는 것에 관심이 있다.

→ She is ＿＿＿＿＿＿ ＿＿＿＿＿＿ reading mystery novels.

3 그 울타리가 여우로부터 닭을 보호해 줄 수 있다.

→ The fence can ＿＿＿＿＿＿ the chickens ＿＿＿＿＿＿ foxes.

A ⓐ work 동 작동하다   ⓑ package 명 소포   **B 3** spread 명 확산, 퍼짐   disease 명 병, 질병
C 1 spill 동 (액체를) 흘리다, 쏟다 (spill-spilled[spilt]-spilled[spilt])   **2** mystery novel 추리 소설   **3** fence 명 담장, 울타리

A 〔동사 찾기〕 다음 굵게 표시된 주어에 알맞은 동사를 찾아 동그라미 해보세요.

1 **We** will be able to enjoy many snow activities in Finland.

2 **Sean** strangely doesn't seem to have any energy today. Is he okay?

3 **A few students** told the teacher that they needed more time for the test.

B 〔배열 영작〕 다음 우리말과 의미가 같도록 주어진 어구들을 올바르게 배열하세요.

1 너는 오늘 밤에는 금성을 분명하게 볼 수 있을 것이다.

| will | Venus | able to | see | be |

→ You _____ clearly tonight.

2 여행 중에는 시간이 너무 빨리 지나가는 것 같다.

| seems | time | to go | too fast |

→ _____ during trips.

3 엄마는 우리에게 저녁 식사가 거의 다 준비됐다고 말씀하셨다.

| told | dinner | that | us | is |

→ Mom _____ almost ready.

C 〔문장 해석〕 다음 굵게 표시된 부분에 주의하여 문장을 해석해보세요.

1 After the rain, / we **will be able to** see a rainbow.

→ 비가 온 후에, / 우리는 _____ .

2 I will tell my dad // **that** I got an A / on the science test.

→ 나는 _____ // _____ / 과학 시험에서.

3 Everyone **seemed to understand** the lesson / well / except for me.

→ 모두가 _____ / 잘 / 나만 빼고.

A 1 activity 몡 활동 Finland 몡 핀란드 **2** strangely 뮈 이상하게 **B 1** Venus 몡 금성 clearly 뮈 분명하게 **C 3** except for ~을 빼고

TRUTHS & WONDERS

Fun Facts

신기록을 세운 수중 생활

"100일 동안 수중 생활을 연구했어요."

플로리다에는 퇴적물이 바다를 막아 형성된 호수인 석호가 있어요. 이 석호의 깊이는 약 9미터에 달하며, 2014년에 테네시주의 두 명의 교수가 73일 동안 이곳에서 수중 생활을 한 것으로 신기록을 세우기도 했어요. 하지만, 2023년에 조셉 디투리(Joseph Dituri) 교수에 의해 그 기록은 깨졌고, 그는 자신의 연구를 위해 100일을 채우고 나왔어요. 그는 사람이 장기간 깊은 수압 속에서 생활할 때 신체에 어떤 영향이 있는지에 대해 연구했어요. 이에 수중 생활을 하면서도 매일매일 실험을 계속했다고 하네요. 그에게는 신기록을 세운 것보다 연구가 더 중요했대요!

Universe

달에도 지진이 나요

"무려 30분이나 지속돼요!"

여러분은 달에도 지진이 난다는 것을 알고 있었나요? 지구의 지진은 지구 내부의 활동과 판 움직임으로 인해 발생하는 반면, 달의 지진, 즉 월진(月震)은 두 가지 이유로 인해 발생한다고 해요. 첫 번째 이유는 운석이 달 표면에 부딪히기 때문이에요. 두 번째 이유는 지구의 중력 때문이에요. 지구의 중력은 달의 내부를 수축하고 늘려 흔들림을 유발해요. 지구이 지진은 몇 분 가지 않아 멈추지만, 달의 지진은 길면 30분까지 지속된다고 해요! 하지만 걱정하지 마세요. 달의 지진은 세기가 지구보다 훨씬 더 약하다고 해요.

Unit
09

25

Origins

단어 수 ⟨ 123 ⟩
120 130 140

Rio de Janeiro is a city in Brazil, South America. It's famous for its beautiful nature, exciting culture, and history. (①) In Portuguese, *Rio* means "river" and *Janeiro* means "January." (②) So, *Rio de Janeiro* means "River of January." (③) How did the city get its name? (④)

On January 1, 1502, people from Portugal arrived at a wide bay. (⑤) They thought ⓐ it was a river by mistake! Since it was January, they decided to call the place "Rio de Janeiro" in Portuguese.

Since then, Brazil was ruled by Portugal for over 300 years. ⓑ It became independent in 1882, but Rio de Janeiro's name stayed the same. ✏️ **That's how** this beautiful city in Brazil got its name!

1일 1문장 ✏️

That's how this beautiful city in Brazil got its name!
　　　　　　　 주어 　　　　　　　 동사　목적어

해석 TIP 「That's how+주어+동사 ~」는 '**그렇게 ~하는[~한] 것이다**'라고 해석하며, 이때 That은 주로 바로 앞 문장의 내용 전체를 가리켜요. 문맥에 따라 '**그것이 ~하는 방법이다**'라고 해석하기도 해요.

✔️ **해석** 그렇게 브라질의 이 아름다운 도시는 그 이름을 얻게 되었다!

#표현 #That's how

Knowledge ➕

리우데자네이루

리우데자네이루(Rio de Janeiro)는 1763년에서 1960년까지 브라질의 수도였으며, 세계 3대 아름다운 항구 중 하나로 꼽힌다. 2012년 유네스코 세계문화유산으로 선정되었으며, 자연과 인공의 아름다움이 조화된 항구도시이다. 면적은 우리나라 서울의 약 2배이다. 도시의 중심부는 구아나바라(Guanabara)만의 서쪽 해안에 자리하고 있는데, 이 만은 규모가 상당히 크고 만 내부에는 여러 개의 섬이 많아 지형이 복잡하다.

중심 생각

1 글의 주제로 가장 알맞은 것은?

① how Rio de Janeiro got its name
② the famous places in Rio de Janeiro
③ the beautiful river view of Rio de Janeiro
④ how the Portuguese first arrived at Rio de Janeiro
⑤ how Brazil became independent from Portugal

글의 흐름

2 다음 문장이 들어갈 위치로 가장 알맞은 곳은?

But there isn't actually a river in Rio de Janeiro!

①　②　③　④　⑤

세부 내용

3 Rio de Janeiro에 관한 글의 내용과 일치하지 <u>않는</u> 것은?

① 남아메리카의 브라질에 있는 도시이다.
② 아름다운 자연과 흥미진진한 문화로 유명하다.
③ 포르투갈어로 Rio가 '1월', Janeiro가 '강'이라는 의미이다.
④ 1502년 1월 포르투갈인들에 의해 붙여진 이름이다.
⑤ 포르투갈로부터 독립한 뒤에도 이름을 바꾸지 않았다.

지칭 파악

4 밑줄 친 ⓐ it과 ⓑ It이 각각 가리키는 것을 글에서 찾아 쓰세요.

ⓐ: _____ (3 단어)

ⓑ: _____ (1 단어)

1일 1문장

5 다음 굵게 표시된 부분에 주의하여 문장의 해석을 완성하세요.

That's how he got his unique nickname.

→ 그렇게 _____ .

Words

- be famous for ~로 유명하다
- nature 몡 자연
- exciting 혱 흥미진진한
- culture 몡 문화
- Portuguese 몡 포르투갈어; 포르투갈인(人)
- arrive 동 도착하다
- wide 혱 넓은
- bay 몡 만 ((바다가 육지 속으로 파고 들어와있는 곳))
- think 동 생각하다 (think-thought-thought)
- by mistake 실수로
- decide to-v ~하기로 결정하다
- since then 그때 이후로, 그때부터
- rule 동 지배하다, 통치하다
- independent 혱 독립한
- stay 동 ~인 채로 있다

[문제]
1 view 몡 경관
5 nickname 몡 별명

Norway is a leading country in taking care of our planet. They work really hard to protect the environment. They're even building a special hotel called Svart Hotel. This hotel makes more energy than it uses!

You can find the hotel near a big ice mountain called Svartisen *glacier. ✎ It **will be built** on tall poles above a lake. (a) This way, it won't harm the land or water. (b) The hotel will use sunlight to get energy. (c) It will also be able to clean water and recycle waste by itself. (d) In Norway, everyone helps with recycling at home and school. (e) Everything inside the hotel will be eco-friendly, too.

When you stay at this hotel, you can learn how to protect our planet. Plus, you can enjoy the beautiful view of the ice mountain and, especially in winter, see the amazing **aurora lights!

*glacier 빙하
**aurora 오로라

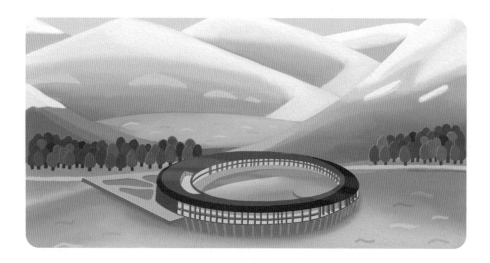

1일 1문장 ✎

It **will be built** / on tall poles / above a lake.
주어　　　동사

해석 TIP 미래를 나타내는 표현인 will 뒤에 수동태인 「be동사+과거분사(p.p.)」이 오면 '~될 것이다'라고 해석해요.

✅ **해석** 그것은 호수 위의 높은 기둥들 위에 지어질 거예요.

#수동태 #수동태 시제(미래)

중심 생각

1 글의 제목으로 가장 알맞은 것은?

① Norway's New Eco-friendly Hotel

② The Beautiful View of a Hotel in Norway

③ Norway's Efforts to Protect the Earth

④ Why People Built a Hotel Near Glaciers

⑤ Recycling Systems of Hotels in Norway

글의 흐름

2 글의 (a)~(e) 중, 전체 흐름과 관계<u>없는</u> 문장은?

① (a)　　　② (b)　　　③ (c)　　　④ (d)　　　⑤ (e)

내용 요약

3 글의 내용과 일치하도록 빈칸에 알맞은 말을 본문에서 찾아 쓰세요.

Svart Hotel

- uses **a** _____ to get energy
- can clean water and **b** _____ waste by itself
- has a beautiful **c** _____ of the ice mountain and of the amazing aurora lights

1일 1문장

4 다음 굵게 표시된 부분에 주의하여 문장의 해석을 완성하세요.

Your computer **will be fixed** / by tomorrow.

→ 네 컴퓨터는 _____ / 내일까지.

W⬤rds

- **leading** 혱 선도하는, 이끄는
- **take care of** ~을 돌보다
- **planet** 몡 지구; 행성
- **protect** 통 보호하다, 지키다
- **environment** 몡 환경
- **build** 통 짓다, 건축하다 (build-built-built)
- **pole** 몡 기둥, 막대기
- **above** 젠 ~의 위에, ~의 위쪽에
- **harm** 통 해를 끼치다, 손상시키다
- **sunlight** 몡 햇빛
- **clean** 통 깨끗하게 하다
- **recycle** 통 재활용하다
- **waste** 몡 폐기물, 쓰레기
- **by oneself** 스스로, 자력으로
- **help with v-ing** ~하는 것을 도와주다
- **eco-friendly** 혱 친환경적인
- **plus** 閉 게다가
- **especially** 閉 특히, 특별히

[문제]
1 **effort** 몡 노력

Drones are amazing flying robots **that** are helping us protect endangered animals.

There's one special drone called SnotBot. This robot flies above whales in the ocean. When a whale blows *snot out into the air, SnotBot is there to collect it. The snot helps scientists learn about the whale's health.

In Brazil, another drone has a very important job. It takes pictures of monkeys hidden deep in the jungle. This makes finding these monkeys much easier for scientists. Far away in **the South Atlantic, a different drone is busy counting the number of penguins. This drone helps us know how many penguins are left there.

As you see, drones are not just for fun. They are important helpers to save animals that might disappear from our planet.

*snot 콧물
**the South Atlantic 남대서양

1일 1문장 ✏️

Drones are *amazing flying robots* [**that** are helping us protect endangered animals].
주어 동사 보어
└ that은 선행사가 '사람, 사물, 동물'일 때 모두 쓸 수 있어요.

해석 TIP 주격 관계대명사 that은 「that+동사 ~」의 형태로 앞의 명사(선행사)를 꾸며 줘요. 이때, '~하는[~한] (명사)'라고 해석하면 돼요.

✅ **해석** 드론은 우리가 멸종 위기에 처한 동물들을 보호하도록 도와주는 놀라운 비행 로봇이다.

#관계대명사 #주격 #that

중심 생각

1 글에서 설명하는 드론의 역할로 가장 알맞은 것은?

① 배송 서비스   ② 자연환경 모니터링

③ 지도 작성 및 조사   ④ 야생 동물 모니터링

⑤ 자연재해 정보 제공

내용 요약

2 글의 내용을 다음과 같이 요약할 때, 빈칸 (A)와 (B)에 들어갈 말로 가장 알맞은 것은?

> Drones help us _____(A)_____ endangered animals by _____(B)_____ them and studying their health.

    (A)   (B)   (A)   (B)

① save   ⋯ leaving   ② save   ⋯ hiding

③ protect ⋯ leaving   ④ protect ⋯ finding

⑤ avoid   ⋯ finding

세부 내용

3 글의 내용과 일치하면 T, 그렇지 않으면 F를 쓰세요.

(1) _____ 과학자들은 채집한 고래의 콧물로 건강 상태를 확인할 수 있다.

(2) _____ SnotBot은 정글에 사는 원숭이들의 사진을 찍는 데 사용된다.

(3) _____ 드론은 펭귄의 개체 수를 확인하는 데 도움이 된다.

1일 1문장

4 다음 굵게 표시된 부분에 주의하여 문장의 해석을 완성하세요.

I love the song **that** is playing on the radio now.

→ 나는 지금 _____ 정말 좋아한다.

Words

- **endangered** 〔형〕 멸종 위기에 처한
- **whale** 〔명〕 고래
- **ocean** 〔명〕 바다; 대양
- **blow** 〔동〕 (입김에) 날려 보내다; (입으로) 불다
- **health** 〔명〕 건강
- **take a picture of** ~의 사진을 찍다
- **hidden** 〔형〕 숨겨진
  cf. hide 〔동〕 숨다, 숨기다
- **jungle** 〔명〕 정글
- **far away** 멀리, 멀리서
- **be busy v-ing** ~하느라 바쁘다
- **count** 〔동〕 세다
- **the number of** ~의 수
- **be left** 남아 있다
- **save** 〔동〕 ~을 구하다, 보호하다
- **disappear** 〔동〕 사라지다
  (↔ appear 나타나다)

[문제]
2 study 〔동〕 연구하다, 조사하다
    avoid 〔동〕 피하다

영영 뜻 파악

A 다음 단어에 해당하는 알맞은 의미를 찾아 연결하세요.

1

environment

•

•

ⓐ a tropical forest where
plants and trees grow
very thickly

2

blow

•

•

ⓑ to send air out of your
mouth

3

jungle

•

•

ⓒ the natural world
where people, animals,
and plants live

어구 완성

B 다음 우리말 뜻에 맞게 주어진 철자를 바르게 배열한 다음, 빈칸을 완성하세요.

1 흥미진진한 | e n c x t i g i | → an _____ soccer game

2 세다 | u n o c t | → _____ the number of students

3 노력 | r t o f f e | → an _____ to get an A in English

문장 완성

C 다음 우리말과 일치하도록 빈칸에 알맞은 표현을 써보세요.

1 한국은 김치와 K-pop 음악으로 유명하다.

→ Korea is _____ _____ its kimchi and K-pop music.

2 제가 휴가를 보내는 동안 제 고양이를 돌봐주세요.

→ Please _____ _____ _____ my cat while I'm on vacation.

3 Elena는 실수로 그녀의 수프에 너무 많은 소금을 넣었다.

→ Elena put too much salt in her soup _____ _____.

A 1 ⓐ tropical 형 열대의 thickly 부 (나무 등이) 빽빽하게 ⓒ natural 형 자연의 **C 2** on vacation 휴가 중에

동사 찾기

A 다음 굵게 표시된 주어에 알맞은 동사를 찾아 동그라미 해보세요.

1 **Your food** will be delivered in 30 minutes.

2 **The movie** that starts at 3 p.m. is a comedy.

3 That's how **Amy and I** quickly became close friends.

배열 영작

B 다음 우리말과 의미가 같도록 주어진 어구들을 올바르게 배열하세요.

1 모든 호텔의 방은 매일 청소될 것이다.

cleaned | will | the hotel rooms | be | all of

→ _____ every day.

2 그렇게 그녀는 디자이너로서의 경력을 시작하게 되었다.

how | started | she | that | is

→ _____ her career as a designer.

3 소파에서 자는 고양이는 Smith 부인의 것입니다.

that | the cat | on the sofa | sleeps

→ _____ belongs to Mrs. Smith.

문장 해석

C 다음 굵게 표시된 부분에 주의하여 문장을 해석해보세요.

1 Snacks and drinks **will be provided** / for free.

→ 간식과 음료가 _____ / 무료로.

2 **That's how** my sister and I had a big fight.

→ _____ .

3 Sweden is the country **that** has the most islands / in the world.

→ 스웨덴은 _____ / 세계에서.

A 1 deliver 통 배달하다 **3** close 형 친한; 가까운 **B 2** career 명 경력; 직업 **3** belong to ~의 소유[것]이다, ~에 속하다 **C 1** provide 통 제공하다
for free 공짜로, 무료로 **2** have a fight 싸우다

Questions & Answers

Q 북유럽에서 시작된 '플로깅'은 무엇인가요?

A 플로깅(Plogging)은 '줍다'라는 뜻의 스웨덴어 플로카 업(plocka upp)과 '달리다'라는 뜻의 영어 조깅(Jogging)을 합성한 단어로, 조깅을 하며 쓰레기를 줍는 활동을 가리켜요. 특히, 노르웨이에서는 학교 교육 과정에서 재활용과 관련된 수업이 포함될 정도로 쓰레기를 올바르게 폐기하는 과정에 관심이 많은데요. 산이나 숲에서 플로깅을 하고 있는 노르웨이인들을 심심치 않게 볼 수 있답니다!

Q 노르웨이인들은 음식물 쓰레기를 줄이기 위해 어떤 노력을 하나요?

A 노르웨이인들은 '지속가능성', 즉 생태계가 생태의 기능 및 생산을 미래에 유지할 수 있는 능력에 관심이 많아요. 이는 재활용에만 한정되지 않고 음식물 쓰레기를 줄이는 활동까지 포함돼요. 노르웨이에서는 'Too Good to Go'라는 앱을 사용하는데, 이 앱은 노르웨이 전국의 음식점들과 손님들을 연결해요. 남은 음식을 그대로 버리기보단, 저렴한 가격에 그것을 원하는 손님에게 제공하는 것이 환경에도, 음식점에도 좋으니까요!

Q 노르웨이는 왜 인도네시아와 기후 변화 파트너십을 맺었나요?

A 인도네시아는 온실가스 배출량이 가장 높은 국가 중 하나예요. 2019년도에는 세계 8위를 기록하기도 했죠. 이에 환경친화적인 선도 국가인 노르웨이는 인도네시아와 기후 변화 파트너십(partnership)을 맺었어요. 인도네시아의 산림은 급격한 감소 및 황폐화가 이루어지고 있었는데요. 노르웨이가 자금을 지원해 준 덕분에 인도네시아는 본국의 막대한 열대우림을 개발하지 않게 되었고, 우리가 배출하는 온실가스의 총량을 가리키는 '탄소발자국' 또한 줄일 수 있었다고 해요!

Unit
10

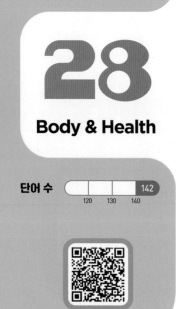

28

Body & Health

단어 수 ◯─────── 142
          120 130 140

Our bodies have different types of fat. One type is called white fat, and it looks white or yellowish under our skin. Another type is called brown fat, and it's brown. It's usually found in newborn babies' necks and shoulders.

Brown fat is important for our body because it burns lots of calories and keeps us warm. (①) As we grow up, we lose most of our brown fat and gain more white fat instead. (②) This can sometimes cause problems for our health. (③)

But scientists found a way to increase brown fat in the body. (④) ✏ It helped the sheep **to lose** weight **and become healthier**. (⑤) With this information, the scientists hope to develop a similar medicine for humans. In the future, this could help people with weight problems and *diabetes.

*diabetes 당뇨병

1일 1문장 ✏

It helped / the sheep **to lose** weight | and | (to) **become** healthier.
주어   동사   목적어   보어1   보어2
                                              └─ 이때 보통 접속사 뒤에 오는 to부정사의 to는 생략해요.

[해석 TIP] 접속사 and는 '~과[~와], 그리고'라고 해석하며, 단어와 단어 또는 구와 구 같은 문법적으로 성격이 같은 어구들끼리만 연결할 수 있어요.

✅ **해석** 그것은 양이 체중을 줄이고 더 건강해지도록 도와주었다.

#접속사 #병렬 구조 #and

중심 생각

1 글의 제목으로 가장 알맞은 것은?

① Fat Found in Newborn Babies

② Ways to Lose Fat in the Body

③ Brown Fat: Good for Our Health

④ A Medicine for Problems with Fat

⑤ The Danger of Brown Fat in Our Body

글의 흐름

2 다음 문장이 들어갈 위치로 가장 알맞은 곳은?

> They did an experiment on fat sheep by injecting them with brown fat.

①   ②   ③   ④   ⑤

세부 내용

3 글의 내용과 일치하도록 두 종류의 지방을 알맞은 것과 연결하세요.

(1) White Fat •

(2) Brown Fat •

• (a) is usually found in newborn babies.

• (b) looks white or yellowish.

• (c) burns lots of calories.

• (d) is gained more as we grow up.

세부 내용

4 글의 내용과 일치하면 T, 그렇지 않으면 F를 쓰세요.

(1) _____ White Fat은 우리 몸을 따뜻하게 유지해 준다.

(2) _____ Brown Fat은 성장하면서 대부분 사라진다.

1일 1문장

5 다음 굵게 표시된 부분에 주의하여 문장의 해석을 완성하세요.

My brother asked / me **to come and turn off** the light.

→ 나의 오빠는 부탁했다 / 나에게 _____.

W👀rds

• **different** 형 다양한
  (↔ similar 비슷한)
• **type** 명 종류, 유형
• **fat** 명 지방 형 살찐
• **yellowish** 형 노르스름한
• **find** 동 찾다 (find-found-found)
• **newborn baby** 신생아
• **burn** 동 태우다, 태워 없애다
• **calorie** 명 열량, 칼로리
• **lose** 동 잃다 (↔ gain 얻다; 늘다); (체중을) 줄이다, 빼다
• **instead** 부 대신에
• **cause** 동 (문제를) 일으키다
• **increase** 동 증가시키다, 늘리다
• **weight** 명 체중, 무게
• **information** 명 정보
• **hope to-v** ~하기를 바라다
• **develop** 동 개발하다
• **medicine** 명 약

[문제]

1 **danger** 명 위험

2 **experiment** 명 실험
  inject A with B A에 B를 주사하다, 주입하다

5 **turn off** (불 등을) 끄다

Every year, many tourists go to see the famous Eiffel Tower in Paris, France. But did you know <u>this</u>? There is a secret apartment at the top of the tower!

In 1889, Gustave Eiffel built a tower and named it after himself. Secretly, he kept an apartment on the top floor. It was very high up, so it had a wonderful view of Paris. Many people wanted to rent his apartment in the Eiffel Tower. They offered him lots of money, but he said no. He wanted to keep it as a special place for himself.

The apartment still remains at the top floor today. Unfortunately, you can't go inside, but you can look at it through a special window. ✐ This secret place makes the Eiffel Tower **even more interesting to visit**!

1일 1문장 ✐

This secret place makes / the Eiffel Tower / *even more interesting* [to visit]!
　　　주어　　　　　동사　　　　　목적어　　　　　　보어

해석 TIP 「to+동사원형」이 뒤에서 형용사를 꾸며 주는 부사 역할을 할 때, '~하기에 …인[…한]'이라고 해석해요.

✅ **해석** 이 비밀스러운 장소가 에펠탑을 방문하기에 훨씬 더 흥미롭게 만들어요!

#to부정사 #부사 역할 #형용사 수식

1 중심 생각

글의 제목으로 가장 알맞은 것은?

① Beautiful Places to Visit in Paris
② Gustave Eiffel Built the Eiffel Tower
③ A Special Window in the Eiffel Tower
④ A Secret Apartment in the Eiffel Tower
⑤ Wonderful Views of Paris at the Eiffel Tower

2 세부 내용

글의 내용과 일치하면 T, 그렇지 않으면 F를 쓰세요.

(1) _____ Gustave Eiffel은 많은 돈을 받고 자신이 만든 공간을 사람들에게 빌려주었다.

(2) _____ 에펠탑 꼭대기 층에 있는 공간은 현재 남아 있지 않다.

3 지칭 파악

밑줄 친 this가 의미하는 내용을 우리말로 쓰세요.

_____

4 내용 요약

글의 내용과 일치하도록 빈칸에 알맞은 말을 본문에서 찾아 쓰세요.

> Gustave Eiffel built a secret apartment at the **a** _____ of the Eiffel Tower. Today, you can see it through a **b** _____, but you can't go inside.

5 1일 1문장

다음 굵게 표시된 부분에 주의하여 문장의 해석을 완성하세요.

The water wasn't safe **to drink**.

→ 그 물은 _____.

Knowledge ➕

에펠탑은 언제, 어떻게 만들어졌을까요?

18세기 말부터 유럽 국가들은 자국의 기술력과 문화 수준을 과시하기 위해 박람회를 개최하기 시작했다. 프랑스 또한 1889년 파리에서 열리는 세계박람회를 기념하기 위해 세계 최대 높이의 300m 건축물을 건설하기를 원했다. 이에 건축가 에펠은 현대 문명을 대표하는 건축 재료로 철재를 선택하여 2년 2개월 만에 에펠탑을 완공하였다. 당시에는 예술가와 지식인들로부터 파리의 경치를 해치므로 철거해야 한다는 비판을 받았으나, 현재는 파리의 명물로 남아 있다.

Words

- **tourist** 몡 관광객
- **tower** 몡 탑
- **secret** 혱 비밀의 몡 비밀
  cf. **secretly** 뷔 비밀스럽게, 은밀히
- **apartment** 몡 (일반적인) 커다란 방
- **name A after B** A에 B의 이름을 따서 붙이다
- **keep** 통 (계속) 가지고 있다; 유지하다 (keep-kept-kept)
- **view** 몡 전망, 경관
- **rent** 통 (사용료를 내고 단기간) 빌리다
- **offer** 통 제안하다, 제공하다
- **say no** (제안 등을) 거절하다
- **remain** 통 남아 있다
- **floor** 몡 층; 바닥
- **unfortunately** 뷔 불행히도, 유감스럽게도
  (↔ fortunately 운 좋게, 다행히도)
- **through** 젠 ~을 통해
- **interesting** 혱 재미있는, 흥미로운
  (↔ boring 지루한, 따분한)

30

Psychology

단어 수 ⟨ 120 ─ 130 ─ **132** ─ 140 ⟩

Have you ever seen a cute puppy or a baby and thought, "I want to squeeze it," or "I want to bite it"? When we see something very cute, we usually want to care for it. But, we might also feel a bit aggressive. This feeling is called "cute aggression" in psychology.

Cute aggression doesn't mean you actually want to hurt anyone. Your brain is just dealing with lots of joy. Sometimes, when it's too much, cute aggression helps us handle these strong positive feelings. Our brain tries to ＿＿＿＿＿＿＿ a strong feeling with the opposite. 🖉 So, playful aggression can be seen as the opposite of cuteness.

The next time you feel cute aggression, remember this: Your brain is just helping you calm down after you have too many happy feelings!

1일 1문장 🖉

So, <u>playful aggression</u> **can be seen** / **as** the opposite of cuteness.
　　　　주어　　　　　　　동사　　　　ᒻ <by us>가 생략되어 있어요. 동작을 한 행위자(us)가 막연한 일반적인 사람일 경우 자주 생략돼요.

(← So, we **can see** <u>playful aggression</u> **as** <u>the opposite of cuteness</u>.)
　　　　　　　　　　　　　A　　　　　　　　　　　B

해석 TIP 「A can be seen as B」는 「see A as B」가 조동사 can과 함께 수동태로 쓰인 것으로, **'A는 B로 보여질 수 있다'**라고 해석해요.

✅ **해석** 따라서, 장난스러운 공격성은 귀여움의 정반대로 보여질 수 있어요.

#수동태 #조동사+수동태

1 **What is the passage mainly about?**

① Why Some People Harm Animals

② The Science Behind Positive Feelings

③ The Link Between Biting and Feelings

④ Why We Want to Squeeze Cute Things

⑤ The Harmful Impact of Cute Aggression

2 **What is the best choice for the blank?**

① share　　　　　　② find

③ focus on　　　　④ balance out

⑤ point out

3 **Fill in the blanks with the words from the box.**

joy	calm down	much	deal with

How "Cute Aggression" Happens

Step 1	You see something really cute.
Step 2	You feel too **a** _____ cuteness.
Step 3	Your brain fills up with **b** _____.
Step 4	Your brain starts "cute aggression."
Step 5	Playful aggressive thoughts help you **c** _____ _____.

4 **Fill in the blank with the Korean translation.**

A pet dog **can be seen** / **as** a loyal friend.

→ 반려견은 _____ / _____.

Knowledge ➕

못생긴 동물은 빨리 멸종한다

호주 머독대학의 한 연구팀이 2016년 발표한 연구 결과에 따르면, 인간의 관심을 받지 못한 못생긴 동물은 빨리 멸종할 가능성이 큰 것으로 나타났다. 1,400여 개 연구를 분석한 결과, 못생긴 동물은 관련 지원과 연구가 많지 않아 멸종 위기에도 불구하고 외면받는 것으로 나타났다.

반면, 판다는 귀여워서 멸종 위기를 모면한 대표적인 동물이다. 한때 판다는 멸종 위기종에 속했으나, 세계적 관심 속에 관련 연구가 다방면으로 진행되면서 야생 개체 수가 늘었고, 2016년에 멸종 취약종으로 격상됐다.

Words

- squeeze 통 ~을 꽉 쥐다
- bite 통 물다
- care for ~을 보살피다, 돌보다
- aggressive 형 공격적인
  cf. aggression 명 공격성
- psychology 명 심리학
- hurt 통 다치게 하다
- deal with ~을 다루다, 처리하다 (= handle)
- positive 형 긍정적인 (↔ negative 부정적인)
- opposite 명 정반대의 것
- playful 형 장난스러운
- cuteness 명 귀여움
- calm down 진정하다, 흥분을 가라앉히다

[문제]

1 harm 통 ~을 다치게 하다, 해치다
  cf. harmful 형 해로운, 유해한
  link 명 관계
  impact 명 영향

2 focus on ~에 집중하다
  balance out ~의 균형을 맞추다
  point out ~을 지적하다

3 fill up with ~로 가득 차다
  thought 명 생각

4 loyal 형 충성스러운

A 영영 뜻 파악

A 다음 단어에 해당하는 알맞은 의미를 찾아 연결하세요.

1

bite
•

•
ⓐ something hidden
from others

2

squeeze
•

•
ⓑ to press something,
especially with your
fingers

3

secret
•

•
ⓒ to press down or cut
into with teeth

어구 완성

B 다음 굵게 표시된 우리말 뜻에 맞는 영단어의 철자를 넣어 어구를 완성하세요.

1 누군가에게 일자리를 **제안하다** → ☐ f ☐☐ r someone a job

2 **흥미로운** 기사 → an ☐ n ☐ e ☐ e ☐☐ ing article

3 두통에 좋은 **약** → good ☐ e ☐☐ c ☐☐ e for a headache

문장 완성

C 다음 빈칸에 알맞은 단어를 〈보기〉에서 찾아 쓰세요.

보기			
cause	remain	increase	lose

1 Only a few cookies _____ in the jar.

2 Reading books in English will _____ your vocabulary.

3 Be careful. Eating too much sugar can _____ health problems.

A ⓐ hidden 형 숨겨진 ⓑ press 동 (힘을 세게 주어) 누르다 especially 부 특히 **B 2** article 명 (신문, 잡지의) 기사 **C 1** jar 명 유리병
2 vocabulary 명 어휘

동사 찾기

A 다음 굵게 표시된 주어에 알맞은 동사를 찾아 동그라미 해보세요.

1 **These sneakers** aren't comfortable to wear all day.

2 **Cats' straight tails** can be seen as a sign of greeting.

3 **He** will visit Busan to see his grandma and hang out with his friends.

배열 영작

B 다음 우리말과 의미가 같도록 주어진 어구들을 올바르게 배열하세요.

1 이 퍼즐은 풀기 어려워 보인다.

| seems | solve | difficult | to |

→ This puzzle _____ .

2 운동은 우리가 근육을 만들고 체력을 증진시키도록 돕는다.

| muscle | and | to build | stamina | increase |

→ Exercise helps us _____ .

3 경복궁은 한국 역사의 중요한 부분으로 보여질 수 있다.

| be seen | an important part | can | as |

→ Gyeongbokgung Palace _____
of Korean history.

문장 해석

C 다음 굵게 표시된 부분에 주의하여 문장을 해석해보세요.

1 The eggs aren't fresh **to use** / in cooking.

→ 그 계란들은 _____ / 요리에.

2 Four-leaf clovers **can be seen** / **as** lucky symbols.

→ 네잎클로버는 _____ / _____ .

3 Christine studied hard / **to pass** the exam **and get** a scholarship.

→ Christine은 열심히 공부했다 / _____ .

A 1 sneakers 명 운동화 comfortable 형 편안한 **2** straight 형 곧은, 쭉 뻗은 sign 명 몸짓, 신호 greeting 명 인사 **3** hang out 어울려 다니다[놀다]
B 1 solve 동 해결하다, 풀다 **2** muscle 명 근육 stamina 명 체력 **C 2** symbol 명 상징 **3** scholarship 명 장학금

POP QUIZ

Quiz #1

Q1 지방은 탄수화물, ⬜⬜⬜과 함께 3대 영양소 중의 하나예요.

Q2 호흡이나 소화 등 몸을 움직이지 않고 가만히 있어도 하루에 필요한 최소 에너지양을 ⬜⬜⬜⬜⬜이라고 해요.

Q3 세계보건기구(WHO)에서 정의하는 비만의 기준은 ⬜⬜⬜ 지수가 30 이상일 때예요.

Place

Quiz #2

Q4 작가 빅토르 위고의 소설 〈노트르담 드 파리〉의 배경이며, 나폴레옹의 대관식이 이루어지기도 한 프랑스 성당의 이름은?

ㄴ ㅌ ㄹ ㄷ ㄷ ㅅ ㄷ

Psychology

Quiz #3

Q5 사람의 뇌는 약 60%가 지방이며, 무게는 약 1.4kg ⋯⋯ O X 정도예요.

Q6 자신이 행복하다고 느끼는 사람들은 신체적으로도 ⋯⋯ O X 더 건강한 경우가 많아요.

Q7 우리는 피곤할 때 더 창의적인 아이디어를 내기도 ⋯⋯ O X 해요.

정답 **Q1** 단백질 **Q2** 기초대사량 **Q3** BMI **Q4** 노트르담 대성당 **Q5** ○ **Q6** ○ **Q7** ○

Unit
11

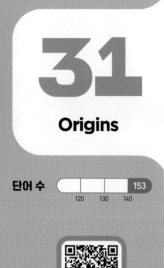
We all know the "Happy Birthday" song and sing it at birthday parties. Birthday celebrations feel like a very old tradition. But people only started this tradition around 100 years ago! Then how did people celebrate birthdays in the past?

Before the 19th century, in the U.S., birthday celebrations were only for rich people or national heroes. _____, most people would celebrate George Washington's birthday, not their own.

But around the mid-19th century, things changed. Families began to have fewer kids, so each kid was able to get more attention. This led to more birthday parties. On kids' birthdays, families started to put a big candle in the middle of the cake. By the end of the 19th century, giving birthday cards also became common.

Even though birthday parties have a short history, they're now a big part of our lives. 🖉 They can show **how much** we love our friends and family.

1일 1문장 🖉

They can show // **how much** we love our friends and family.
<ins>주어</ins> <ins>동사</ins>   <ins>목적어</ins>

해석 TIP 「how much＋주어＋동사 ~」가 문장에서 목적어 자리에 오면 '**얼마나 많이 ⋯가 ~하는지(를)**'이라고 해석해요.

✅해석 그것들은 우리가 친구들과 가족을 얼마나 사랑하는지 보여줄 수 있다.

#접속사 #간접의문문 #how much

Knowledge ⊕
미국 건국의 영웅
조지 워싱턴은 미국 국민의 사랑을 받는 영웅이다. 그는 독립전쟁을 승리로 이끌고 미국을 건국하여 '건국의 아버지'라고 불린다. 그는 미국 역사상 최초이자 유일하게 만장일치로 대통령으로 선출되었는데, 권력을 가진 후에도 정직하고 청렴한 태도로 많은 국민들의 사랑을 받았다. 미국 국민들은 그가 대통령으로 다시 선출된 후에도 대통령은 조지 워싱턴이라는 생각으로 한 번 더 대통령직을 맡아주기를 기대했으나, 스스로 독재의 가능성을 배제하기 위해 3선 출마 금지법을 만들었다.

세부 내용

1 글에 따르면, 생일 파티가 흔해진 계기는?

① 생일 축하 노래가 널리 유행하면서

② 생일 카드를 주고받는 문화가 생기면서

③ 케이크에 초를 꽂아 축하하는 행사가 생기면서

④ 조지 워싱턴 대통령의 생일 파티로부터 영향을 받아서

⑤ 자녀 수가 줄어 아이 각각에게 관심을 더 많이 가지게 되면서

연결어

2 글의 빈칸에 들어갈 말로 가장 알맞은 것은?

① Otherwise   ② However

③ In addition   ④ For example

⑤ On the other hand

내용 요약

3 글의 내용과 일치하도록 빈칸에 알맞은 말을 〈보기〉에서 찾아 쓰세요.

| 보기 |
| fewer   attention   common   celebrations |

The History of Birthday Parties in the U.S.

Before the 19th century	• Only rich people or national heroes had birthday **a** _____.
The Mid-19th century	• Having **b** _____ kids led to more birthday parties. • Families started to put a big candle in the middle of the cake.
The End of the 19th century	• Giving birthday cards became **c** _____.

1일 1문장

4 다음 굵게 표시된 부분에 주의하여 문장의 해석을 완성하세요.

He knows // **how much** I like eating ice cream.

→ 그는 알고 있다 // _____.

Words

* **celebration** 명 축하 행사, 축하 파티
cf. **celebrate** 동 축하하다, 기념하다
* **tradition** 명 전통
* **past** 명 과거 (↔ present 현재)
* **century** 명 세기, 100년
* **national** 형 국가의 (↔ local 지역의)
* **hero** 명 영웅
* **own** 대 자신의 (것)
* **begin** 동 시작하다 (begin-began-begun)
* **fewer** 형 수가 더 적은 (↔ more 더 많은)
* **be able to-v** ~할 수 있다
* **attention** 명 관심
* **lead to** ~로 이어지다 (lead-led-led)
* **become** 동 ~이 되다, ~해지다 (become-became-become)
* **common** 형 흔한 (↔ rare 드문, 흔치 않은)
* **even though** 비록 ~이지만
* **history** 명 역사

32

Psychology

단어 수 ⎯⎯⎯ 141
120 130 140

Are you feeling too much stress? Here's a simple trick to help you: Imagine yourself as a "fly on the wall." ✎ The "fly on the wall" method **might** sound funny, but it really works! Scientists at Ohio University did a study and found out that this method is effective. People who tried it felt less angry and were also able to do their tasks 30% better.

When you're upset, seeing things from the outside can help you. It stops you from getting caught up in bad feelings. Instead of being a fly on the wall, you could also be a cloud in the sky, or a security

camera. This method can be done anywhere at any time and is great for reducing stress. So, when you're stressed, remember the fly on the wall method! It will make you feel much better.

1일 1문장 ✎

The "fly on the wall" method **might** sound funny, // but it really works!
　　　　주어　　　　　　　　　　동사　　　보어

해석 TIP might는 '약한 추측'의 의미를 나타내는 조동사로, 「might＋동사원형」은 '**~일[~할]지도 모른다**'라고 해석해요.

✅ **해석** '벽에 붙은 파리' 방법은 우습게 들릴지도 모르지만, 실제로 효과가 있어요!

#조동사 #might #추측

1 글의 제목으로 가장 알맞은 것은?

① What Makes People Stressed
② How to Imagine Being a Fly
③ A Simple Trick to Do Tasks Better
④ Why Being Upset is Bad for You
⑤ No More Stress: The Fly on the Wall Method

2 "fly on the wall" 방법에 대해 올바르게 이해하지 <u>못한</u> 사람은?

① 재준: 스트레스를 받을 때 이 방법을 사용하면 좋아.
② 준수: 이 방법은 일을 더 잘할 수 있게 도와줄 거야.
③ 혜은: 이 방법은 나쁜 감정에 사로잡히지 않게 도와줄 거야.
④ 윤하: 파리 대신 하늘의 구름이 되었다고 상상해도 돼.
⑤ 지아: 특정 장소에서 시도하면 더 효과적일 수 있어.

Words

- stress 몡 스트레스
  cf. **stressed** 혱 스트레스를 받는
- simple 혱 간단한, 단순한
  (= easy)
- trick 몡 비결, 요령; 재주; 속임수
- imagine 통 상상하다
- fly 몡 파리
- method 몡 방법, 방식
- work 통 효과가 있다; 일하다
- find out 알아내다, 알게 되다
- effective 혱 효과적인
- task 몡 맡은 일, 직무 (= job)
- upset 혱 속상한, 마음 상한
- stop A from v-ing A가 ~하지 못하게 막다
- get caught up in ~에 사로잡히다, 휘말리다
- instead of 전 ~ 대신에
- security camera 보안용 카메라
- anywhere 뷔 어디에서도
- at any time 언제라도
- reduce 통 줄이다, 낮추다

[문제]
3 according to ~에 따르면[의하면]

3 글의 내용과 일치하도록 빈칸에 알맞은 말을 본문에서 찾아 쓰세요.

> According to a study, after people tried the "fly on the wall" method, they felt **a** _____ angry and did **b** _____ at their tasks by 30%.

4 다음 굵게 표시된 부분에 주의하여 문장의 해석을 완성하세요.

The clouds are dark, // so it **might** rain soon.

→ 구름이 어두워서, // 곧 _____.

33

Animals

120 130 140 / 136

In Laguna, Brazil, some fishers have special friends — wild dolphins! The water is not clear there, so fishers have a hard time finding the fish on their own. But thankfully, the dolphins help them with a special dive! ✎ It lets the fishers know **when to throw** their nets.

Scientists watched this friendship and found something interesting. When the fishers and dolphins work together, the fishers catch more fish. The dolphins also become better at finding fish and sometimes take fish from the fishers' nets!

_____, life is becoming tough for the dolphins. Polluted water is harming the dolphins. There are now fewer fish than before.

If more people understand the importance of this friendship between fishers and dolphins, they might help to protect it. This friendship also shows that animals and humans can help each other.

1일 1문장 ✎

It lets / the fishers know **when to throw** their nets.
주어 동사 　　목적어 　　　　　　　보어

해석 TIP 「when+to부정사」는 '**언제 ~해야 할지[~할 수 있는지]**'라고 해석하며, 여기서는 동사 know의 목적어로 쓰였어요.

✔**해석** 그것은 어부들이 언제 그들의 그물을 던져야 할지 알게 해준다.

#to부정사 #의문사+to부정사

118 | LEVEL 2

중심 생각

1 글의 주제로 가장 알맞은 것은?

① friendly wild dolphins in Laguna

② how fishers find fish in the water

③ polluted water that is harming dolphins

④ how dolphins help people dive in the water

⑤ the partnership between fishers and dolphins

연결어

2 글의 빈칸에 들어갈 말로 가장 알맞은 것은?

① Therefore   ② Similarly

③ However   ④ In addition

⑤ For example

W⚫rds

- **fisher** 몡 어부
- *cf.* **fish** 몡 물고기
- **wild** 톙 야생의
- **clear** 톙 맑은, 깨끗한
- **have a hard time v-ing** ～하는 데 어려움을 겪다
- **on one's own** 혼자서
- **thankfully** 閅 다행히도
- **dive** 몡 잠수 툉 잠수하다
- **let** 툉 ～하게 하다, 시키다
- **throw** 툉 던지다
- **net** 몡 그물(망)
- **friendship** 몡 우정
- **better at v-ing** ～하는 것을 더 잘하는
- **tough** 톙 힘든, 어려운
- **polluted** 톙 오염된
- **harm** 툉 해치다
- **importance** 몡 중요성
- **protect** 툉 보호하다, 지키다

[문제]

1 friendly 톙 친절한, 우호적인

   partnership 몡 공동, 협력

4 get off (탈것에서) 내리다

내용 요약

3 글의 내용과 일치하도록 빈칸에 알맞은 말을 본문에서 찾아 쓰세요.

> In Laguna, Brazil, fishers and dolphins ⓐ _____ each other to find more fish. But, ⓑ _____ water is making things hard for the dolphins.

1일 1문장

4 다음 굵게 표시된 부분에 주의하여 문장의 해석을 완성하세요.

The bus driver will let / you know **when to get off**.

→ 그 버스 운전사는 (～하게) 해 줄 거야 / 네가 _____ 알게.

Review

정답과 해설 p.67

영영 뜻 파악

A 다음 단어에 해당하는 알맞은 의미를 찾아 연결하세요.

1

tradition
•

•
ⓐ to go underwater

2

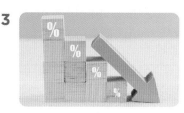

dive
•

•
ⓑ to make something smaller in size, amount, or number

3

reduce
•

•
ⓒ a way of thinking or doing something that has continued for a long time

어구 완성

B 다음 굵게 표시된 우리말 뜻에 맞는 영단어의 철자를 넣어 어구를 완성하세요.

1 새로운 **방법**을 사용하다 → use a new ☐ e ☐ ☐ o ☐

2 승리를 **축하하다** → c e ☐ ☐ b ☐ ☐ t e a victory

3 **효과적인** 치료법 → a(n) ☐ ☐ f ☐ c ☐ i v ☐ treatment

문장 완성

C 다음 우리말과 일치하도록 빈칸에 알맞은 표현을 써보세요.

1 그녀의 노력은 언젠가 성공으로 이어질 것이다.

→ Her effort will _____ _____ success someday.

2 제 샌드위치에 햄 대신에 참치를 넣어주실 수 있나요?

→ Can you put tuna _____ _____ ham on my sandwich?

3 일부 아이들은 감정을 제어하는 데 어려움을 겪는다.

→ Some kids _____ a(n) _____ _____ controlling their emotions.

A ⓐ underwater 부 수중으로 ⓑ amount 명 양 ⓒ continue 통 계속되다[하다] **B 2** victory 명 승리 **3** treatment 명 치료(법) **C 1** effort 명 노력 success 명 성공 **2** tuna 명 참치 **3** control 통 제어하다 emotion 명 감정

1일 1문장 〉 Review

동사 찾기

A 다음 굵게 표시된 주어에 알맞은 동사를 찾아 동그라미 해보세요.

1 **The girl** might join the basketball team next year.

2 **Gifts** can show how much we appreciate someone.

3 **Andrew** often forgets when to hand in his homework.

배열 영작

B 다음 우리말과 의미가 같도록 주어진 어구들을 올바르게 배열하세요.

1 나의 가족은 이번 여름에 호주에 갈지도 모른다.

| might | go | my family | to Australia |

→ _____ this summer.

2 우리는 언제 다시 학급 회의를 시작해야 할지 정해야 한다.

| when | start | the class meeting | to |

→ We have to decide _____ again.

3 Hannah는 우리에게 그녀가 얼마나 여름 캠프를 즐겼는지 얘기해 주었다.

| she | how much | the summer camp | enjoyed |

→ Hannah told us _____ .

문장 해석

C 다음 굵게 표시된 부분에 주의하여 문장을 해석해보세요.

1 Joy didn't know / **when to turn off** the oven.

→ Joy는 몰랐다 / _____ .

2 You **might** see some dolphins // while you swim in the sea.

→ 당신은 _____ // 바다에서 수영하는 동안.

3 He told us // **how much** he wanted to become a school president.

→ 그는 우리에게 말했다 // _____ .

A 2 appreciate 통 고마워하다 3 hand in (과제물 등을) 제출하다, 내다 B 2 class meeting 학급 회의 C 1 turn off (전기 등을) 끄다
3 school president 학생회장

Interesting World

Origins

상류층만이 먹을 수 있던 땅콩버터

땅콩버터는 남녀노소 가리지 않고 즐기는 맛있는 잼이에요. 현재는 어디서나 흔하게 구할 수 있지만, 과거에는 상류층만 즐길 수 있던 귀한 음식이었다는 것을 알고 있었나요? 땅콩버터는 미국의 의사이자 영양학자인 존 하비 켈로그(John Harvey Kellogg) 덕분에 세상에 나올 수 있었어요. 이 이름이 익숙하지 않나요? 여러분이 알고 있는 시리얼 브랜드 켈로그의 창립자랍니다. 켈로그는 채식주의자였고 우유로 만든 버터를 대신할 만한 식품을 만들고 싶어 했어요. 곡물부터 아몬드까지 다양한 재료들로 시험해 본 결과, 그는 땅콩이 가장 적합하다는 판단을 내렸어요. 1900년대 초반에는 생산량이 많지 않아, 땅콩버터를 먹기 위해서는 뉴욕에 있는 상류층을 위한 찻집에 가야만 했어요. 그러나 해가 지남에 따라 더 많은 기업들이 저마다의 땅콩버터 제품들을 시중에 내놓기 시작했고, 저렴해진 가격에 대중들은 금세 땅콩버터의 매력에 빠져들 수 있었어요. 미국인들은 땅콩버터를 정말 좋아해서, 일 년에 한 사람당 약 1.3kg을 소비한대요!

Unit 12

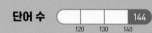

In Portugal, people really love to eat *cod. They eat more than 100,000 tons of salted dried cod every year. Can you believe that? It's 20% of all the cod in the whole world!

Portuguese people started eating cod in the 1300s when Portugal traded salt for codfish with England. In the 1930s, Portuguese fishermen traveled

to Canada and Greenland just to catch cod. ✏️ Nowadays, most of the cod **that** people in Portugal eat actually comes from Norway.

Why do people in Portugal love cod so much? Well, one reason is that it tastes great. But it's not just about the taste.

Eating codfish is a big part of Portuguese culture. Portuguese people have enjoyed cod dishes for a long time. They especially love having cod on Christmas Eve with cabbage, eggs, and potatoes. It's a special meal that they always get excited about!

*cod(= codfish) 《어류》 대구

1일 1문장 ✏️

Nowadays, *most of the cod* [**that** people in Portugal eat] / actually comes from Norway.
　　　　　　　　　주어 　　　　　　　　　　　　　　　　　　　　　　　　　동사
　　　　　　　　　　　　　　　　　└ 관계대명사 that이 목적어 역할을 하므로 목적어 자리가 비어 있어요.

해석 TIP 목적격 관계대명사 that은 「that+주어+동사 ~」의 형태로 앞의 명사(선행사)를 꾸며 줘요. 이때, '~하는[~한] (명사)'라고 해석하면 돼요.

✅**해석** 요즘에, 포르투갈 사람들이 먹는 대부분의 대구는 사실 노르웨이에서 온다.

#관계대명사 #목적격 #that

1

중심 생각

글의 주제로 가장 알맞은 것은?

① trade between Portugal and England
② how much cod people eat in Portugal
③ good places to catch cod in the world
④ Portuguese Christmas dishes using cod
⑤ the history and culture of cod in Portugal

2

세부 내용

포르투갈 사람들에 관한 글의 내용과 일치하지 <u>않는</u> 것은?

① 매년 10만 톤 이상의 소금에 절인 말린 대구를 먹는다.
② 1300년대에 영국과 거래를 하며 대구를 먹기 시작했다.
③ 1930년대에는 대구를 잡기 위해 캐나다와 그린란드까지 갔었다.
④ 요즘에는 포르투갈 현지에서 잡은 대구를 먹는다.
⑤ 크리스마스이브에 양배추, 달걀, 감자와 함께 대구 요리를 먹는 것을 즐긴다.

3

내용 요약

글의 내용과 일치하도록 빈칸에 알맞은 말을 본문에서 찾아 쓰세요.

Why the Portuguese Love Eating Cod

Reason 1	Because cod has a great **a** _____ .
Reason 2	Because cod is a big part of their **b** _____ .

4

1일 1문장

다음 굵게 표시된 부분에 주의하여 문장의 해석을 완성하세요.

The cookies **that** my mom bakes / are always delicious.

→ _____ / 항상 맛있다.

Knowledge ⊕

포르투갈의 전통 음식

바칼라우(Bacalhau)는 소금에 절인 대구를 일컫는 말로, 포르투갈에는 '바칼라우를 먹는 방법은 1,001가지가 있다.'라는 말이 있을 정도로 조리법이 다양하다.
그중 바칼라우 고메즈데사(Bacalhau à Gomes de Sà)는 가장 전통적이고 인기 있는 포르투갈 요리인데, 뜨거운 우유에 2시간 정도 절인 대구를 마늘, 양파, 감자와 함께 올리브유를 듬뿍 뿌려서 만드는 것이 특징이다. 먹기 전에 검은 올리브와 삶은 달걀을 곁들여 먹는다.

W⦿rds

- **Portugal** 몡 포르투갈
  cf. **Portuguese** 혱 포르투갈의, 포르투갈인의
- **ton** 몡 톤 ((무게 단위))
- **salted** 혱 소금에 절인
- **dried** 혱 말린, 건조한
- **whole** 혱 전체의, 전부의 (= entire)
- **trade A for B** A를 B로 교환하다
  cf. **trade** 통 거래하다, 교역하다 몡 거래, 무역
- **fisherman** 몡 어부, 낚시꾼
- **travel** 통 (장거리를) 가다, 다니다; 여행하다
- **catch** 통 잡다
- **nowadays** 뷘 요즘은
- **come from** ~에서 오다
- **reason** 몡 이유
- **culture** 몡 문화
- **dish** 몡 요리; 접시
- **especially** 뷘 특히, 특별히
- **cabbage** 몡 양배추
- **meal** 몡 식사
- **get excited about** ~에 신이 나다, 들뜨다

[문제]
1 **between A and B** A와 B 사이에

35

Science

단어 수 ⊏──────── 155
         120 130 140

*Mammals, including humans, usually grow fast when they are young. Then, they stop growing when they are adults. But what about dinosaurs?

Scientists knew that the meat-eating **Tyrannosaurus rex grew very fast when it was a teenager. The T. rex gained around 15 to 20 kg per week. But they weren't sure if other dinosaurs grew in the same way.

To find this out, some scientists studied the bones of 11 different types of dinosaurs. (①) These rings help us understand how dinosaurs grew over time. (②) After studying these rings, the scientists found an answer. (③) Some, like the T. rex, grew quickly when they were young. (④) But others that reach a similar size took longer in order to grow. (⑤) 🖉 The scientists also studied bones **from a newly discovered dinosaur**. These bones showed that it didn't reach its full size until it was in its 30s or 40s!

*mammal 포유류
**Tyrannosaurus rex (= T. rex) 티라노사우루스

1일 1문장 🖉

The scientists also studied *bones* [**from** a newly discovered dinosaur].
　　주어　　　　　동사　　목적어↑

해석 TIP 명사 뒤에 「from+명사 ~」의 형태가 오면, 형용사처럼 앞의 명사를 꾸며 줄 수 있어요.
이때, '~에서 (나온) (명사)'라고 해석해요.

✅ 해석 그 과학자들은 또한 새롭게 발견된 공룡에서 나온 뼈들을 연구했다.

#전치사 #전치사+명사 #형용사 역할

Words
· including [전] ~을 포함하여
· grow [동] 자라다, 성장하다
  (grow-grew-grown)
· stop v-ing ~하는 것을 멈추다
· meat-eating [형] 육식의, 고기를
  먹는
· teenager [명] 십 대, 청소년
· gain [동] (체중)이 늘다
  (↔ lose (체중)을 줄이다, 빼다);
  얻다
· per [전] ~마다
· study [동] 연구하다
· different [형] 다양한, 다른
· ring [명] 둥근 선[자국]; 반지
· understand [동] 이해하다
· reach [동] ~에 이르다, 도달하다
· similar [형] 비슷한, 유사한
  (↔ different 다른)
· take [동] (시간이) 걸리다, 소요되다
  (take-took-taken)
· newly [부] 새로, 최근에
  (= recently)
· discover [동] 발견하다, 찾아내다

[문제]
4 while [접] 반면에

중심 생각

1 글의 주제로 가장 알맞은 것은?

① 공룡 뼈를 연구하는 방법
② 다양한 공룡의 청소년기 비교
③ 공룡 뼈의 나이테가 나무와 다른 점
④ 티라노사우루스와 다른 공룡의 관계
⑤ 공룡 뼈를 이용한 공룡의 성장 속도 연구

글의 흐름

2 다음 문장이 들어갈 위치로 가장 알맞은 곳은?

> Just like tree rings, dinosaur bones also have rings.

①   ②   ③   ④   ⑤

세부 내용

3 글의 내용과 일치하면 T, 그렇지 않으면 F를 쓰세요.

(1) _____ 티라노사우루스는 청소년기에 매우 빠르게 자랐다.
(2) _____ 새롭게 발견된 공룡은 청소년기에 완전히 성장했다.

내용 요약

4 글의 내용과 일치하도록 빈칸에 알맞은 말을 본문에서 찾아 쓰세요.

> Scientists found that dinosaurs didn't grow in the
> **a** _____ ways. Some dinosaurs grew really fast, while
> others took **b** _____ to reach their full size.

1일 1문장

5 다음 굵게 표시된 부분에 주의하여 문장의 해석을 완성하세요.

Alice likes / to meet people **from** different countries.

→ Alice는 좋아한다 / _____ 만나는 것을.

Scientists in Australia did an interesting experiment with octopuses. By using cameras, they watched 10 octopuses for 24 hours. ⓐ They saw the octopuses throwing shells at each other! This wasn't an accident. ⓑ They were hitting other octopuses on purpose.

When the octopuses were angry, their skin turned darker. ✏ **The darker** their skin became, **the better** ⓒ they threw. Also, they even copied each other's throwing actions. When one octopus lifted a leg to throw, the other did the same thing.

By throwing things, octopuses could show that they're mad or they just want to talk to others. Either way, ⓓ they were trying to build relationships with each other. This behavior shows that octopuses are _____ animals. So, if you see octopuses throwing things at each other, you can guess ⓔ they might be friends even if they seem angry at each other!

1일 1문장 ✏

The darker their skin became, // **the better** they threw.
　　보어1　　　　주어1　　동사1　　　　수식어2　　주어2　동사2

해석 TIP 「The 비교급 (주어+동사 ~), the 비교급 (주어+동사 …)」는, '~하면 할수록, 더 …하다'라고 해석해요.

✔ 해석 그것들의 피부가 어두워질수록, 그것들은 더 잘 던졌다.

#비교급 표현 #the 비교급, the 비교급

1 **What is the best title for the passage?**

① The Life of Octopuses

② How Octopuses Make Friends

③ The Color-Changing Octopuses

④ Bad Relationships Between Octopuses

⑤ Why Octopuses Throw Things at Each Other

2 **Choose the one that indicates something different.**

① ⓐ　　② ⓑ　　③ ⓒ　　④ ⓓ　　⑤ ⓔ

3 **Write T if the statement is true or F if it is false.**

(1) ＿＿＿＿ The darker the skin of the octopuses, the worse they threw.

(2) ＿＿＿＿ Octopuses copied each other's throwing actions.

4 **What is the best choice for the blank?**

① shy　　　　② brave

③ social　　　④ rude

⑤ curious

5 **Fill in the blank with the Korean translation.**

The more you read, // **the more** you can learn.

→ 네가 더 많이 읽으면 읽을수록, // ＿＿＿＿＿＿＿＿＿＿＿＿.

W⊙rds

- experiment 명 실험
- throw 동 던지다 (throw-threw-thrown)
- shell 명 (조개) 껍데기
- each other 대 서로
- accident 명 우연; 사고
- hit 동 맞히다; 치다, 때리다 (hit-hit-hit)
- on purpose 고의로, 일부러
- turn 동 (…한 상태로) 변하다
- copy 동 따라 하다
- lift 동 들어 올리다
- mad 형 몹시 화난
- either way (둘 중) 어느 쪽이든
- relationship 명 관계
- behavior 명 행동
- guess 동 추측하다, 짐작하다
- even if (비록) ~일지라도
- seem 동 ~처럼 보이다, ~인 것 같다

[문제]

4 social 형 사회적인
rude 형 무례한, 버릇없는
curious 형 호기심이 많은, 궁금한

단어 Review

영영 뜻 파악

A 다음 단어에 해당하는 알맞은 의미를 찾아 연결하세요.

1

copy
•

•
ⓐ to do the same thing as someone

2

lift
•

•
ⓑ looking almost the same

3

similar
•

•
ⓒ to move something from a lower to a higher position

어구 완성

B 다음 우리말 뜻에 맞게 주어진 철자를 바르게 배열한 다음, 빈칸을 완성하세요.

1 전부의 　`e w o l h`　 → eat the ＿＿＿＿＿＿＿ cake

2 사회적인 　`c i o l s a`　 → learn some ＿＿＿＿＿＿＿ skills

3 십 대 　`n t e g a e r e`　 → a popular fashion brand among ＿＿＿＿＿＿＿s

문장 완성

C 다음 빈칸에 알맞은 단어를 〈보기〉에서 찾아 쓰세요.

보기			
seem	gain	reason	experiment

1 I ＿＿＿＿＿＿＿ed 3 kg during the holidays.

2 Anne ＿＿＿＿＿＿＿ed pleased with her birthday present.

3 Students will do a(n) ＿＿＿＿＿＿＿ with magnets today.

A ⓑ almost 〔부〕거의　ⓒ position 〔명〕위치　**B 2** skill 〔명〕기술, 솜씨　**3** popular 〔형〕인기 있는　brand 〔명〕상표, 브랜드　among 〔전〕~사이에
C 1 holiday 〔명〕연휴; 휴가　**2** pleased 〔형〕기뻐하는, 만족하는　**3** magnet 〔명〕자석

동사 찾기

A 다음 굵게 표시된 주어에 알맞은 동사를 찾아 동그라미 해보세요.

1 Luckily, **the phone** that I dropped didn't break.

2 **The pizza** that we ordered was too salty for me.

3 **The plane** from England just arrived at the airport.

배열 영작

B 다음 우리말과 의미가 같도록 주어진 어구들을 올바르게 배열하세요.

1 그녀가 추천한 식당은 정말 훌륭했다.

| the restaurant | she | recommended | that |

→ _____ was excellent.

2 우리 여름휴가 때 찍은 사진들은 행복한 추억을 떠올리게 한다.

| our summer vacation | from | pictures |

→ _____ bring back happy memories.

3 당신이 열심히 훈련하면 훈련할수록, 당신은 더 강해진다.

| the harder | you | you | the stronger | train | become |

→ _____ _____, _____.

문장 해석

C 다음 굵게 표시된 부분에 주의하여 문장을 해석해보세요.

1 Puppies **from** the nearby shelter / need new homes.

→ _____ / 새로운 집이 필요하다.

2 The coffee **that** I drank this morning / was too strong.

→ _____ / 너무 강했다.

3 **The louder** people sang along, // **the more** the singer got excited.

→ 사람들이 _____, // 그 가수는 _____.

A **1** luckily 〈부〉 운 좋게(도) drop 〈동〉 떨어뜨리다 **2** salty 〈형〉 짠, 짭짤한 **B** **1** recommend 〈동〉 추천하다 **2** bring back ~을 생각나게 하다 **3** train 〈동〉 훈련하다
C **1** nearby 〈형〉 근처의 shelter 〈명〉 보호소 **3** sing along 노래를 따라 부르다 (sing-sang-sung)

DID YOU KNOW …?

"이것은 포케가 아니에요!"라고 외치는 하와이인들 Food

포케(Poke)라는 음식에 대해 들어본 적 있나요? 양념 된 날생선 요리인 이 음식은 하와이에서 기원되었고, 현재는 전 세계로 퍼지게 되었어요. 그러나 하와이인들은 포케가 널리 알려지게 된 것에 대해 마냥 기쁘지는 않아요. 하와이 밖의 포케는 원래 레시피와 완전히 다른 맛을 내기 때문이에요. 하와이의 포케는 신선한 생선과 적은 토핑으로 담백한 맛을 내지만, 대중들이 접하는 포케는 많은 양의 야채와 과도한 토핑이 올려져 있어요. 맛의 차이뿐만 아니라, 일부 가게들은 포케(Poke)가 읽기 어렵다는 이유로 'Poki' 또는 'Poké'로 이름을 바꿔 표시하기도 해요. 이렇게 원래 레시피의 아이디어만 유지한 채 나머지를 모두 바꿔버리는 것은 그들의 문화를 강제로 빼앗는 행위라고 일부는 주장하기도 해요. 여러분은 어떻게 생각하시나요?

동물도 속어를 쓴다고요? Animals

우리는 간혹 친구들과 대화하며 이런저런 속어들을 사용해요. 그런데, 최근 연구에 의하면 인간들만 속어를 사용하는 것이 아니라고 해요! 동남아시아에 거주하는 70마리의 오랑우탄이 서로 대화하는 것을 연구한 결과, 연구자들은 오랑우탄들의 대화 그룹이 크고 말을 자주 나눌수록 '속어'를 많이 사용한다는 것을 알아냈어요! 이 속어는 오랑우탄이 일반적으로 내는 소리와 음정 그리고 길이가 다르다고 해요. 또한, 오랑우탄의 몇몇 속어에도 유행이 있어 사람들의 속어처럼 시간이 지나면, 사용 빈도가 확 낮아진다는 것을 발견했어요. 정말 흥미롭지 않나요?

Reading Graphy Online Resources

Level 2

01. Animals

귀엽지만 위험한
야생 동물

02. Culture

순무로 맞선 영광

03. Technology

눈동자만으로
가능하다고요?

04. Inventions

아침 식사에서
시작되었어요

05. Environment

기업의 새빨간 거짓말

06. Fun Facts

도로 보수에 사용된
놀라운 재료

07. Art

이집트 조각상에
없는 것

08. Story

가족 여행에서 만난
뜻밖의 모습

09. Science

박치는 유전인가요?

10. IT

제 눈이 되어주세요

11. Places

냄새만 맡아도
위험해요!

12. People

편지 한 통으로 변화를
만든 소녀

13. Nature

행복을 되찾은 퍼핀 새

14. Universe

지구와 충돌할 수
있을까요?

15. Culture

미끄러워도 함께라면 할
수 있어요

16. Sports

축구 게임의 새로운
변화

17. Art

고대 중국에서
시작된 예술

18. Plants

식물도 말을 할 수
있을까요?

19. Environment

알래스카의 한 마을에
닥친 위험

20. People

반려동물을 위한 작곡가

21. History

영국의 대관식에
꼭 필요한 것은?

22. Jobs

음식을 구조한다고요?

23. Fun Facts

초콜릿 눈이 내린다면…

24. Universe

달 뿐만 아니라
지구에도 있어요

25. Origins

작은 오해에서 비롯된
이름

26. Places

필요한 에너지는 직접
만들어요

27. Technology

재미로만 날리는 게
아니에요

28. Body & Health

지방에도 색깔이 있어요

29. Places

에펠탑에 숨겨진 비밀

30. Technology

귀여운 걸 보면 왜 이런
기분이 들까?

31. Origins

우리 모두에게 특별한
그날

33. Animals

브라질 어부의 낚시
친구

34. Food

매년 10만 톤 이상을
먹는 음식

35. Science

공룡 뼈에도 나이테가
있어요

36. Animals

문어가 화나면 하는
행동

1 '나'에게 딱! 맞는 암기&문제모드만 골라서 학습!

5가지 암기모드

8가지 문제모드

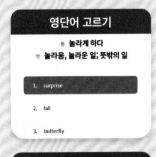

 암기모드를 선택하면, 최적의 문제 모드를 자동 추천!

2 미암기 단어는 단어장에! 외워질 때까지 반복 학습 GO!

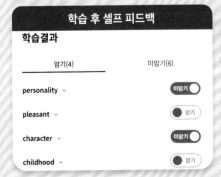

천일문 STARTER

중등 영어 구문·문법 학습의 시작

① 중등 눈높이에 맞춘 권당 약 500문장 + 내용 구성
② 개념부터 적용까지 체계적 학습
③ 천일문 완벽 해설집 「천일비급」 부록
④ 철저한 복습을 위한 워크북 포함

구문 대장 천일문, *중등도* 천일문만 믿어!

3 in 1 구성

+ 본책　　　+ 워크북

+ 천일비급

쎄듀런 Mobile & PC 온라인 구문 문장 암기 학습권(유료)

천일문 STARTER 2

천일문 STARTER 1

중등부터 고등까지, *천일문과 함께!*

예비중 ~ 중3	예비고1	고1	고2	고3
천일문 STARTER 구문 학습 첫걸음	**천일문 입문** 우선 순위 빈출 구문	**천일문 기본** 기본/빈출/중요 구문 총망라	**천일문 핵심** 혼동 구문 완벽 해결	**천일문 완성** 고난도 구문 뛰어넘기

쎄듀

Reading Graphy 리딩그라피

쎄듀

Lexile® 600L-800L

WORKBOOK

| Level |

2

독해를 바라보는 재미있는 시각

리딩그라피

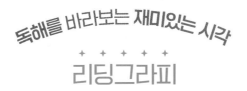

| Level |

2

WORKBOOK

O1 귀엽지만 위험한 야생 동물

직독직해가 쉬워지는 구문

✓ Reading의 필수 구문 3개를 확인한 후, 각 문장의 해석을 완성하세요.

1일 1문장 구문 「while +주어+동사 ~」: ~가 …하는 동안[사이]

TIP while이 이끄는 절이 문장 앞에 오면 콤마(,)를 뒤에 붙여요.

While Emily was playing tennis, she injured her ankle.

에밀리는 _____, 발목을 다쳤다.

구문 Plus 1 「start v-ing」: ~하는 것을[~하기] 시작하다

TIP 동사 start의 목적어 v-ing는 to-v로도 바꿔 쓸 수 있어요.

All the kids **started laughing** when she entered the classroom.

그녀가 교실에 들어왔을 때 모든 아이들이 _____.

구문 Plus 2 「try to-v」: ~하려고 노력하다

TIP 「try v-ing」는 '시험 삼아 ~해보다'라는 의미로 뜻이 달라지므로 주의하세요.

He **is trying to find** the password for the website.

그는 그 웹사이트의 비밀번호를 _____.

직독직해 Practice

✓ 각 문장의 주어에는 밑줄을, 동사에는 동그라미 해보세요.

✓ 그다음 끊어 읽기한 부분에 주의하여 빈칸에 해석을 써보세요.

1 While he was walking, // he saw about 20 furry animals / near the water. **Hint** 주어 2개, 동사 2개

→ _____, // _____ /

_____.

2 The otters thought / Steve was a danger too, // so they ran toward him / and started biting his ankles and legs. **Hint** 주어 3개, 동사 4개 *otter 수달

→ _____ / _____, //

_____ / _____.

3 Steve tried to stop them, // but he couldn't. **Hint** 주어 2개, 동사 2개

→ _____, // _____.

어휘 Practice

1 다음 빈칸에 들어갈 단어로 가장 알맞은 것은?

> When I rode a roller coaster, I was really _____.

① hurt   ② scared   ③ close   ④ furry   ⑤ dark

2 다음 표현의 우리말 뜻이 <u>잘못된</u> 것은?

① step on: ~을 밟다   ② at last: 마침내

③ for a moment: 잠시   ④ get away from: 가까이 다가가다

⑤ go for a walk: 산책하러 가다

3 다음 우리말과 의미가 같도록 빈칸에 알맞은 표현을 쓰세요.

> 우리는 야생 동물들을 보호하기 위해 무엇을 할 수 있을까?

→ What can we do to protect _____ _____?

서술형 Practice

[4-5] 배열 영작 다음 우리말과 의미가 같도록 주어진 단어를 올바르게 배열하세요.

4 너는 노력해야 한다 / 먹으려고 / 더 많은 채소와 과일을.
> ↳ 너는 채소와 과일을 더 많이 먹으려고 노력해야 한다.

(and fruits / should / to / more vegetables / you / try / eat)

→ _____ .

5 나는 음악을 들었다 / 그를 기다리는 동안.
> ↳ 나는 그를 기다리는 동안 음악을 들었다.

(was / for / while / him / I / waiting)

→ I listened to music _____ .

6 조건 영작 다음 우리말과 의미가 같도록 주어진 단어를 사용하여 문장을 완성하세요.

> 나는 두 달 전부터 스페인어를 배우기 시작했다. (learn, start)

→ I _____ _____ Spanish two months ago.

○2 순무로 맞는 영광

✓ Reading의 필수 구문 3개를 확인한 후, 각 문장의 해석을 완성하세요.

1일 1문장 구문 「명사+과거분사(p.p.) ~」: ~하게 된, ~된 (명사)

He gave me a box **filled** with chocolates.

그는 ＿＿＿＿＿＿＿＿＿＿＿＿＿＿＿＿＿＿＿＿＿＿＿＿＿＿＿＿ 내게 주었다.

구문 Plus 1 「during+명사」: ~ 동안

TIP during은 전치사로, 뒤에 특정 기간이나 행사 등을 나타내는 명사가 와요.

I will stay at my uncle's house **during** summer vacation.

나는 ＿＿＿＿＿＿＿＿＿＿＿＿＿＿＿＿＿＿＿＿＿＿＿＿＿＿ 삼촌 댁에 머무를 것이다.

구문 Plus 2 '목적'을 나타내는 「to+동사원형」: ~하기 위해

TIP to부정사가 부사 역할 중 '목적'을 나타낼 때 문장 앞이나 뒤에 모두 올 수 있어요.

People are standing in line **to buy** tickets.

사람들은 ＿＿＿＿＿＿＿＿＿＿＿＿＿＿＿＿＿＿＿＿＿＿＿＿＿ 줄 서 있다.

직독직해 Practice

✓ 각 문장의 주어에는 밑줄을, 동사에는 동그라미 해보세요.

✓ 그다음 끊어 읽기한 부분에 주의하여 빈칸에 해석을 써보세요.

1 They wear costumes / decorated with / lots of colorful pieces of cloth.

→ ＿＿＿＿＿＿＿＿＿＿＿ / ＿＿＿＿＿＿＿＿＿ / ＿＿＿＿＿＿＿＿＿＿＿.

2 During this festival, / everyone in town / chases and throws turnips / at two monsters.

Hint 주어 1개, 동사 2개   *turnip 순무

→ ＿＿＿＿＿＿＿＿＿, / ＿＿＿＿＿＿＿＿＿ / ＿＿＿＿＿＿＿＿＿ /

＿＿＿＿＿＿＿＿＿.

3 To chase him away, / the farmers threw turnips / at him.

→ ＿＿＿＿＿＿＿＿＿, / ＿＿＿＿＿＿＿＿＿ / ＿＿＿＿＿＿＿＿＿.

 **맛보기**

어휘 Practice

1 다음 대화의 빈칸에 알맞은 단어를 〈보기〉에서 찾아 쓰세요.

| 보기 |
| honor   steal   throw   chase   local |

(1)
A: What do you want to eat in Thailand?
B: I want to try some _____ food.

(2)
A: Did the thief _____ anything?
B: No, he ran away when we called the police.

2 다음 우리말과 의미가 같도록 빈칸에 주어진 철자로 시작하는 단어를 쓰세요.

우리는 물을 낭비하는 것을 피해야 한다.

→ We should a_____ wasting water.

서술형 Practice

[3-4] **배열 영작** 다음 우리말과 의미가 같도록 주어진 단어를 올바르게 배열하세요.

3 우리 가족은 / 자주 / 해변에 갔다 / 여름 동안.
↳ 우리 가족은 여름 동안 해변에 자주 갔다.

(the summer / the beach / during / to / went)

→ My family often _____.

4 학생들은 / 어휘 게임을 했다 / 단어를 암기하기 위해.
↳ 학생들은 단어를 암기하기 위해 어휘 게임을 했다.

(words / played / to memorize / a vocabulary game)

→ Students _____.

5 **조건 영작** 다음 우리말과 의미가 같도록 주어진 단어를 사용하여 문장을 완성하세요.

눈으로 덮인 그 산은 아름다워 보였다. (cover)

→ The mountain _____ in snow looked beautiful.

03 눈동자만으로 가능하다고요?

직독직해가 쉬워지는 구문

☑ Reading의 필수 구문 3개를 확인한 후, 각 문장의 해석을 완성하세요.

1일 1문장 구문 「**imagine v-ing**」: ~하는 것을 상상하다

We **imagined visiting** one of the famous waterfalls.
우리는 유명한 폭포 중 한 곳을 _____.

구문 Plus 1 「**because of +명사(구)**」: ~때문에

TIP 접속사 because 뒤에는 「주어+동사 ~」 형태의 절이 오므로 주의하세요.

I cannot focus on studying **because of** the loud noise.
나는 _____ 공부에 집중할 수 없다.

구문 Plus 2 「**bring+B(직접목적어)+to+A(간접목적어)**」: A에게 B를 가져다주다

TIP 「bring+A(간접목적어)+B(직접목적어)」로도 바꿔 쓸 수 있어요.

This song **will bring** happiness **to** people.
이 노래는 _____.

직독직해 Practice

☑ 각 문장의 주어에는 밑줄을, 동사에는 동그라미 해보세요.
☑ 그다음 끊어 읽기한 부분에 주의하여 빈칸에 해석을 써보세요.

1 Imagine playing / your favorite music / just by moving your eyes.

→ _____ / _____ /

_____.

2 His friend / wasn't able to move his arms / because of his injuries.

→ _____ / _____ / _____.

3 However, / this amazing software / can bring the joy of music / to everyone.

→ _____, / _____ / _____ /

_____.

어휘 Practice

1 다음 영영풀이가 설명하는 단어로 가장 알맞은 것은?

> a tool that is used to make musical sounds

① injury   ② screen   ③ inventor   ④ musician   ⑤ instrument

2 다음 빈칸에 공통으로 들어갈 단어로 가장 알맞은 것은?

> • Family _____ s a lot to me.
> • It doesn't _____ if you make a mistake.

① practice   ② create   ③ matter   ④ accident   ⑤ possible

3 다음 우리말과 의미가 같도록 빈칸에 알맞은 표현을 쓰세요.

> 네 도움 덕분에, 나는 내 숙제를 일찍 끝냈어.

→ _____ _____ your help, I finished my homework early.

서술형 Practice

[4-5] (배열 영작) 다음 우리말과 의미가 같도록 주어진 단어를 올바르게 배열하세요.

4 그는 선글라스를 꼈다 / 밝은 햇빛 때문에.
    ↳ 그는 밝은 햇빛 때문에 선글라스를 꼈다.

(because / wore / the bright sunlight / sunglasses / of)

→ He _____ .

5 좋은 책은 가져다줄 수 있다 / 지식을 / 독자들에게.
    ↳ 좋은 책은 독자들에게 지식을 가져다줄 수 있다.

(to / can / knowledge / readers / bring)

→ Good books _____ .

6 (조건 영작) 다음 우리말과 의미가 같도록 주어진 단어를 사용하여 문장을 완성하세요.

> 그들은 피라미드 내부를 탐험하는 것을 상상했다. (imagine, explore)

→ They _____ _____ the inside of the pyramid.

○4 아침 식사에서 시작되었어요

✅ Reading의 필수 구문 3개를 확인한 후, 각 문장의 해석을 완성하세요.

1일 1문장 구문 「**used to＋동사원형**」: (과거에) ~하곤 했다

TIP used to는 과거에 일어났거나 사실이었지만 지금은 그렇지 않은 일을 나타낼 때 쓰여요.

I **used to** ride my bike to school every day. Now, I take the bus.
나는 매일 학교에 자전거를 _____. 이제, 나는 버스를 탄다.

구문 Plus 1 「**want to-v**」: ~하는 것을 원하다, ~하고 싶다

TIP to부정사는 want, decide 등과 같은 동사의 목적어로 쓰일 수 있어요.

He **wanted to find** a special birthday gift for his friend.
그는 자기 친구를 위한 특별한 생일 선물을 _____.

구문 Plus 2 「**give＋A(간접목적어)＋B(직접목적어)**」: A에게 B를 주다

TIP 동사 give의 목적어 A에는 주로 사람, B에는 주로 사물이 쓰여요.

My grandmother **gave me the family photo album**.
할머니는 _____.

직독직해 Practice

✅ 각 문장의 주어에는 밑줄을, 동사에는 동그라미 해보세요.

✅ 그다음 끊어 읽기한 부분에 주의하여 빈칸에 해석을 써보세요.

1 So he used to take apart shoes / and make small changes / to improve them. **Hint** 주어 1개, 동사 2개

→ _____ / _____ /

_____.

2 He always wanted / to make better shoes / for running.

→ _____ / _____ /

_____.

3 It gave him a great idea!

→ _____!

1 다음 우리말과 의미가 같도록 빈칸에 알맞은 단어를 〈보기〉에서 찾아 쓰세요.

┌─ 보기 ├─
even   patterns   college   while   notice
└─

(1) 가스 냄새를 알아차리다: _____ the smell of gas

(2) 다양한 색과 무늬: different colors and _____

(3) 내가 숙제를 하고 있던 동안: _____ I was doing my homework

2 다음 빈칸에 들어갈 말로 가장 알맞은 것은?

Many people _____ their pets as family members.

① succeed   ② consider   ③ test   ④ improve   ⑤ take apart

3 다음 우리말과 의미가 같도록 빈칸에 알맞은 표현을 쓰세요.

그들은 자신들의 새로운 사업에서 성공하기를 바란다.

→ They hope to _____ in their new business.

[4-5] 배열영작 다음 우리말과 의미가 같도록 주어진 단어를 올바르게 배열하세요.

4 그 코치는 그에게 주었다 / 기회를 / 경기할 / 결승전에서.
↳ 그 코치는 그에게 결승전에서 경기할 기회를 주었다.

(gave / the coach / to play / him / a chance)

→ _____ in the final game.

5 우리 가족은 심곤 했다 / 씨앗을 / 봄에.
↳ 우리 가족은 봄에 씨앗을 심곤 했다.

(used / my family / seeds / plant / to)

→ _____ in the spring.

6 조건영작 다음 우리말과 의미가 같도록 주어진 단어를 사용하여 문장을 완성하세요.

그들은 저녁 식사 후에 디저트로 아이스크림을 먹고 싶어 했다. (want, eat)

→ They _____ _____ _____ ice cream as dessert after dinner.

○5 기업의 새빨간 거짓말

정답과 해설 **p.76**

직독직해가 쉬워지는 구문

☑ Reading의 필수 구문 3개를 확인한 후, 각 문장의 해석을 완성하세요.

1일 1문장 구문 「**pretend to-v**」: ～하는 척하다

He **pretended to sleep** when his sister came into the room.

그는 그의 여동생이 방에 들어왔을 때 _____.

구문 Plus 1 「**sound like＋명사(구)**」: ～처럼 들리다

TIP 이때 like는 '～처럼'이라는 의미의 전치사예요. *cf.* 「sound＋형용사」: ～하게 들리다

His story **sounds like** a lie.

그의 이야기는 _____.

구문 Plus 2 접속사 that이 이끄는 목적어절 「(that)＋주어＋동사 ～」: ～가 …하는 것을

TIP 접속사 that이 이끄는 절은 say/think/know 등과 같은 동사의 목적어로 많이 쓰여요.
이때 that은 자주 생략돼요.

I think **(that)** she can win the game.

나는 _____ 생각해.

직독직해 Practice

☑ 각 문장의 주어에는 밑줄을, 동사에는 동그라미 해보세요.

☑ 그다음 끊어 읽기한 부분에 주의하여 빈칸에 해석을 써보세요.

1 We use this word // when companies pretend to be eco-friendly / to sell more products.

Hint 주어 2개, 동사 2개

→ _____ // _____ /

_____.

2 It may sound like a nice word, // but it's actually not. **Hint** 주어 2개, 동사 2개

→ _____, // _____.

3 Similarly, / fashion companies might say / their clothes are good / for the Earth, // but they're not

always. **Hint** 주어 3개, 동사 3개

→ _____, / _____ / _____ /

_____, // _____.

어휘 Practice

1 다음 단어의 우리말 뜻이 **잘못된** 것은?

① label: 라벨, 상표   ② eco-friendly: 친환경적인

③ choose: 고르다, 선택하다   ④ product: 생산하다

⑤ research: 조사하다, 연구하다

2 다음 빈칸에 공통으로 들어갈 단어로 가장 알맞은 것은?

> • Jake always _____s the truth to his parents.
> • He cannot _____ the difference between the two colors.

① pretend   ② know   ③ help   ④ need   ⑤ tell

3 다음 밑줄 친 단어와 비슷한 의미의 단어는?

> They made a <u>clever</u> plan for the school project.

① easy   ② nice   ③ smart   ④ true   ⑤ hard

서술형 Practice

[4-5] 배열 영작 다음 우리말과 의미가 같도록 주어진 단어를 올바르게 배열하세요.

4 선생님들은 말씀하신다 / 모든 사람이 / 실수한다고.

    ↳ 선생님들은 모든 사람이 실수한다고 말씀하신다.

(makes / teachers / mistakes / say / everyone)

→ _____ .

5 교실은 시장처럼 들렸다 / 시끄러운 아이들 때문에.

    ↳ 시끄러운 아이들 때문에 교실은 시장처럼 들렸다.

(a market / like / the classroom / sounded)

→ _____ because of the loud kids.

6 조건 영작 다음 우리말과 의미가 같도록 주어진 단어를 사용하여 문장을 완성하세요.

> 나는 그 질문을 이해하는 척했지만, 정말 헷갈렸다. (understand, pretend)

→ I _____ _____ _____ the question, but I was really confused.

○6 도로 보수에 사용된 놀라운 재료

☑ Reading의 필수 구문 3개를 확인한 후, 각 문장의 해석을 완성하세요.

1일 1문장 구문 **수동태 「am/are/is＋과거분사(p.p.)」:** ~되다[~당하다, ~받다]

> **TIP** 동사가 throw away와 같이 2단어 이상일 때, 수동태에서도 한 덩어리로 쓰여요.

(**throw** away → **be thrown** away)

All the lights **are turned off** before the movie starts.

영화가 시작하기 전에 모든 전등이 _____.

구문 Plus ① **'목적'을 나타내는 「to＋동사원형」:** ~하기 위해

> **TIP** to부정사가 부사 역할 중 '목적'을 나타낼 때 문장 앞이나 뒤에 모두 올 수 있어요.

To make friends, she joined clubs at school.

_____, 그녀는 학교에서 동아리에 가입했다.

구문 Plus ② **「until＋주어＋동사 ~」:** ~할 때까지

> **TIP** until이 접속사로 쓰일 때는 뒤에 「주어＋동사 ~」가 오고 전치사로 쓰일 때는 뒤에 특정 시간을 나타내는 명사가 와요. (until morning[next week] 등)

Wait here **until** your mother comes back.

너희 엄마가 _____ 여기서 기다려라.

☑ 각 문장의 주어에는 밑줄을, 동사에는 동그라미 해보세요.

☑ 그다음 끊어 읽기한 부분에 주의하여 빈칸에 해석을 써보세요.

1 In the U.K., / about three billion diapers / are thrown away / each year, // and this creates / 400,000 tons of waste. **Hint** 주어 2개, 동사 2개

→ _____, / _____ / _____ / _____, //

_____ / _____.

2 To help with this problem, / people started using recycled diapers / to fix the roads in Wales.

→ _____, / _____ /

_____.

3 Then, / they go through various steps // until they turn into small, soft pieces. **Hint** 주어 2개, 동사 2개

→ _____, / _____ // _____.

어휘 Practice

1 다음 단어의 우리말 뜻이 <u>잘못된</u> 것은?

① piece: 조각　　　　② billion: 10억　　　　③ whole: 일부분의

④ diaper: 기저귀　　　⑤ creative: 창의적인

2 다음 영영풀이가 설명하는 단어로 가장 알맞은 것은?

> to make something smaller in size, number, and amount

① step　　　② recycle　　　③ waste　　　④ reduce　　　⑤ material

3 다음 빈칸에 들어갈 단어로 가장 알맞은 것은?

> News about the event started to ＿＿＿＿＿＿ fast in town.

① add　　　② spread　　　③ create　　　④ fall apart　　　⑤ break down

서술형 Practice

[4-5] **배열 영작** 다음 우리말과 의미가 같도록 주어진 단어를 올바르게 배열하세요.

4 박물관은 문을 닫는다 / 수리가 끝날 때까지.
↳ 박물관은 수리가 끝날 때까지 문을 닫는다.

(closed / until / done / are / the repairs / is)

→ The museum ＿＿＿＿＿＿＿＿＿＿＿＿＿＿＿＿.

5 Tony는 학교 도서관에 있었다 / 그의 프로젝트를 끝내기 위해.
↳ Tony는 프로젝트를 끝내기 위해 학교 도서관에 있었다.

(was / finish / in the school library / his project / to)

→ Tony ＿＿＿＿＿＿＿＿＿＿＿＿＿＿＿＿.

6 **조건 영작** 다음 우리말과 의미가 같도록 주어진 단어를 사용하여 문장을 완성하세요.

> 그의 아이들은 그들의 조부모님에 의해 돌봐진다. (look after)

→ His children ＿＿＿＿＿＿＿＿＿＿＿＿＿＿ by their grandparents.

○7 이집트 조각상에 없는 것

✓ Reading의 필수 구문 3개를 확인한 후, 각 문장의 해석을 완성하세요.

1일 1문장 구문 「**Have you ever+과거분사(p.p.) ~?**」: 너는 ~해본 적 있니? (경험)

Have you ever seen a dolphin in the ocean?

너는 바다에서 돌고래를 _____?

구문 Plus 1 「**think/believe+(that)+주어+동사 ~**」: ~하다고 생각하다/믿다

TIP 접속사 that이 이끄는 절은 동사 think, believe 등의 목적어로 쓰일 수 있어요.

이때 that은 자주 생략되므로 think, believe 바로 뒤에 「주어+동사 ~」가 와요.

They **believed that** they would find the treasure.

그들은 그들이 보물을 _____.

구문 Plus 2 '목적'을 나타내는 「**to+동사원형**」: ~하기 위해

TIP to부정사가 부사 역할 중 '목적'을 나타낼 때 문장 앞이나 뒤에 모두 올 수 있어요.

We visited the library **to join** the book event.

우리는 책 행사에 _____ 도서관에 방문했다.

✓ 각 문장의 주어에는 밑줄을, 동사에는 동그라미 해보세요.

✓ 그다음 끊어 읽기한 부분에 주의하여 빈칸에 해석을 써보세요.

1 Have you ever seen statues / from ancient Egypt / in museums?

→ _____ / _____ / _____?

2 They believed // that a person's soul would move into a statue / after death. **Hint** 주어 2개, 동사 2개

→ _____ // _____ /

_____.

3 They broke the statue's nose / to destroy the soul / forever!

→ _____ / _____ /

_____!

내신 맛보기

어휘 Practice

1 다음 단어의 우리말 뜻이 <u>잘못된</u> 것은?

① soul: 영혼　　　　　② tomb: 무덤　　　　　③ person: 사람, 개인

④ steal: 훔치다　　　　⑤ source: 결과

2 다음 대화의 빈칸에 알맞은 단어를 〈보기〉에서 찾아 쓰세요.

보기
reason　　　explain　　　remove　　　statue

A: Why did you **a** ＿＿＿＿＿＿＿＿ all the pictures from the wall?

B: I have a **b** ＿＿＿＿＿＿＿＿. We're painting the wall.

3 다음 우리말과 의미가 같도록 빈칸에 알맞은 단어를 〈보기〉에서 찾아 쓰세요.

보기
ancient　　　mystery　　　broken　　　destroy

(1) 건물을 부수다: ＿＿＿＿＿＿＿＿ a building

(2) 깨진 유리 조각들: pieces of ＿＿＿＿＿＿＿＿ glass

서술형 Practice

[4-5] 〔배열 영작〕 다음 우리말과 의미가 같도록 주어진 단어를 올바르게 배열하세요.

4 너는 머어본 적이 있니 / 얼린 바나나를?

↳ 너는 얼린 바나나를 먹어본 적이 있니?

(a frozen banana / ever / you / eaten / have)

→ ＿＿＿＿＿＿＿＿＿＿＿＿＿＿＿＿＿＿＿＿＿＿＿＿＿＿＿＿ ?

5 그는 생각했다 // 그들이 도착할 것이라고 / 8시 전에.

↳ 그는 그들이 8시 전에 도착할 것이라고 생각했다.

(would / thought / they / he / arrive)

→ ＿＿＿＿＿＿＿＿＿＿＿＿＿＿＿＿＿＿＿＿＿＿＿ before eight.

6 〔조건 영작〕 다음 우리말과 의미가 같도록 주어진 단어를 사용하여 문장을 완성하세요.

매일, 그 팀은 축구 경기에 이기기 위해서 슛을 연습한다. (win, the soccer game)

→ Every day, the team practices shooting ＿＿＿＿＿＿＿＿＿＿＿＿＿＿ .

○8 가족 여행에서 만난 뜻밖의 모습

직독직해가 쉬워지는 구문

✓ Reading의 필수 구문 3개를 확인한 후, 각 문장의 해석을 완성하세요.

1일 1문장 구문 「as+주어+동사 ~」: ~가 …할 때[…하면서, …하는 동안]

As she studied, she listened to her favorite songs.

_____, 그녀가 가장 좋아하는 노래들을 들었다.

구문 Plus 1 「명사+[in/of/to 등+명사 ~]」: ~안에 있는/~의[~에 대한]/~로의 (명사)

TIP 「전치사+명사 ~」 어구는 바로 앞의 명사를 꾸며 줄 수 있어요.

전치사가 이끄는 어구가 어디서부터 어디까지인지 파악해야 올바르게 해석할 수 있어요.

He told me the story **of** his dream car.

그는 내게 _____를 해주었다.

구문 Plus 2 「am/are/is+동사의 -ing형」: ~하고 있다, ~하는 중이다

TIP 현재 하고 있는 동작이나 행동을 나타낼 때 현재진행형으로 표현해요.

Jenny **is preparing** for her final exam in the library.

Jenny는 도서관에서 기말고사를 _____.

직독직해 Practice

✓ 각 문장의 주어에는 밑줄을, 동사에는 동그라미 해보세요.

✓ 그다음 끊어 읽기한 부분에 주의하여 빈칸에 해석을 써보세요.

1 As they waited, // they saw / a large group of bison passing by. **Hint** 주어 2개, 동사 2개 　*bison 들소

→ _____, // _____ / _____

_____.

2 She showed him pictures / of her friend Ally's exciting trip / to Florida.

→ _____ / _____ /

_____.

3 Our trip is turning into a real adventure / now!

→ _____ / _____!

어휘 Practice

1 다음 단어의 의미에 해당하는 것을 찾아 연결하세요.

(1) lift   •   • ⓐ seems not to be false

(2) real   •   • ⓑ having feeling of being worried

(3) nervous •   • ⓒ to move something or someone to a higher position

2 다음 밑줄 친 단어와 반대 의미의 단어는?

> Dory asked the new teacher a very <u>interesting</u> question.

① upset   ② boring   ③ hopeful   ④ surprised   ⑤ exciting

3 다음 우리말과 의미가 같도록 빈칸에 알맞은 표현을 쓰세요.

> 그녀는 학교에 가는 도중에 장갑 한 짝을 발견했다.

→ She found a glove _____ _____ _____ to school.

서술형 Practice

[4-5] 〔배열 영작〕 다음 우리말과 의미가 같도록 주어진 단어를 올바르게 배열하세요.

4 그녀가 걸어갈 때 / 집으로, / 그녀는 발견했다 / 길 잃은 고양이를.
   ↳ 그녀가 집으로 걸어갈 때, 길 잃은 고양이를 발견했다.

(she / a lost kitten / she / home / as / found / walked)

→ _____ , _____ .

5 그들은 이야기들을 해주었다 / 여행에 대한 / 산으로의.
   ↳ 그들은 산으로의 여행에 관한 이야기들을 해주었다.

(stories / to the mountains / told / a journey / of)

→ They _____ .

6 〔조건 영작〕 다음 우리말과 의미가 같도록 주어진 단어를 사용하여 문장을 완성하세요.

> 아빠는 지금 주방에서 저녁을 요리하고 계신다. (cook, dinner)

→ My dad _____ in the kitchen right now.

09 박치는 유전인가요?

✔ Reading의 필수 구문 3개를 확인한 후, 각 문장의 해석을 완성하세요.

1일 1문장 구문 「make＋A(목적어)＋형용사」: A를 ～한 상태로[～하게] 만들다

TIP 우리말 해석 '～하게'를 보고 A(목적어) 뒤에 부사를 사용하지 않도록 주의하세요.

The festival **will make** people **happy**.

그 축제는 _____.

구문 Plus 1 「enjoy A(v-ing) or B(v-ing)」

TIP 동사 enjoy는 목적어로 동명사를 취해요. 이때, 접속사 or는 문법적으로 성격이 같은 것을 연결하므로,
A, B는 둘 다 동명사 형태여야 해요.

Kids **enjoy building** sandcastles **or swimming** in the sea.

아이들은 _____.

구문 Plus 2 「형용사/부사의 비교급＋than ～」: ～보다 더 …한/…하게

TIP 비교급은 주로 「형용사/부사＋-er」로 쓰지만, good/well-better 같은 불규칙 변화형도 있어요.

Fresh strawberries taste **better than** the frozen ones.

신선한 딸기는 _____.

✔ 각 문장의 주어에는 밑줄을, 동사에는 동그라미 해보세요.

✔ 그다음 끊어 읽기한 부분에 주의하여 빈칸에 해석을 써보세요.

1 This sense of rhythm makes / us musical.

→ _____ / _____.

2 Do you enjoy / dancing to music / or moving to a beat?

→ _____ / _____ /

_____?

3 Some people naturally dance better / than others.

→ _____ / _____.

어휘 Practice

1 다음 단어의 우리말 뜻이 <u>잘못된</u> 것은?

① clap: 박수를 치다   ② skill: 솜씨, 재주   ③ discover: 발견하다

④ important: 중요한   ⑤ recently: 본래

2 다음 밑줄 친 단어와 비슷한 의미의 단어는?

> High stress is <u>linked</u> to health problems.

① tap   ② mean   ③ natural   ④ related   ⑤ sense

3 다음 빈칸에 알맞은 단어를 〈보기〉에서 찾아 쓰세요.

보기
beat   activity   effect   role

(1) The medicine had a quick _____ on the fever.

(2) Can you hear the _____ of the drum?

서술형 Practice

[4-5] 배열 영작 다음 우리말과 의미가 같도록 주어진 단어를 올바르게 배열하세요.

4 어떤 컴퓨터 게임들은 / 만든다 / 아이들을 폭력적으로.

↳ 어떤 컴퓨터 게임들은 아이들을 폭력적으로 만든다.

(make / violent / some computer games / children)

→ _____.

5 그녀는 항상 배운다 / 더 빨리 / 그녀의 반 친구들보다.

↳ 그녀는 항상 반 친구들보다 더 빨리 배운다.

(faster / she / classmates / learns / than / always / her)

→ _____.

6 조건 영작 다음 우리말과 의미가 같도록 주어진 단어를 사용하여 문장을 완성하세요.

> 저희 리조트에서, 여러분은 요리 수업을 듣는 것 또는 쇼핑하는 것을 즐기실 수 있습니다. (take, enjoy, shop)

→ At our resort, you can _____ _____ cooking classes _____

_____.

10 제 눈이 되어주세요

직독직해가 쉬워지는 **구문**

✔ Reading의 필수 구문 3개를 확인한 후, 각 문장의 해석을 완성하세요.

1일 1문장 구문 「**if＋주어＋동사 ~ (or not)**」: ~가 …인지 (아닌지)

TIP 접속사 if가 이끄는 절은 동사 tell, wonder, ask 등의 목적어로 자주 쓰여요.

My mom can tell **if** I feel good or bad.

엄마는 ＿＿＿＿＿＿＿＿＿＿＿＿＿＿＿＿＿＿＿＿＿＿＿＿＿ 아실 수 있다.

구문 Plus 1 「**am/are/is＋동사의 -ing형**」: ~하고 있다, ~하는 중이다

TIP 현재진행형은 현재 어떤 동작이 진행되고 있는 상황을 나타내요.

Thomas **is washing** the car for his parents.

토마스는 부모님을 위해 ＿＿＿＿＿＿＿＿＿＿＿＿＿＿＿＿＿＿＿＿.

구문 Plus 2 「**조동사＋동사원형1＋or＋(조동사＋)동사원형2**」

TIP 접속사 or는 문법적인 성격이 같은 단어, 문장 등을 연결해요. 위 구조에서 or 뒤에 반복되는 조동사는 주로 생략돼요.

Next Sunday, I **will visit** the museum, **go** to the park, **or relax** at home.

다음 주 일요일에, 나는 박물관에 방문하거나, ＿＿＿＿＿＿＿＿＿＿＿＿＿＿.

직독직해 Practice

✔ 각 문장의 주어에는 밑줄을, 동사에는 동그라미 해보세요.

✔ 그다음 끊어 읽기한 부분에 주의하여 빈칸에 해석을 써보세요.

1 Now, / he can only tell // if it's light or dark outside. **Hint** 주어 2개, 동사 2개

➔ ＿＿＿＿＿＿＿, / ＿＿＿＿＿＿＿＿＿＿＿＿＿＿ // ＿＿＿＿＿＿＿＿＿＿＿＿.

2 However, / an app, "Be My Eyes," is helping him / every day!

➔ ＿＿＿＿＿＿＿, / ＿＿＿＿＿＿＿＿＿＿＿＿＿＿＿＿＿ / ＿＿＿＿＿＿＿!

3 They can read product labels or mail / for him, / describe photos, / or even guide him / to a specific place. **Hint** 주어 1개, 동사 3개

➔ ＿＿＿＿＿＿＿＿＿＿＿＿＿＿＿ / ＿＿＿＿＿＿＿, / ＿＿＿＿＿＿＿＿＿, / ＿＿＿＿＿＿＿＿＿＿＿ / ＿＿＿＿＿＿＿.

 내신 맛보기

어휘 Practice

1 다음 단어의 우리말 뜻이 잘못된 것은?

① through: ~을 통해   ② lose: 잃다   ③ describe: 묘사하다
④ add: 제거하다   ⑤ blind: 앞을 못 보는, 눈이 먼

2 다음 우리말과 의미가 같도록 빈칸에 알맞은 단어를 〈보기〉에서 찾아 쓰세요.

| 보기 |
| label   sight   function   product   connect   upgrade |

(1) 시력이 나쁘다: have bad eye _____
(2) 심장의 기능을 확인하다: check the _____ of a heart
(3) 자원봉사자들을 지역 행사와 연결하다: _____ volunteers with local events
(4) 상표를 제거하다: remove the _____

서술형 Practice

[3-4] 배열 영작 다음 우리말과 의미가 같도록 주어진 단어를 올바르게 배열하세요.

3 나는 물어볼 것이다 / 그가 길을 아는지 / 역으로 가는.
↳ 나는 그가 역으로 가는 길을 아는지 물어볼 것이다.

(he / the way / if / knows / to the station)

→ I'll ask _____ .

4 도시가 개발하고 있다 / 새로운 공원을 / 우리 학교 근처에.
↳ 도시가 우리 학교 근처에 새로운 공원을 개발하고 있다.

(developing / the city / a new park / is)

→ _____ near our school.

5 조건 영작 다음 우리말과 의미가 같도록 주어진 단어를 사용하여 문장을 완성하세요.

| 쉬는 시간 동안, 여러분은 다른 사람들과 대화를 나누거나, 간식을 먹거나, 화장실에 가셔도 됩니다.
(can, have, talk, go) |

→ During the break, you _____ _____ to other people, _____
    some snacks, _____ _____ to the restroom.

11 냄새만 맡아도 위험해요!

정답과 해설 p.79

직독직해가 쉬워지는 구문

✅ Reading의 필수 구문 3개를 확인한 후, 각 문장의 해석을 완성하세요.

1일 1문장 구문 **'목적'을 나타내는 「to+동사원형」:** ~하기 위해

TIP 문장의 동사가 stop일 때, 「stop v-ing(~하는 것을 멈추다)」와 해석을 혼동하지 않도록 주의하세요.

I stopped **to ask** for direction to the station.

나는 역으로 가는 방향을 _____ 멈췄다.

구문 Plus 1 **「명사+과거분사(p.p.) ~」:** ~하게 된, ~된 (명사)

TIP 과거분사가 이끄는 구는 명사를 뒤에서 형용사처럼 꾸며 줄 수 있어요.

He gave me the cake **decorated** with chocolate and strawberries.

그는 나에게 _____ 주었다.

구문 Plus 2 **「warn+A(목적어)+not+to부정사」:** A에게 ~하지 말라고 경고하다

TIP to부정사의 부정형은 to 바로 앞에 not을 붙이면 돼요.

She **warned** us **not to eat** food on the subway.

그녀는 우리에게 지하철에서 _____ .

직독직해 Practice

✅ 각 문장의 주어에는 밑줄을, 동사에는 동그라미 해보세요.

✅ 그다음 끊어 읽기한 부분에 주의하여 빈칸에 해석을 써보세요.

1 However, / don't stop / to smell the flowers / in its Poison Garden // — they can actually poison you! **Hint** 주어 1개, 동사 2개

→ _____, / _____ / _____ / _____
_____ // — _____!

2 Then in 2005, / Jane added a special garden / called "the Poison Garden."

→ _____, / _____ / _____ .

3 Signs in the Poison Garden / warn visitors / not to touch or smell anything.

→ _____ / _____ / _____
_____ .

어휘 Practice

1 다음 단어의 우리말 뜻이 잘못된 것은?

① worldwide: 세계적으로　　② danger: 위험　　③ recreate: 창조하다

④ scenery: 풍경, 경치　　⑤ effect: 영향, 효과

2 다음 우리말과 의미가 같도록 빈칸에 알맞은 단어를 〈보기〉에서 찾아 쓰세요.

보기
despite　　forget　　safety　　plant　　decide

(1) 일찍 자기로 결심하다: _____ to go to bed early

(2) 바쁜 일정에도 불구하고: _____ the busy schedule

(3) 안전 수칙을 지키다: follow the _____ rules

3 다음 우리말과 의미가 같도록 빈칸에 알맞은 표현을 쓰세요.

> William은 그의 시계를 아들에게 물려주길 원했다.

→ William wanted to _____ _____ his watch to his son.

서술형 Practice

[4-5] 배열 영작 다음 우리말과 의미가 같도록 주어진 단어를 올바르게 배열하세요.

4 그 그림은 / 벽에 전시된 / 아름답다.

↳ 벽에 전시된 그 그림은 아름답다.

(on the wall / the painting / is / beautiful / displayed)

→ _____ .

5 James는 자주 간다 / 그 공원에 / 산책시키기 위해 / 그의 개를.

↳ James는 그의 개를 산책시키기 위해 그 공원에 자주 간다.

(his dog / to the park / to walk / goes)

→ James often _____ .

6 조건 영작 다음 우리말과 의미가 같도록 주어진 단어를 사용하여 문장을 완성하세요.

> 안전 요원은 사람들에게 수영장으로 다이빙하지 말라고 경고했다. (dive, warn, people)

→ The lifeguard _____ into the pool.

12 편지 한 통으로 변화를 만든 소녀

정답과 해설 p.79

직독직해가 쉬워지는 구문

✓ Reading의 필수 구문 3개를 확인한 후, 각 문장의 해석을 완성하세요.

1일 1문장 구문 「ask+A(목적어)+to부정사」: A에게 ~해 달라고 부탁[요청]하다

My older brother **asked** me **to bring** some water.
나의 오빠는 _____.

구문 Plus 1 「was/were+동사의 -ing형」: ~하고 있었다, ~하는 중이었다

TIP 과거 시점에 어떤 동작이 진행되고 있을 때 쓰여요.

He **was cooking** dinner when the guests arrived.
손님들이 도착했을 때 그는 _____.

구문 Plus 2 「look like+명사」: ~처럼 보이다

TIP 동사 look은 「look+형용사」 또는 「look like+명사」의 형태로 쓰일 수 있어요.

The puppy **looks like** a small bear.
그 강아지는 _____.

직독직해 Practice

✓ 각 문장의 주어에는 밑줄을, 동사에는 동그라미 해보세요.

✓ 그다음 끊어 읽기한 부분에 주의하여 빈칸에 해석을 써보세요.

1 I asked them / to make more characters / wearing glasses.

→ _____ / _____ / _____.

2 The idea started // when my mom was looking for an emoji / for me. **Hint** 주어 2개, 동사 2개

→ _____ // _____ / _____.

3 There were few emojis with glasses, // and they didn't look like me. **Hint** 주어 2개, 동사 2개

→ _____, // _____.

 내신 맛보기

어휘 Practice

1 다음 빈칸에 들어갈 단어로 가장 알맞은 것은?

He loves to _____ his cooking experience with others.

① ask   ② send   ③ wear   ④ join   ⑤ share

2 다음 대화의 빈칸에 들어갈 알맞은 단어는?

A: I finished reading this book.
B: What do you think of the main _____ in that book?
A: I think he is really brave.

① tech   ② emoji   ③ novel   ④ character   ⑤ campaign

3 다음 우리말과 의미가 같도록 빈칸에 알맞은 표현을 쓰세요.

나는 영화 선택에 대해 내 친구의 의견에 동의한다.

→ I _____ _____ my friend about the movie choice.

서술형 Practice

[4-5] 배열 영작 다음 우리말과 의미가 같도록 주어진 단어를 올바르게 배열하세요.

4 John은 나에게 부탁했다 / 이 책들을 빌려와 달라고 / 도서관에서.
↳ John은 나에게 도서관에서 이 책들을 빌려와 달라고 부탁했다.

(me / John / to borrow / asked / these books)

→ _____ from the library.

5 그 나무는 ~해 보였다 / 거대한 괴물처럼 / 밤에.
↳ 그 나무는 밤에 거대한 괴물처럼 보였다.

(like / the tree / a giant monster / looked)

→ _____ at night.

6 조건 영작 다음 우리말과 의미가 같도록 주어진 단어를 사용하여 문장을 완성하세요.

비가 내리기 시작했을 때 나는 학교에 걸어가는 중이었다. (walk)

→ I _____ to school when it started to rain.

13 행복을 되찾은 퍼핀 새

정답과 해설 p.80

직독직해가 쉬워지는 구문

✓ Reading의 필수 구문 3개를 확인한 후, 각 문장의 해석을 완성하세요.

1일 1문장 구문 「**help＋A(목적어)＋동사원형**」: A가 ~하도록 돕다

TIP 동사가 help일 때, 동사원형 대신 to부정사도 쓰일 수 있어요.

She **helped** her little brother **tie** his shoes.

그녀는 남동생이 _____.

구문 Plus 1 「**명사＋현재분사(v-ing) ~**」: ~하는, ~하고 있는 (명사)

TIP 현재분사(v-ing)가 이끄는 어구가 바로 앞의 명사를 꾸며 줄 수 있어요.

Can you count the stars **shining** brightly in the sky?

하늘에서 밝게 _____ 너는 셀 수 있니?

구문 Plus 2 「**am/are/is＋getting＋형용사의 비교급**」: 점점 더 (어떤 상태가) 되고 있다

TIP 「get＋형용사」의 구조일 때, 현재진행형과 형용사의 비교급이 함께 쓰여 '점점' 어떤 상태가 되어 가고 있다는 것을 강조해요.

The prices **are getting higher** at the grocery store.

식료품 가게에서 _____.

직독직해 Practice

✓ 각 문장의 주어에는 밑줄을, 동사에는 동그라미 해보세요.

✓ 그다음 끊어 읽기한 부분에 주의하여 빈칸에 해석을 써보세요.

1 This effort could help / puffins stay in the area.

→ _____ / _____.

2 Puffins are cute birds / living near the ocean / in the North Atlantic.

→ _____ / _____ / _____.

3 The Earth and the ocean are getting warmer, // and this put puffins in danger. **Hint** 주어 2개, 동사 2개

→ _____, // _____.

 맛보기

어휘 Practice

1 다음 단어의 우리말 뜻이 <u>잘못된</u> 것은?

① tourist: 관광객   ② ocean: 바다, 대양   ③ species: 구체적인

④ once: 한때, 한동안   ⑤ name: ~의 이름을 짓다

2 다음 밑줄 친 단어와 반대 의미의 단어는?

> The ring has a <u>real</u> diamond in the center.

① few   ② effort   ③ fake   ④ friendly   ⑤ endangered

3 다음 우리말과 의미가 같도록 빈칸에 알맞은 표현을 쓰세요.

> 그는 최선을 다하지 않았다. 결과적으로, 그는 결승전에서 이길 수 없었다.

→ He didn't do his best. _____ _____ _____, he couldn't win in
the finals.

서술형 Practice

[4-5] 배열 영작 다음 우리말과 의미가 같도록 주어진 단어를 올바르게 배열하세요.

4 그녀의 두통이 / 점점 더 심해지고 있다, / 그래서 그녀는 의사에게 진찰받으러 갈 것이다.
↳ 그녀의 두통이 점점 더 심해져서, 의사에게 진찰받으러 갈 것이다.

(worse / her headache / getting / is)

→ _____, so she's going to see a doctor.

5 이 웹사이트는 / 도울 것이다 / 아이들이 배우도록 / 과학에 관해.
↳ 이 웹사이트는 아이들이 과학에 관해 배우도록 도울 것이다.

(learn / will help / about / this website / science / kids)

→ _____.

6 조건 영작 다음 우리말과 의미가 같도록 주어진 단어를 사용하여 문장을 완성하세요.

> 사람들은 숲속에서 빠르게 번지고 있는 불에 대해 걱정했다. (spread, the fire)

→ People worried about _____ _____ fast in the forest.

14 지구와 충돌할 수 있을까요?

정답과 해설 p.80

직독직해가 쉬워지는 구문

✔ Reading의 필수 구문 3개를 확인한 후, 각 문장의 해석을 완성하세요.

1일 1문장 구문 「명사+현재분사(v-ing) ~」: ~하는, ~하고 있는 (명사)

TIP 특히 꾸밈을 받는 명사가 문장의 주어일 때, 현재분사구 때문에 문장의 동사와 멀어지므로 해석에 주의하세요.

The woman **running** along the beach is my sister.

_____ 그 여자는 나의 언니다.

구문 Plus 1 「if+주어+동사 ~ (or not)」: ~가 …인지 (아닌지)

TIP '~인지 아닌지'라는 의미를 강조하기 위해 문장 뒤에 or not을 붙이기도 해요.

I want to see **if** the museum is open today.

저는 _____ 알고 싶어요.

구문 Plus 2 「say+(that)+주어+동사 ~」: ~하다고 말하다

TIP 동사의 목적어절을 이끄는 접속사 that은 생략되는 경우가 많아요.

People **say that** the restaurant has good service.

사람들은 _____.

직독직해 Practice

✔ 각 문장의 주어에는 밑줄을, 동사에는 동그라미 해보세요.

✔ 그다음 끊어 읽기한 부분에 주의하여 빈칸에 해석을 써보세요.

1 Asteroids hitting the Earth / is a common story / in movies.   *asteroid 소행성

→ _____ / _____ / _____.

2 NASA wanted to see // if hitting an asteroid could change its path. Hint 주어 2개, 동사 2개

→ _____ // _____.

3 Scientists say // that right now, / the chance of an asteroid hitting the Earth / is very low.

Hint 주어 2개, 동사 2개

→ _____ // _____, / _____ /

_____.

어휘 Practice

1 다음 단어의 우리말 뜻이 <u>잘못된</u> 것은?

① crash into: ~와 충돌하다   ② even if: (비록) ~일지라도

③ in real life: 현실에서는   ④ at least: 최대한

⑤ be likely to-v: ~할 것 같다

2 다음 빈칸에 공통으로 들어갈 단어로 가장 알맞은 것은?

> • The dog loves to _____ its owner everywhere.
> • He decided to _____ the doctor's advice carefully.

① hit   ② send   ③ build   ④ happen   ⑤ follow

3 다음 영영 풀이가 설명하는 단어로 가장 알맞은 것은?

> having the results wanted or hoped for

① rare   ② path   ③ still   ④ common   ⑤ successful

서술형 Practice

[4-5] 배열 영작 다음 우리말과 의미가 같도록 주어진 단어를 올바르게 배열하세요.

4 그들은 말했다 / 그들은 아주 좋은 시간을 보냈다고 / 콘서트에서.

    ↳ 그들은 콘서트에서 아주 좋은 시간을 보냈다고 말했다.

(that / had / they / a great time / said / they)

→ _____ at the concert.

5 바람이 / 나무들 사이로 불어오는 / 상쾌하다.

    ↳ 나무들 사이로 불어오는 바람이 상쾌하다.

(is / through / the wind / refreshing / blowing / the trees)

→ _____ .

6 조건 영작 다음 우리말과 의미가 같도록 주어진 단어를 사용하여 문장을 완성하세요.

> 나는 그 영화가 볼 가치가 있는지 알고 싶다. (the movie, know, be)

→ I want to _____ _____ _____ _____

_____ worth watching.

15 미끄러워도 함께라면 할 수 있어요

정답과 해설 p.81

직독직해가 쉬워지는 구문

✔ Reading의 필수 구문 3개를 확인한 후, 각 문장의 해석을 완성하세요.

1일 1문장 구문 「**It(가주어) ~ to+동사원형(진주어) ...**」: …하는 것은 ~하다

TIP 이때 가주어 It은 뜻이 없어요.

It's not possible **to change** the past.

_____ 가능하지 않다.

구문 Plus 1 「**help+A(목적어)+동사원형**」: A가 ~하도록 돕다

TIP 동사가 help일 때, 동사원형 대신 to부정사도 쓰일 수 있어요.

This app **helped** us **find** the way to the cafe.

이 앱은 우리가 카페로 가는 길을 _____ .

구문 Plus 2 「**teach+A(간접목적어)+B(직접목적어)**」: A에게 B를 가르치다

TIP 동사 teach 뒤에는 목적어가 두 개 올 수 있는데 A에는 주로 사람, B에는 주로 사물이 쓰여요.
「teach B to A」로도 바꿔 쓸 수 있어요.

The experience **taught me a few lessons**.

그 경험은 _____ .

직독직해 Practice

✔ 각 문장의 주어에는 밑줄을, 동사에는 동그라미 해보세요.

✔ 그다음 끊어 읽기한 부분에 주의하여 빈칸에 해석을 써보세요.

1 However, / the poles are really slippery and tall, // so it's not possible / to climb them alone.

Hint 주어 3개, 동사 2개

→ _____ , / _____ , // _____ /

_____ .

2 They form teams / and help each other climb. Hint 주어 1개, 동사 2개

→ _____ / _____ .

3 Panjat Pinang teaches people / the importance / of teamwork and cooperation.

→ _____ / _____ / _____ .

어휘 Practice

1 다음 단어의 우리말 뜻이 <u>잘못된</u> 것은?

① celebrate: 기념하다, 축하하다　　　② impossible: 가능한

③ cooperation: 협력, 협동　　　　　　④ pole: 막대기, 기둥

⑤ unique: 독특한

2 다음 우리말과 의미가 같도록 빈칸에 알맞은 표현을 쓰세요.

> 우리 학교 축제는 10월에 개최될 것이다.

→ Our school festival will _____ _____ in October.

3 다음 짝지어진 단어끼리 같은 관계가 되도록 빈칸에 알맞은 단어를 쓰세요.

> important : importance = independent : _____

서술형 Practice

[4-5] 배열 영작 다음 우리말과 의미가 같도록 주어진 단어를 올바르게 배열하세요.

4 중요하다 / 유지하는 것은 / 건강한 생활 방식을.
↳ 건강한 생활 방식을 유지하는 것은 중요하다.

(to / a healthy lifestyle / it / keep / important / is)

→ _____ .

5 그녀는 가르친다 / 고등학생들에게 / 역사를.
↳ 그녀는 고등학생들에게 역사를 가르친다.

(high school students / she / history / teaches)

→ _____ .

6 조건 영작 다음 우리말과 의미가 같도록 주어진 단어를 사용하여 문장을 완성하세요.

> Jenny는 내가 신발을 고르는 것을 도와줬다. (choose, help)

→ Jenny _____ _____ _____ the shoes.

16 축구 게임의 새로운 변화

정답과 해설 p.81

직독직해가 쉬워지는 구문

✓ Reading의 필수 구문 3개를 확인한 후, 각 문장의 해석을 완성하세요.

1일 1문장 구문 「**have/has not＋p.p.(과거분사) ~ yet**」: 아직 ~하지 않았다

He **hasn't checked** his email yet.

그는 아직 이메일을 _____.

구문 Plus 1 「**start to-v**」: ~하는 것을[~하기] 시작하나

TIP 동사 start는 목적어로 to-v(to부정사)와 v-ing(동명사) 모두 쓸 수 있어요. 이때 의미 차이는 없어요.

It **started to rain** in Seoul after lunch.

점심 후에 서울에서는 _____.

구문 Plus 2 「**so＋주어＋동사 ~**」: 그래서, ~해서

TIP 접속사 so가 이끄는 절의 앞 내용에는 '이유'가 나와요.

We were bored with the movie, **so** we left the theater early.

우리는 그 영화가 지루했다, _____.

직독직해 Practice

✓ 각 문장의 주어에는 밑줄을, 동사에는 동그라미 해보세요.

✓ 그다음 끊어 읽기한 부분에 주의하여 빈칸에 해석을 써보세요.

1 But, / FIFA hasn't approved / the use of the white card / yet.

→ _____, / _____ / _____ /

_____.

2 In Portugal, / a referee named Catarina Campos / started to use the white card / first.   *referee 심판

→ _____, / _____ / _____

_____ / _____.

3 The referee was moved / by their quick response // so she gave them a white card!   **Hint** 주어 2개, 동사 2개

→ _____ / _____ // _____

_____!

 맛보기

어휘 Practice

1 다음 영영 풀이가 설명하는 단어로 가장 알맞은 것은?

> a person who teaches and trains the members of a sports team

① both ② rule ③ coach ④ crowd ⑤ behavior

2 다음 빈칸에 공통으로 들어갈 단어로 가장 알맞은 것은?

> • The _____ staff at the hospital helps people feel better.
> • Some _____ research focuses on preventing diseases.

① quick ② response ③ approve ④ follow ⑤ medical

3 다음 우리말과 의미가 같도록 빈칸에 주어진 철자로 시작하는 단어를 쓰세요.

> 그녀는 친구들의 친절함에 감동받았다.

→ She was m_____ by the kindness of her friends.

서술형 Practice

[4-5] 배열 영작 다음 우리말과 의미가 같도록 주어진 단어를 올바르게 배열하세요.

4 그녀는 머리가 아팠다, / 그래서 그녀는 먹었다 / 약간의 약을.
  ↳ 그녀는 머리가 아파서 약을 조금 먹었다.

(she / she / some medicine / a headache / took / had / so)

→ _____ , _____ .

5 내 친구는 시작했다 / 그림 그리는 것을 / 취미로.
  ↳ 내 친구는 취미로 그림 그리기를 시작했다.

(to draw / friend / pictures / started / my)

→ _____ as a hobby.

6 조건 영작 다음 우리말과 의미가 같도록 주어진 단어를 사용하여 문장을 완성하세요.

> Mark는 아직 내게 그의 여름방학 계획을 말해주지 않았다. (tell, have, yet)

→ Mark _____ _____ me his summer vacation plans _____ .

17 고대 중국에서 시작된 예술

직독직해가 쉬워지는 구문

✅ Reading의 필수 구문 3개를 확인한 후, 각 문장의 해석을 완성하세요.

1일 1문장 구문 「(대)명사+to부정사」: ~하는, ~할 (명사)

TIP 이때 to부정사는 앞에 오는 (대)명사를 형용사처럼 꾸며 주는 역할을 해요.

My dad told me some tips **to save** money.

아빠는 나에게 _____ 을 말씀해 주셨다.

구문 Plus 1 「was/were+동사의 -ing형」: ~하고 있었다, ~하는 중이었다

TIP 과거의 특정한 때에 진행 중이었던 일을 나타낼 때 과거진행형으로 표현해요.

The boy **was cutting** the paper in the shape of a circle.

그 소년은 종이를 원 모양으로 _____ .

구문 Plus 2 「전치사 like+명사」: (예를 들어) ~같은

TIP like는 전치사로도 쓰이는데, '~같은/~처럼/~와 비슷한' 등 다양한 의미를 나타내요.

At the store, they sell fruits **like** apples and oranges.

그 가게에서, 그들은 _____ 판매한다.

직독직해 Practice

✅ 각 문장의 주어에는 밑줄을, 동사에는 동그라미 해보세요.

✅ 그다음 끊어 읽기한 부분에 주의하여 빈칸에 해석을 써보세요.

1 Although the picture disappears / in just 20 minutes, // that's enough time / to enjoy the beautiful designs! **Hint** 주어 2개, 동사 2개

→ _____ / _____ , // _____ / _____ !

2 Interestingly, / something similar was happening / thousands of years ago / in China!

→ _____ , / _____ / _____ / _____ !

3 After that, / they used a special spoon / to draw pictures, / like bamboo and mountains.

→ _____ , / _____ / _____ , / _____ .

어휘 Practice

1 다음 단어의 우리말 뜻이 <u>잘못된</u> 것은?

① mix: 섞다 ② trick: 묘기 ③ bamboo: 대나무

④ modern: 고대의 ⑤ clear: 투명한, 맑은

2 다음 대화의 빈칸에 들어갈 단어로 가장 알맞은 것은?

> **A:** How are these two dishes _____ in taste?
> **B:** This dish is spicy, but that one is sweet.

① ancient ② different ③ creative ④ beautiful ⑤ interesting

3 다음 영영 풀이가 설명하는 단어로 가장 알맞은 것은?

> to become impossible to see

① decorate ② happen ③ disappear ④ mean ⑤ become

서술형 Practice

[4-5] 배열 영작 다음 우리말과 의미가 같도록 주어진 단어를 올바르게 배열하세요.

4 나는 알고 있다 / 특별한 장소를 / 별똥별들을 볼 / 오늘 밤.
  ↳ 나는 오늘 밤 별똥별들을 볼 특별한 장소를 알고 있다.

(a special place / I / to see / know / the shooting stars)

→ _____ tonight.

5 정원에서, / 우리는 채소를 기른다 / 토마토와 당근 같은.
  ↳ 정원에서, 우리는 토마토와 당근과 같은 채소를 기른다.

(carrots / vegetables / like / and / grow / tomatoes / we)

→ In the garden, _____ .

6 조건 영작 다음 우리말과 의미가 같도록 주어진 단어를 사용하여 문장을 완성하세요.

> 내가 집에 도착했을 때 내 여동생은 피아노를 연습하는 중이었다. (practice)

→ My sister _____ the piano when I arrived home.

18 식물도 말을 할 수 있을까요?

정답과 해설 p.82

직독직해가 쉬워지는 구문

✔ Reading의 필수 구문 3개를 확인한 후, 각 문장의 해석을 완성하세요.

1일 1문장 구문 「**even though**＋주어＋동사 ～」: (비록) ～이긴 하지만

Even though she didn't feel well, she went to school.

_____, 그녀는 학교에 갔다.

구문 Plus 1 「**like**＋주어＋동사 ～」: ～처럼, ～대로

TIP like는 접속사로도 쓰여 뒤에 「주어＋동사」가 있는 절을 이끌어요.

He enjoys reading books, just **like** his sister does.

그는 _____ 책 읽는 것을 즐긴다.

구문 Plus 2 「**forget to-v**」: ～할 것을 잊어버리다

TIP 동사 forget은 목적어로 v-ing(동명사)도 취할 수 있는데, 이때는 '(과거에) ～한 것을 잊어버리다'는 뜻으로 의미가 달라지므로 주의하세요.

I **forgot to buy** milk on the way home.

나는 집에 오는 길에 _____.

직독직해 Practice

✔ 각 문장의 주어에는 밑줄을, 동사에는 동그라미 해보세요.

✔ 그다음 끊어 읽기한 부분에 주의하여 빈칸에 해석을 써보세요.

1 Even though you can't hear anything, // they might be shouting / for help! **Hint** 주어 2개, 동사 2개

→ _____, // _____ /

_____!

2 This shows / that plants react to stress, // just like we do. **Hint** 주어 3개, 동사 3개

→ _____ / _____, // _____.

3 So, / if you're taking care of plants, // don't forget / to give them water. **Hint** 주어 1개, 동사 2개

→ _____, / _____, // _____ /

_____.

1 다음 밑줄 친 단어와 반대 의미의 단어는?

I found a <u>tiny</u> hole in my favorite sweater.

① unique   ② huge   ③ stressed   ④ surprising   ⑤ several

2 다음 영영 풀이가 설명하는 단어로 가장 알맞은 것은?

a fact that is kept hidden from other people

① stem   ② microphone   ③ tip   ④ sound   ⑤ secret

3 다음 빈칸에 공통으로 들어갈 단어로 가장 알맞은 것은?

- Dogs _____ to their owner's voice.
- Plants _____ to sunlight by growing towards it.

① mean   ② study   ③ react   ④ discover   ⑤ communicate

[4-5] 배열 영작 다음 우리말과 의미가 같도록 주어진 단어를 올바르게 배열하세요.

4 나는 시도해 봤다 / 그 새로운 식당을 / 내 친구가 제안한 대로.

↳ 나는 내 친구가 제안한 대로 그 새로운 식당을 시도해 봤다.

(my friend / tried / suggested / like / the new restaurant)

→ I _____.

5 비록 나는 피곤하지만, / 나는 끝낼 것이다 / 내 모든 숙제를 / 그리고 잘 것이다.

↳ 나는 피곤하긴 하지만, 내 숙제를 다 끝내고 잘 것이다.

(tired / all my homework / I'm / I'll / even though / finish)

→ _____, _____ and go to bed.

6 조건 영작 다음 우리말과 의미가 같도록 주어진 단어를 사용하여 문장을 완성하세요.

외출할 때 에어컨 끄는 것을 잊지 마세요. (turn off, forget)

→ Don't _____ _____ _____ _____ the air

conditioner when you go out.

19 알래스카의 한 마을에 닥친 위험

정답과 해설 p.83

직독직해가 쉬워지는 구문

✓ Reading의 필수 구문 3개를 확인한 후, 각 문장의 해석을 완성하세요.

1일 1문장 구문 「**make＋A(목적어)＋동사원형**」: A가 ～하게 하다[만들다]

The coach **made** the team **practice** every day.

그 코치는 _____.

구문 Plus 1 「**have/has to＋동사원형**」: ～해야 한다 (의무)

TIP have/has to는 조동사이므로 뒤에 항상 동사원형이 와요.

Every student **has to** check the library rules.

모든 학생은 도서관 규칙을 _____.

구문 Plus 2 「**(대)명사＋to부정사**」: ～하는[～할] (명사)

TIP to부정사는 앞에 오는 (대)명사를 꾸며 주는 형용사 역할을 해요.

I have a lot of homework **to finish** today.

나는 오늘 _____가 많다.

직독직해 Practice

✓ 각 문장의 주어에는 밑줄을, 동사에는 동그라미 해보세요.

✓ 그다음 끊어 읽기한 부분에 주의하여 빈칸에 해석을 써보세요.

1 This is making / the ice inside the permafrost melt.   *permafrost 영구 동토층

→ _____ / _____.

2 That's why // Newtok has to move / to a safer place. **Hint** 주어 2개, 동사 2개

→ _____ // _____ / _____.

3 Newtok became / one of the first villages / to move / because of climate change.

→ _____ / _____ / _____ /

_____.

어휘 Practice

1 다음 영영 풀이가 설명하는 단어로 가장 알맞은 것은?

> the weather conditions of an area

① soil   ② warm   ③ frozen   ④ climate   ⑤ village

2 다음 빈칸에 들어갈 단어로 가장 알맞은 것은?

> The ice will _____ in a few seconds in this hot weather.

① make   ② get   ③ stay   ④ melt   ⑤ become

3 다음 우리말과 의미가 같도록 빈칸에 알맞은 단어를 〈보기〉에서 찾아 쓰세요.

> ┤ 보기 ├
>
> to   in   the   all   thanks   face   fact   time

(1) 큰 문제에 직면하다: _____ a big problem
(2) 당신의 도움 덕분에: _____ _____ your help
(3) 항상 평온한 채로 있다: stay calm _____ _____ _____

서술형 Practice

[4-5] 배열 영작 다음 우리말과 의미가 같도록 주어진 단어를 올바르게 배열하세요.

4 선생님은 / 우리가 영어책을 읽게 하셨다 / 숙제로.
  ↳ 선생님은 숙제로 우리가 영어책을 읽게 하셨다.

(made / read / the teacher / us / an English book)

→ _____ for homework.

5 그는 갖고 있다 / 반납할 책을 / 도서관에 / 금요일까지.
  ↳ 그는 금요일까지 도서관에 반납해야 할 책이 있다.

(a book / to the library / he / to return / has)

→ _____ by Friday.

6 조건 영작 다음 우리말과 의미가 같도록 주어진 단어를 사용하여 문장을 완성하세요.

> 여러분 모두 수업 전에 휴대전화를 꺼야 합니다. (turn off)

→ You all _____ _____ _____ your phones before class.

20 반려동물을 위한 작곡가

정답과 해설 p.83

직독직해가 쉬워지는 구문

☑️ Reading의 필수 구문 3개를 확인한 후, 각 문장의 해석을 완성하세요.

1일 1문장 구문 「사람을 나타내는 명사(선행사)+[who+동사 ~]」: ~하는[~한] (명사)

TIP 관계대명사가 이끄는 절의 꾸밈을 받는 명사를 '선행사'라고 해요.

I like people **who** are kind to animals.

나는 _____ 좋아한다.

구문 Plus 1 「**both A and B**」: A와 B 둘 다

TIP 접속사 and가 연결하는 A와 B는 문법적으로 성격이 같아야 해요.

The concert was a wonderful experience for **both** the young **and** the old.

그 콘서트는 _____ 멋진 경험이었다.

구문 Plus 2 「**if+주어+동사 ~**」: (만약) ~한다면

TIP if가 이끄는 절은 '조건'을, 주절은 그 조건에 대한 '결과'를 나타내요.

If my younger sister is hungry, my dad gives her a snack.

_____, 아빠는 그녀에게 간식을 주신다.

직독직해 Practice

☑️ 각 문장의 주어에는 밑줄을, 동사에는 동그라미 해보세요.

☑️ 그다음 끊어 읽기한 부분에 주의하여 빈칸에 해석을 써보세요.

1 Noam Oxman is a composer // who writes special songs / to remember pets. **Hint** 주어 1개, 동사 2개

→ _____ // _____ / _____

_____ .

2 The results are fun / for both the eyes and the ears.

→ _____ / _____ .

3 If the pet is lively, // he makes happy music. **Hint** 주어 2개, 동사 2개

→ _____ , // _____ .

 내신 맛보기

어휘 Practice

1 다음 단어의 의미에 해당하는 것을 찾아 연결하세요.

(1) talent ·   · ⓐ full of energy and interest

(2) result ·   · ⓑ a natural ability to do something

(3) lively ·   · ⓒ something that happens because of something else

2 다음 빈칸에 공통으로 들어갈 단어로 가장 알맞은 것은?

• Melanie likes to _____ scary stories.
• We are going to _____ a poster for the school festival.

① lose   ② finish   ③ create   ④ combine   ⑤ remember

3 다음 짝지어진 단어끼리 같은 관계가 되도록 빈칸에 알맞은 단어를 쓰세요.

act : actor = compose : _____

서술형 Practice

[4-5] 배열 영작 다음 우리말과 의미가 같도록 주어진 단어를 올바르게 배열하세요.

4 그는 사촌이 있다 / 유명한 피아니스트인.

↳ 그에게는 유명한 피아니스트인 사촌이 있다.

(a cousin / is / a famous pianist / he / who / has)

→ _____ .

5 만약 날씨가 좋다면 / 내일 / 소풍 가자.

↳ 만약 내일 날씨가 좋으면, 소풍 가자.

(the weather / tomorrow / is / if / good)

→ _____ , let's go on a picnic.

6 조건 영작 다음 우리말과 의미가 같도록 주어진 단어를 사용하여 문장을 완성하세요.

그 박물관은 아이들과 부모님들 둘 다를 위한 활동들을 제공한다. (parents, children)

→ The museum offers activities for _____ _____ _____

_____ .

21 영국의 대관식에 꼭 필요한 것은?

정답과 해설 p.84

직독직해가 쉬워지는 구문

✅ Reading의 필수 구문 3개를 확인한 후, 각 문장의 해석을 완성하세요.

1일 1문장 구문 「**be used to＋동사원형**」: ~하는 데 사용되다

TIP be used는 동사 use의 수동태예요.

The brush **is used to clean** shoes.

그 솔은 _____.

구문 Plus 1 「**feel＋형용사**」: ~한 느낌[기분]이 들다

TIP 형용사 보어는 주어의 상태를 보충 설명해요.

He **felt tired** and **sleepy** after a busy day.

그는 바쁜 하루 후에 _____.

구문 Plus 2 「**feel like＋주어＋동사 ~**」: ~한 기분이 들다, ~하는 것 같다

TIP like가 전치사로 쓰일 땐 뒤에 명사가, 접속사로 쓰일 땐 뒤에 「주어＋동사」의 절이 올 수 있어요.

He **felt like** he wanted to study harder.

그는 _____.

직독직해 Practice

✅ 각 문장의 주어에는 밑줄을, 동사에는 동그라미 해보세요.

✅ 그다음 끊어 읽기한 부분에 주의하여 빈칸에 해석을 써보세요.

1 Originally, / the Stone of Destiny was used / to crown Scottish kings.　　*crown 왕위에 앉히다

→ _____, / _____ / _____.

2 Because of what the king did, / they felt sad and angry.　(Hint) 주어 2개, 동사 2개

→ _____, / _____.

3 They felt // like a missing part of their history was finally back!　(Hint) 주어 2개, 동사 2개

→ _____ // _____!

 **맛보기**

어휘 Practice

1 다음 단어의 우리말 뜻이 <u>잘못된</u> 것은?

① destiny: 운명　　　　② ceremony: 식, 의식　　　　③ originally: 원래, 본래

④ rectangular: 정사각형의　　　　⑤ officially: 공식적으로

2 다음 영영 풀이가 설명하는 단어로 가장 알맞은 것은?

> something is not in its usual place, so you cannot find it

① finally　　　　② missing　　　　③ return　　　　④ history　　　　⑤ government

3 다음 우리말과 의미가 같도록 빈칸에 주어진 철자로 시작하는 단어를 쓰세요.

(1) 이 상자는 무게가 얼마나 나가나요?

→ How much does this box w_____?

(2) 어린이들은 자기 그림을 부모님에게 자랑하기를 좋아한다.

→ Kids like to s_____ o_____ their drawings to their parents.

서술형 Practice

[4-5] **배열 영작** 다음 우리말과 의미가 같도록 주어진 단어를 올바르게 배열하세요.

4 그들의 학교 첫날 전에, / 그들은 신이 났다 / 그리고 긴장했다.

　↳ 그들은 학교 첫날 전에 신이 나고 긴장했다.

(nervous / they / and / excited / felt)

→ Before their first day of school, _____.

5 그는 ~한 기분이 들었다 / 그가 사과해야 한다는 / 그 실수에 대해.

　↳ 그는 그 실수에 대해 그가 사과해야 할 것 같았다.

(for the mistake / felt / he / he / apologize / like / should)

→ _____.

6 **조건 영작** 다음 우리말과 의미가 같도록 주어진 단어를 사용하여 문장을 완성하세요.

> 옛날에는 어둠 속에서 빛을 제공하는 데 양초들이 사용되었다. (provide, use)

→ Long ago, candles _____ _____ _____

light in the dark.

22 음식을 구조한다고요?

정답과 해설 p.84

직독직해가 쉬워지는 구문

✓ Reading의 필수 구문 3개를 확인한 후, 각 문장의 해석을 완성하세요.

1일 1문장 구문 「**will be able to + 동사원형**」: ~할 수 있을 것이다

TIP will be able to는 '미래의 능력, 가능'을 나타내요.

Alison **will be able to be** a doctor if she studies hard.
Alison은 열심히 공부하면 _____.

구문 Plus 1 「**사람을 나타내는 명사(선행사) + [who + 동사 ~]**」: ~하는[~한] (명사)

TIP 관계대명사 who는 선행사가 사람일 때 쓰여요.

He introduced his friend Mark **who** is an excellent cook to me.
그는 내게 _____ 소개했다.

구문 Plus 2 「**give + B(직접목적어) + to + A(간접목적어)**」: A에게 B를 주다

TIP 「give + A(간접목적어) + B(직접목적어)」로도 바꿔 쓸 수 있으며, 어순에 주의하세요.

She **gave** a backpack **to** her brother as a gift.
그녀는 선물로 _____ 주었다.

직독직해 Practice

✓ 각 문장의 주어에는 밑줄을, 동사에는 동그라미 해보세요.

✓ 그다음 끊어 읽기한 부분에 주의하여 빈칸에 해석을 써보세요.

1 You will also be able to help / people in need!

→ _____ / _____ !

2 Our goal is to make sure // food goes / to people who are hungry. Hint 주어 2개, 동사 3개

→ _____ // _____ / _____

_____ .

3 Then, / we give this food / to people // who really need it. Hint 주어 1개, 동사 2개

→ _____ , / _____ / _____ // _____

_____ .

 내신 맛보기

어휘 Practice

1 다음 영영 풀이가 설명하는 단어로 가장 알맞은 것은?

> to stop something from happening

① join　　　② deliver　　　③ rescue　　　④ prevent　　　⑤ work

2 다음 우리말과 의미가 같도록 빈칸에 알맞은 단어를 〈보기〉에서 찾아 쓰세요.

> | 보기 |
> goal　　　leftover　　　group　　　waste　　　against

(1) 음식물 쓰레기를 버리다: throw away food ＿＿＿＿＿＿＿

(2) 범죄와의 싸움: the fight ＿＿＿＿＿＿＿ crime

(3) 남은 음식을 수거하다: collect ＿＿＿＿＿＿＿ food

3 다음 우리말과 의미가 같도록 빈칸에 주어진 철자로 시작하는 단어를 쓰세요.

> 세계의 일부 지역에서는, 어린이들이 아직도 굶주림으로 사망한다.

→ In some parts of the world, children still die from h＿＿＿＿＿＿＿.

서술형 Practice

[4-5] 배열 영작 다음 우리말과 의미가 같도록 주어진 단어를 올바르게 배열하세요.

4 그는 동물원 사육사이다 / 판다들을 돌보는.
　↳ 그는 판다들을 돌보는 동물원 사육사이다.

(he / who / is / the pandas / a zookeeper / takes care of)

→ ＿＿＿＿＿＿＿＿＿＿＿＿＿＿＿＿＿＿＿＿＿.

5 Emily는 주었다 / 당근을 말에게 / 농장에 있는.
　↳ Emily는 농장에 있는 말에게 당근을 주었다.

(on the farm / Emily / the horse / gave / to / a carrot)

→ ＿＿＿＿＿＿＿＿＿＿＿＿＿＿＿＿＿＿＿＿＿.

6 조건 영작 다음 우리말과 의미가 같도록 주어진 단어를 사용하여 문장을 완성하세요.

> 기부금으로, 우리는 어려움에 처한 사람들을 도울 수 있을 것이다. (help, able)

→ With the donation, we ＿＿＿＿＿＿＿＿ ＿＿＿＿＿＿＿＿

＿＿＿＿＿＿＿＿ the people in need.

23 초콜릿 눈이 내린다면…

정답과 해설 **p.85**

직독직해가 쉬워지는 구문

✅ Reading의 필수 구문 3개를 확인한 후, 각 문장의 해석을 완성하세요.

1일 1문장 구문 「tell+A(간접목적어)+that+주어+동사 ~」: A에게 ~하다고 말하다

TIP 접속사 that이 이끄는 절은 직접목적어 자리에도 쓰일 수 있어요.

She **told** her parents **that** she wanted to go on a trip.

그녀는 _____ 말했다.

구문 Plus ① 「That's why+주어+동사 ~」: 그것이 ~한 이유이다, 그래서 ~이다

TIP 이때 That은 주로 바로 앞 문장의 내용 전체를 가리켜요.

I am allergic to peanuts. **That's why** I don't eat peanut butter.

나는 땅콩 알레르기가 있어. _____ .

구문 Plus ② 「명사+현재분사(v-ing) ~」: ~하는, ~하고 있는 (명사)

TIP 현재분사(v-ing)가 이끄는 어구가 바로 앞의 명사를 꾸며 줄 수 있어요.

The man **taking** a picture of the statue is my father.

조각상의 _____ 내 아빠다.

직독직해 Practice

✅ 각 문장의 주어에는 밑줄을, 동사에는 동그라미 해보세요.

✅ 그다음 끊어 읽기한 부분에 주의하여 빈칸에 해석을 써보세요.

1 The factory told everyone // that this chocolate snow wasn't harmful / at all. **Hint** 주어 2개, 동사 2개

➔ _____ // _____ / _____ .

2 That's why // cocoa flew out of the factory / into the sky. **Hint** 주어 2개, 동사 2개

➔ _____ // _____ / _____ .

3 One person even said, // "Chocolate snowflakes / falling from the sky! Dreams come true!"

Hint 주어 2개, 동사 2개

➔ _____ , // " _____ / _____ !

_____ !"

어휘 Practice

1 다음 영영 풀이가 설명하는 단어로 가장 알맞은 것은?

> a building or group of buildings where people use machines to produce goods

① system   ② factory   ③ powder   ④ ingredient   ⑤ snowflake

2 다음 빈칸에 들어갈 단어로 가장 알맞은 것은?

> They _____ to buy lunch for everyone.

① fixed   ② spread   ③ offered   ④ cleaned up   ⑤ came true

3 다음 우리말과 의미가 같도록 빈칸에 주어진 철자로 시작하는 단어를 쓰세요.

(1) Tom의 주된 관심사는 농구와 음악이다.

→ Tom's m_____ interests are basketball and music.

(2) 그 책은 스트레스를 다루는 다양한 방법들에 대해 설명한다.

→ The book explains various ways to h_____ stress.

서술형 Practice

[4-5] 배열 영작 다음 우리말과 의미가 같도록 주어진 단어를 올바르게 배열하세요.

4 그녀는 아침을 먹지 않았다, / 그리고 그것이 ~한 이유이다 / 그녀가 배고팠던 / 오전 내내.
↳ 그녀는 아침을 먹지 않았고, 그래서 그녀는 오전 내내 배고팠다.

(why / she / hungry / that's / was)

→ She didn't eat breakfast, and _____ all morning.

5 일기 예보관은 말했다 / 시청자들에게 / 화창할 것이라고 / 내일.
↳ 일기 예보관은 시청자들에게 내일은 화창할 것이라고 말했다.

(told / it / sunny / that / would / the weatherman / the viewers / be)

→ _____ tomorrow.

6 조건 영작 다음 우리말과 의미가 같도록 주어진 단어를 사용하여 문장을 완성하세요.

> 이 사진은 열심히 훈련하는 축구 선수들을 보여준다. (train, soccer players)

→ This picture shows _____ _____ _____ hard.

24 달 뿐만 아니라 지구에도 있어요

정답과 해설 p.85

직독직해가 쉬워지는 구문

✅ Reading의 필수 구문 3개를 확인한 후, 각 문장의 해석을 완성하세요.

1일 1문장 구문 「seem to＋동사원형」: ~하는 것 같다

The movie **seems to have** a happy ending.

그 영화는 _____.

구문 Plus 1 보어로 쓰이는 「that＋주어＋동사 ~」: ~하는 것

TIP 보어로 쓰인 that절은 주어를 보충 설명하며, 주로 be동사 뒤에 쓰여요.

The interesting fact is **that** this tree is over 100 years old.

흥미로운 사실은 _____.

구문 Plus 2 주어 역할을 하는 「동사원형＋-ing」: ~하는 것은, ~하기는

TIP 동명사 주어는 단수로 취급하기 때문에 그 뒤에도 단수동사가 쓰여요.

Trying new foods from different cultures is an adventure.

다양한 문화의 _____ 모험이다.

직독직해 Practice

✅ 각 문장의 주어에는 밑줄을, 동사에는 동그라미 해보세요.

✅ 그다음 끊어 읽기한 부분에 주의하여 빈칸에 해석을 써보세요.

1 Then, / why does the Moon seem / to have more of them / than the Earth?

→ _____, / _____ / _____ /

_____?

2 The surprising fact is // that these craters are about 280 million years old.　Hint 주어 2개, 동사 2개

*crater 운석 구덩이

→ _____ // _____.

3 Because Earth's ground changes a lot / and craters usually disappear, // finding these old craters / is really amazing.　Hint 주어 3개, 동사 3개

→ _____ / _____, //

_____ / _____.

내신 맛보기

어휘 Practice

1 다음 단어의 우리말 뜻이 잘못된 것은?

① atmosphere: 대기　　② fact: 사실　　③ discovery: 발견하다

④ additionally: 게다가　　⑤ believe: 믿다

2 다음 대화의 빈칸에 들어갈 단어로 가장 알맞은 것은?

> **A:** The drawing is messy. Can you ＿＿＿＿＿＿＿ it?
> **B:** Of course, I'll clean it up.

① mean　　② appear　　③ find　　④ stay　　⑤ erase

3 다음 밑줄 친 단어와 비슷한 의미의 단어는?

> We saw a huge waterfall during our hike.

① thick　　② enormous　　③ amazing　　④ even　　⑤ long

서술형 Practice

[4-5] 배열 영작 **다음 우리말과 의미가 같도록 주어진 단어를 올바르게 배열하세요.**

4 놀라운 일은 ~이다 / 내가 키가 더 커졌다는 것 / 올해.

↪ 놀라운 일은 내가 올해 키가 더 커졌다는 것이다.

(that / taller / is / got / I / the surprising thing)

→ ＿＿＿＿＿＿＿＿＿＿＿＿＿＿＿＿＿＿＿＿＿＿＿＿＿ this year.

5 내 친구들은 동의하는 것 같다 / 내 아이디어에 / 학교 축제를 위한.

↪ 내 친구들은 학교 축제를 위한 내 아이디어에 동의하는 것 같다.

(with / seem / my friends / my idea / to agree)

→ ＿＿＿＿＿＿＿＿＿＿＿＿＿＿＿＿＿＿＿＿＿＿ for the school festival.

6 조건 영작 **다음 우리말과 의미가 같도록 주어진 단어를 사용하여 문장을 완성하세요.**

> 자기 전에 샤워하는 것은 네가 빨리 잠들도록 돕는다. (have, a shower)

→ ＿＿＿＿＿＿ ＿＿＿＿＿＿ ＿＿＿＿＿＿ before bed helps you fall asleep fast.

25 작은 오해에서 비롯된 이름

✅ Reading의 필수 구문 3개를 확인한 후, 각 문장의 해석을 완성하세요.

1일 1문장 구문 「**That's how＋주어＋동사 ~**」: 그렇게 ~하는[~한] 것이다, 그것이 ~하는 방식[방법]이다

TIP 이때 That은 주로 바로 앞 문장의 내용 전체를 가리켜요.

I watched a cooking show. **That's how** I learned to make pizza.

나는 요리 프로그램을 봤다. 그것이 내가 _____.

구문 Plus 1 「**call＋A(목적어)＋B(명사 보어)**」: A를 B라고 부르다

TIP 이때 B는 A가 '누구' 또는 '무엇'인지를 나타내므로, 〈A = B〉의 관계예요.

We **call fast foods like hamburgers junk food**.

우리는 햄버거와 같은 패스트푸드를 _____.

구문 Plus 2 수동태 과거 「**was/were＋과거분사(p.p.)＋by＋A**」: A에 의해 ~되었다[~당했다, ~받았다]

TIP 〈by+A〉는 동작을 한 A(행위자)를 나타내는데, 생략되는 경우가 많아요.

The beautiful tower **was built by** an Italian artist.

그 아름다운 탑은 _____.

✅ 각 문장의 주어에는 밑줄을, 동사에는 동그라미 해보세요.

✅ 그다음 끊어 읽기한 부분에 주의하여 빈칸에 해석을 써보세요.

1 That's how // this beautiful city in Brazil got its name! **Hint** 주어 2개, 동사 2개

→ _____ // _____ !

2 Since it was January, // they decided to call / the place / "Rio de Janeiro" / in Portuguese.

Hint 주어 2개, 동사 2개

→ _____, // _____ / _____ /

_____ / _____.

3 Since then, / Brazil was ruled / by Portugal / for over 300 years.

→ _____, / _____ / _____ /

_____.

어휘 Practice

1 다음 영영 풀이가 설명하는 단어로 가장 알맞은 것은?

> to have power over a country or a group

① think   ② rule   ③ mean   ④ arrive   ⑤ decide

2 다음 단어의 우리말 뜻이 **잘못된** 것은?

① exciting: 흥미진진한   ② independent: 독립한   ③ wide: 깊은

④ stay: ~인 채로 있다   ⑤ nickname: 별명

3 다음 대화의 빈칸에 들어갈 알맞은 단어는?

> **A:** Look at the sunset!
> **B:** The _____ of it is amazing from the tower, isn't it?

① culture   ② bay   ③ nature   ④ view   ⑤ mistake

서술형 Practice

[4-5] 배열 영작 다음 우리말과 의미가 같도록 주어진 단어를 올바르게 배열하세요.

4 그는 연습했다 / 매일. 그것이 ~이다 / 그가 훌륭한 기타리스트가 된 방식.

↳ 그는 매일 연습했다. 그것이 그가 훌륭한 기타리스트가 된 방식이다.

(a good guitarist / how / became / that's / he)

→ He practiced every day. _____.

5 그의 이름은 Edward이다, / 그러나 그의 친구들은 부른다 / 그를 Eddie라고.

↳ 그의 이름은 Edward이지만, 그의 친구들은 그를 Eddie라고 부른다.

(his friends / Eddie / him / but / call)

→ His name is Edward, _____.

6 조건 영작 다음 우리말과 의미가 같도록 주어진 단어를 사용하여 문장을 완성하세요.

> 내 생일에 저녁 식사가 아빠에 의해 요리되었다. (cook, the dinner)

→ _____ my dad for my birthday.

26 필요한 에너지는 직접 만들어요

정답과 해설 p.86

직독직해가 쉬워지는 **구문**

✓ Reading의 필수 구문 3개를 확인한 후, 각 문장의 해석을 완성하세요.

1일 1문장 구문 「**will be + 과거분사(p.p.)**」: ～될 것이다

TIP 조동사 will 뒤에는 항상 동사원형이 와야 하므로 뒤에 be동사의 원형인 be가 쓰여요.

Your lost puppy **will be found** soon.

당신의 잃어버린 강아지는 곧 _____.

구문 Plus 1 「**more + 명사 + than ～**」: ～보다 더 많은 (명사)

TIP 비교급 구문에서 형용사/부사의 비교급 자리에 「more + 명사」도 쓰일 수 있어요.

She made **more cookies than** she could eat.

그녀는 _____ 만들었다.

구문 Plus 2 「**조동사 + 동사원형1 + and + (조동사 +)동사원형2**」

TIP 접속사 and는 문법적으로 성격이 같은 어구를 연결하는데, 위 구조에서 and 뒤에 반복되는 조동사는 생략되어 바로 동사원형이 이어져요.

You **can start** a blog **and share** your experiences online.

당신은 _____ 온라인으로 당신의 경험을 _____.

직독직해 Practice

✓ 각 문장의 주어에는 밑줄을, 동사에는 동그라미 해보세요.

✓ 그다음 끊어 읽기한 부분에 주의하여 빈칸에 해석을 써보세요.

1 It will be built / on tall poles / above a lake.

→ _____ / _____ / _____.

2 This hotel makes more energy // than it uses! **Hint** 주어 2개, 동사 2개

→ _____ // _____!

3 Plus, / you can enjoy / the beautiful view of the ice mountain / and, / especially in winter, / see the amazing aurora lights! **Hint** 주어 1개, 동사 2개   *aurora 오로라

→ _____, / _____ / _____ /

_____, / _____, / _____!

어휘 Practice

1 다음 영영 풀이가 설명하는 단어로 가장 알맞은 것은?

> something that is unwanted after being used

① planet   ② waste   ③ effort   ④ sunlight   ⑤ pole

2 다음 빈칸에 공통으로 들어갈 단어는?

> • People plant trees to _____ the forest.
> • Wearing hats can _____ you from the sun.

① help   ② clean   ③ build   ④ recycle   ⑤ protect

3 다음 빈칸에 가장 알맞은 단어를 〈보기〉에서 골라 쓰세요.

> ┤ 보기 ├
> leading   amazing   environment   especially

(1) Plastic bags can harm the _____.
(2) France is a _____ country in fashion design.

서술형 Practice

[4-5] 배열 영작 다음 우리말과 의미가 같도록 주어진 단어를 올바르게 배열하세요.

4 이 도서관은 가지고 있다 / 더 많은 책을 / 그것이 보관할 수 있는 것보다.
  ↳ 이 도서관은 보관할 수 있는 것보다 더 많은 책을 소장하고 있다.

(more / can store / this library / than / has / it / books)

→ _____ .

5 여러분은 자원봉사할 수 있다 / 그리고 동물들을 도울 수 있다 / 도움이 필요한 / 보호소에서.
  ↳ 여러분은 보호소에서 자원봉사하고 도움이 필요한 동물들을 도울 수 있어요.

(and / in need / can / help / you / volunteer / animals)

→ _____ at a shelter.

6 조건 영작 다음 우리말과 의미가 같도록 주어진 단어를 사용하여 문장을 완성하세요.

> 음식과 음료는 파티에서 무료로 제공될 것이다. (provide)

→ Food and drinks _____ _____ _____ at the party for free.

27 재미로만 날리는 게 아니에요

정답과 해설 p.87

직독직해가 쉬워지는 구문

✅ Reading의 필수 구문 3개를 확인한 후, 각 문장의 해석을 완성하세요.

1일 1문장 구문 「명사(선행사)+[that+동사 ~]」: ~하는[~한] (명사)

TIP 주격 관계대명사 that은 선행사가 사람, 사물, 동물일 때 모두 쓸 수 있어요.

He takes vitamins **that** are good for his eyes.

그는 _____ 먹는다.

구문 Plus 1 「명사+과거분사(p.p.) ~」: ~하게 된, ~된 (명사)

TIP 꾸밈을 받는 명사와 동사의 관계가 '수동'일 때 쓰여요.

Harold stared at the building **destroyed** by the fire.

Harold는 화재로 인해 _____ 빤히 쳐다보았다.

구문 Plus 2 「as+주어+동사 ~」: ~듯이, ~다시피

TIP 접속사 as는 '~할 때, ~ 때문에' 등과 같이 다양한 의미로 쓰일 수 있어요.

As I told you yesterday, the movie starts at 8 p.m.

_____, 그 영화는 오후 8시에 시작해.

직독직해 Practice

✅ 각 문장의 주어에는 밑줄을, 동사에는 동그라미 해보세요.

✅ 그다음 끊어 읽기한 부분에 주의하여 빈칸에 해석을 써보세요.

1 Drones are amazing flying robots // that are helping / us protect endangered animals.

Hint 주어 1개, 동사 2개

→ _____ // _____ / _____

_____.

2 It takes pictures of monkeys / hidden deep / in the jungle.

→ _____ / _____ / _____.

3 As you see, // drones are not just for fun. Hint 주어 2개, 동사 2개

→ _____, // _____.

어휘 Practice

1 다음 단어의 의미에 해당하는 것을 찾아 연결하세요.

(1) avoid ·   · ⓐ not easy to find

(2) hidden ·   · ⓑ to keep someone or something safe

(3) save ·   · ⓒ to stay away from someone or something

2 다음 단어의 우리말 뜻이 <u>잘못된</u> 것은?

① health: 건강   ② whale: 고래   ③ disappear: 사라지다

④ count: 세다   ⑤ endangered: 멸종 위기에서 벗어난

3 다음 우리말과 의미가 같도록 빈칸에 주어진 철자로 시작하는 단어를 쓰세요.

바다 멀리서, 돌고래들이 헤엄치고 있었다.

→ F_____ a_____ in the ocean, dolphins were swimming.

서술형 Practice

[4-5] 〔배열 영작〕 다음 우리말과 의미가 같도록 주어진 단어를 올바르게 배열하세요.

4 직원이 설명해 드렸듯이 / 전화로, / 대기 시간은 2시간일 것입니다.
↳ 직원이 전화상으로 설명해 드렸듯이, 대기 시간은 2시간일 것입니다.

(explained / the worker / on the phone / as)

→ _____, the waiting time will be 2 hours.

5 스마트폰은 훌륭한 도구이다 / 사람들을 연결해 주고 있는 / 전 세계의.
↳ 스마트폰은 전 세계 사람들을 연결해 주는 훌륭한 도구이다.

(that / people / smartphones / great tools / are connecting / are)

→ _____ around the world.

6 〔조건 영작〕 다음 우리말과 의미가 같도록 주어진 단어를 사용하여 문장을 완성하세요.

그들은 나무들로 막힌 길을 마주쳤다. (block, the road)

→ They came across _____ _____ _____ by trees.

28 지방에도 색깔이 있어요

✔ Reading의 필수 구문 3개를 확인한 후, 각 문장의 해석을 완성하세요.

1일 1문장 구문 「**A, B, and C**」: A, B와[그리고] C

TIP 접속사 and는 문법적인 성격이 같은 단어, 구 등을 연결해요. to부정사를 연결하는 경우 and 뒤에 오는 to부정사의 to는 생략할 수 있어요.

I helped my brother **to find, clean, and repair** his bike.
나는 내 남동생이 _____ 도왔다.

구문 Plus 1 「**look＋형용사**」: ~하게 보이다, ~인 것 같다

TIP 동사 look의 보어 자리에 쓰인 형용사를 부사처럼 '~하게'로 해석해야 자연스러운 경우가 많지만, 보어 자리에 부사는 쓰일 수 없는 것에 주의하세요.

He **looks young** with that haircut.
그는 그렇게 머리를 자르니 _____.

구문 Plus 2 「**(대)명사＋to부정사**」: ~하는, ~할 (명사)

TIP to부정사는 앞에 오는 (대)명사를 형용사처럼 꾸며 주는 역할을 해요.

In school, there are some rules **to follow**.
학교에는, _____ 있다.

직독직해 Practice

✔ 각 문장의 주어에는 밑줄을, 동사에는 동그라미 해보세요.

✔ 그다음 끊어 읽기한 부분에 주의하여 빈칸에 해석을 써보세요.

1 It helped / the sheep to lose weight / and become healthier.

→ _____ / _____ / _____.

2 One type is called white fat, // and it looks white or yellowish / under our skin. **Hint** 주어 2개, 동사 2개

→ _____, // _____ /

_____.

3 But scientists found a way / to increase brown fat / in the body.

→ _____ / _____ / _____.

 내신 맛보기

어휘 Practice

1 다음 영영 풀이가 설명하는 단어로 가장 알맞은 것은?

a scientific test to know the truth of something

① fat   ② health   ③ danger   ④ calorie   ⑤ experiment

2 다음 밑줄 친 단어와 반대 의미의 단어는?

Eating snacks late at night can make you <u>gain</u> weight.

① keep   ② find   ③ lose   ④ increase   ⑤ similar

3 다음 빈칸에 공통으로 들어갈 단어로 가장 알맞은 것은?

• The noise can _____ a headache.
• The typhoon _____(e)d damage to the roads.

① inject   ② instead   ③ cause   ④ develop   ⑤ turn off

서술형 Practice

[4-5] 배열 영작 다음 우리말과 의미가 같도록 주어진 단어를 올바르게 배열하세요.

4 그 박물관은 허용했다 / 방문객들이 사진을 찍도록 / 그리고 예술품을 만지고 느끼도록.
  ↳ 그 박물관은 방문객들이 사진을 찍고 예술품을 만지고 느끼도록 허용했다.

(touch / pictures / and / to take / the artwork / feel)

→ The museum allowed the visitors _____.

5 그는 ~해 보였다 / 심각하고 걱정스러워 / 중요한 면접 전에.
  ↳ 그는 중요한 면접 전에 심각하고 걱정스러워 보였다.

(worried / he / serious / looked / and)

→ _____ before the important interview.

6 조건 영작 다음 우리말과 의미가 같도록 주어진 단어를 사용하여 문장을 완성하세요.

나는 그 일을 끝낼 충분한 시간이 없다. (time, finish, enough)

→ I don't have _____ _____ _____ the work.

29 에펠탑에 숨겨진 비밀

✅ Reading의 필수 구문 3개를 확인한 후, 각 문장의 해석을 완성하세요.

1일 1문장 구문 「**형용사+to부정사 ~**」: ~하기에 …인[…한]

TIP 이때 to부정사는 형용사를 뒤에서 꾸며 주는 부사의 역할을 해요.

His new travel essay is interesting **to read**.

그의 새 여행 에세이는 _____.

구문 Plus 1 「**offer+A(간접목적어)+B(직접목적어)**」: A에게 B를 제공하다

TIP A에는 주로 '사람', B에는 '사물'이 오는데, 목적어 두 개의 순서에 주의해야 해요.

The store **offers customers discounts** for this weekend.

그 가게는 이번 주말에 _____.

구문 Plus 2 「**전치사 as+명사(구)**」: (자격·기능) ~로(서)

TIP 문맥에 따라 전치사 as는 '~로서, ~처럼[같이]' 등과 같은 다양한 뜻으로 해석할 수 있어요.

She wanted to keep the photo **as** a memory.

그녀는 _____ 간직하고 싶었다.

직독직해 Practice

✅ 각 문장의 주어에는 밑줄을, 동사에는 동그라미 해보세요.

✅ 그다음 끊어 읽기한 부분에 주의하여 빈칸에 해석을 써보세요.

1 This secret place makes / the Eiffel Tower / even more interesting / to visit!

➔ _____ / _____ / _____ /

_____!

2 They offered him / lots of money, // but he said no. **Hint** 주어 2개, 동사 2개

➔ _____ / _____ , // _____.

3 He wanted to keep it / as a special place / for himself.

➔ _____ / _____ / _____.

어휘 Practice

1 다음 빈칸에 들어갈 단어로 가장 알맞은 것은?

> During their vacation, they _____ a car to travel to many places.

① looked   ② offered   ③ rented   ④ remained   ⑤ made

2 다음 밑줄 친 부분의 쓰임이 <u>어색한</u> 것은?

① He climbed to the top of the <u>tower</u>.
② I'd like a room with a <u>view</u> of the sea.
③ The museum is crowded with many <u>tourists</u>.
④ She looked <u>through</u> a window to see the rain.
⑤ <u>Unfortunately</u>, no one was hurt in the accident.

3 다음 우리말과 의미가 같도록 빈칸에 알맞은 표현을 쓰세요.

> 그녀는 할머니의 이름을 따서 그녀의 딸에게 Lily라는 이름을 지어주었다.

→ She _____ her daughter Lily _____ her grandmother.

서술형 Practice

[4-5] (배열 영작) 다음 우리말과 의미가 같도록 주어진 단어를 올바르게 배열하세요.

4 그는 제공했다 / 우리에게 / 훌륭한 식사를 / 그리고 방을.
    ↳ 그는 우리에게 훌륭한 식사와 방을 제공했다.

(a great meal / he / us / room / offered / and)

→ _____ .

5 이 평평한 돌은 / 완벽할 것이다 / 식탁으로.
    ↳ 이 평평한 돌은 식탁으로 완벽할 것이다.

(perfect / as / would be / a table)

→ This flat stone _____ .

6 (조건 영작) 다음 우리말과 의미가 같도록 주어진 단어를 사용하여 문장을 완성하세요.

> 다양한 활동들이 그 공원을 체험하기 흥미롭게 만든다. (experience, exciting)

→ The various activities make the park _____ _____ _____ .

30 귀여운 걸 보면 왜 이런 기분이 들까?

정답과 해설 p.88

직독직해가 쉬워지는 구문

✓ Reading의 필수 구문 3개를 확인한 후, 각 문장의 해석을 완성하세요.

1일 1문장 구문 「**A can be seen as B**」: A가 B로 보여질[여겨질] 수 있다

TIP 조동사 can과 함께 쓰인 수동태(be+p.p.)로 하나의 표현처럼 외우는 것이 좋아요.

The sunrise on New Year's Day **can be seen as** a new beginning.
새해 첫날의 일출은 _____.

구문 Plus 1 「**Have you ever+과거분사(p.p.) ~?**」: 너는 ~해 본 적 있니?

TIP 과거의 어느 시점부터 현재까지 어떤 일을 한 '경험'의 의미를 나타내요.

Have you ever traveled to a foreign country?
너는 외국으로 _____?

구문 Plus 2 「**help+A(목적어)+동사원형**」: A가 ~하도록 돕다

TIP 동사원형 자리에는 to부정사(to-v)를 대신 쓸 수도 있어요.

She **helps** her brother **practice** guitar.
그녀는 _____.

직독직해 Practice

✓ 각 문장의 주어에는 밑줄을, 동사에는 동그라미 해보세요.

✓ 그다음 끊어 읽기한 부분에 주의하여 빈칸에 해석을 써보세요.

1 So, / playful aggression can be seen / as the opposite of cuteness.

→ _____, / _____ / _____.

2 Have you ever seen / a cute puppy or a baby / and thought, // "I want to squeeze it," / or "I want to bite it"? **Hint** 주어 3개, 동사 4개

→ _____, / _____ / _____, //
_____, / _____?

3 Sometimes, / when it's too much, // cute aggression helps / us handle these strong positive feelings.

Hint 주어 2개, 동사 2개

→ _____, / _____, // _____ /
_____.

어휘 Practice

1 다음 단어의 우리말 뜻이 <u>잘못된</u> 것은?

① bite: 물다   ② link: 관계   ③ hurt: 다치게 하다

④ impact: 원인   ⑤ balance out: ~의 균형을 맞추다

2 다음 영영 풀이가 설명하는 단어로 가장 알맞은 것은?

> showing that you are having fun and not being serious

① aggressive   ② loyal   ③ cuteness   ④ playful   ⑤ opposite

3 다음 두 문장의 관계에 따라 빈칸에 주어진 철자로 시작하는 알맞은 단어를 쓰세요.

(1) We had a meeting to deal with the problem.

= We had a meeting to h_____ the problem.

(2) The company got some negative feedback from customers.

↔ The company got some p_____ feedback from customers.

서술형 Practice

[4-5] 〔배열 영작〕 다음 우리말과 의미가 같도록 주어진 단어를 올바르게 배열하세요.

4 그녀는 도왔다 / 그녀의 친구가 옮기도록 / 그 침대를.

↳ 그녀는 그녀의 친구가 그 침대를 옮기도록 도왔다.

(the bed / she / move / her friend / helped)

→ _____.

5 무지개는 여겨질 수 있다 / 희망의 상징으로.

↳ 무지개는 희망의 상징으로 여겨질 수 있다.

(as / seen / a rainbow / be / a symbol of hope / can)

→ _____.

6 〔조건 영작〕 다음 우리말과 의미가 같도록 주어진 단어를 사용하여 문장을 완성하세요.

> 너는 저 식당에서 피자를 먹어본 적이 있니? (eat)

→ _____ _____ _____ _____ pizza at that

restaurant?

31 우리 모두에게 특별한 그날

☑️ Reading의 필수 구문 3개를 확인한 후, 각 문장의 해석을 완성하세요.

1일 1문장 구문 | 간접의문문 「**how much＋주어＋동사 ~**」: 얼마나 많이 …가 ~하는지(를)

She told us **how much** she loved that book.

그녀는 _____ 우리에게 말해주었다.

구문 Plus 1 | 「**feel like＋명사**」: ~처럼 느껴지다

TIP 동사 feel은 「feel＋형용사」 또는 「feel like＋명사」의 형태로 쓰일 수 있어요.

This soft pillow **feels like** a cloud.

이 부드러운 베개는 _____.

구문 Plus 2 | 주어 역할을 하는 「**동사원형＋-ing**」: ~하는 것은, ~하기는

TIP 동명사가 주어일 때, 동명사가 이끄는 어구가 어디까지인지 파악해야 동명사 주어와 호응하는 동사를 올바르게 찾을 수 있어요. 이때 동명사 주어는 단수 취급하므로 뒤에 단수동사가 쓰여요.

Playing tennis every day improves my skills.

_____ 내 기술을 향상시킨다.

☑️ 각 문장의 주어에는 밑줄을, 동사에는 동그라미 해보세요.

☑️ 그다음 끊어 읽기한 부분에 주의하여 빈칸에 해석을 써보세요.

1 They can show // how much we love our friends and family. **Hint** 주어 2개, 동사 2개

→ _____ // _____.

2 Birthday celebrations / feel like a very old tradition.

→ _____ / _____.

3 By the end of the 19th century, / giving birthday cards / also became common.

→ _____, / _____ / _____.

어휘 Practice

1 다음 짝지어진 단어끼리 같은 관계가 되도록 빈칸에 알맞은 단어를 쓰세요.

common : rare = past : _____

2 다음 밑줄 친 단어와 반대 의미의 단어는?

He is a <u>national</u> champion in swimming.

① short   ② old   ③ rare   ④ local   ⑤ rich

3 다음 밑줄 친 부분의 쓰임이 어색한 것은?

① He is a soccer <u>hero</u> in South Korea.
② They <u>celebration</u> New Year's Day.
③ He shouted loudly to get her <u>attention</u>.
④ They're trying to keep their <u>tradition</u>.
⑤ She's learning Korean culture and <u>history</u>.

서술형 Practice

[4-5] 배열 영작 다음 우리말과 의미가 같도록 주어진 단어를 올바르게 배열하세요.

4 아이들은 깨닫지 못한다 / 얼마나 많이 / 그들의 부모님이 걱정하는지 / 그들에 대해.
↳ 아이들은 그들의 부모님이 얼마나 많이 그들을 걱정하는지 깨닫지 못한다.

(their parents / worry / how much / about them)

→ Children don't realize _____.

5 공상과학 소설을 읽는 것은 / 하나이다 / 내가 가장 좋아하는 일 중.
↳ 공상과학 소설을 읽는 것은 내가 가장 좋아하는 일 중 하나이다.

(sci-fi novels / one / is / my favorite things / of / reading)

→ _____.

6 조건 영작 다음 우리말과 의미가 같도록 주어진 단어를 사용하여 문장을 완성하세요.

해변에서 휴식을 취하는 것은 천국처럼 느껴졌다. (feel, paradise)

→ Relaxing by the beach _____.

32 벽에 붙은 파리가 된다면?

정답과 해설 p.89

✓ Reading의 필수 구문 3개를 확인한 후, 각 문장의 해석을 완성하세요.

1일 1문장 구문 「**might＋동사원형**」: ~일[~할]지도 모른다

TIP 조동사 might는 '약한 추측'의 의미를 나타낼 수 있어요.

He **might** become a famous star one day.

그는 언젠가 유명한 스타가 _____.

구문 Plus ① 「**was/were able to＋동사원형**」: ~할 수 있었다

TIP was/were able to는 '과거의 능력, 가능'을 나타내며, could로 바꿔 쓸 수 있어요.

I **was able to finish** the project on time.

나는 제시간에 프로젝트를 _____.

구문 Plus ② 「**instead of/for/from 등＋v-ing**」: ~하는 것의/~하는 것에/~하는 것으로부터

TIP 전치사 뒤에는 (대)명사 또는 동명사(v-ing)가 쓰이고, to부정사(to-v)는 올 수 없어요.

She chose to walk **instead of taking** the bus.

그녀는 _____ 걷는 것을 선택했다.

직독직해 Practice

✓ 각 문장의 주어에는 밑줄을, 동사에는 동그라미 해보세요.

✓ 그다음 끊어 읽기한 부분에 주의하여 빈칸에 해석을 써보세요.

1 The "fly on the wall" method might sound funny, // but it really works! **Hint** 주어 2개, 동사 2개

→ _____, // _____!

2 People who tried it / felt less angry / and were also able to do their tasks / 30% better.

Hint 주어 1개, 동사 3개

→ _____ / _____ / _____ /

_____.

3 Instead of being a fly on the wall, / you could also be a cloud in the sky, / or a security camera.

→ _____, / _____, /

_____.

어휘 Practice

1 다음 단어의 의미에 해당하는 것을 찾아 연결하세요.

(1) method ·   · ⓐ a way of doing something

(2) imagine ·   · ⓑ a clever and effective way of doing something

(3) trick ·   · ⓒ to think of or create something that is not real in your mind

2 다음 단어의 우리말 뜻이 잘못된 것은?

① anywhere: 어디에서도   ② simple: 간단한, 단순한   ③ task: 회사

④ effective: 효과적인   ⑤ upset: 속상한, 마음 상한

3 다음 우리말과 의미가 같도록 빈칸에 알맞은 단어를 〈보기〉에서 찾아 쓰세요.

보기				
up	from	reduce	time	caught

(1) 언제라도: at any _____

(2) 스트레스를 줄이다: _____ stress

(3) 나쁜 감정에 사로잡히다: get _____ _____ in bad feelings

서술형 Practice

[4-5] 배열 영작 다음 우리말과 의미가 같도록 주어진 단어를 올바르게 배열하세요.

4 우리는 찾을 수 있었다 / 해결책을 / 그 문제에 대한.

↳ 우리는 그 문제에 대한 해결책을 찾을 수 있었다.

(to the problem / were / a solution / we / to find / able)

→ _____.

5 그 영화는 길어 보일지도 모른다, / 하지만 그것은 매우 재미있다.

↳ 그 영화는 길어 보일지 몰라도 매우 재미있다.

(long / the movie / look / might)

→ _____, but it's very interesting.

6 조건 영작 다음 우리말과 의미가 같도록 주어진 단어를 사용하여 문장을 완성하세요.

이 공원은 가족과 소풍하기에 아주 좋다. (have, for)

→ This park is great _____ _____ a picnic with family.

33 브라질 어부의 낚시 친구

✅ Reading의 필수 구문 3개를 확인한 후, 각 문장의 해석을 완성하세요.

1일 1문장 구문 「**when+to부정사**」: 언제 ~해야 할지[~할 수 있는지]

TIP 「when+to부정사」는 문장에서 주로 동사의 목적어나 직접목적어 자리에 쓰여요.

Our coach told us **when to start** our training.

감독님은 우리에게 _____ 말씀해 주셨다.

구문 Plus 1 「**something/anything 등+형용사**」: ~한 무언가/무엇, 아무것

TIP -thing으로 끝나는 말은 형용사가 뒤에서 꾸며 줘요.

Last night, I saw **something strange** in the sky.

어젯밤, 나는 하늘에서 _____ 봤다.

구문 Plus 2 「**if+주어+동사 ~**」: (만약) ~한다면

TIP 접속사 if가 이끄는 절은 '조건'을 나타내고, 주절은 그 조건에 대한 '결과'를 나타내요.

If we hurry, we won't miss the beginning of the movie.

_____, 우리는 영화의 시작을 놓치지 않을 것이다.

직독직해 Practice

✅ 각 문장의 주어에는 밑줄을, 동사에는 동그라미 해보세요.

✅ 그다음 끊어 읽기한 부분에 주의하여 빈칸에 해석을 써보세요.

1 It lets / the fishers know / when to throw their nets.

→ _____ / _____ / _____ .

2 Scientists watched this friendship / and found something interesting. Hint 주어 1개, 동사 2개

→ _____ / _____ .

3 If more people understand / the importance of this friendship / between fishers and dolphins, //
they might help to protect it. Hint 주어 2개, 동사 2개

→ _____ / _____ / _____

_____ , // _____ .

66 | LEVEL 2 WORKBOOK

어휘 Practice

1 다음 영영 풀이가 설명하는 단어로 가장 알맞은 것은?

> very difficult to do or deal with

① wild   ② friendly   ③ clear   ④ tough   ⑤ polluted

2 다음 우리말과 의미가 같도록 빈칸에 알맞은 표현을 쓰세요.

> 십 대들은 흔히 혼자서 결정을 내리고 싶어 한다.

→ Teenagers often want to make decisions ＿＿＿＿＿＿＿ their ＿＿＿＿＿＿＿.

3 다음 밑줄 친 부분의 쓰임이 자연스러우면 ○, 그렇지 않으면 ✕로 표시하세요.

(1) Listening to others is an <u>importance</u> skill.   ＿＿＿＿＿＿

(2) The fisherman caught many fish in his <u>net</u>.   ＿＿＿＿＿＿

(3) Push the button on the bus if you want to <u>get off</u>.   ＿＿＿＿＿＿

서술형 Practice

[4-5] 배열 영작 다음 우리말과 의미가 같도록 주어진 단어를 올바르게 배열하세요.

4 너는 했니 / 특별한 무언가를 / 주말 동안?

↳ 주말 동안 특별한 일 한 게 있니?

(special / do / did / during / anything / the weekend / you)

→ ＿＿＿＿＿＿＿＿＿＿＿＿＿＿＿＿＿＿＿＿＿＿＿＿＿＿＿ ?

5 만약 네가 사지 않는다면 / 새 컴퓨터를 / 너는 돈을 절약할 수 있다.

↳ 만약 네가 새 컴퓨터를 사지 않는다면, 너는 돈을 절약할 수 있다.

(buy / you / if / don't / a new computer)

→ ＿＿＿＿＿＿＿＿＿＿＿＿＿＿＿＿＿＿＿, you can save money.

6 조건 영작 다음 우리말과 의미가 같도록 주어진 단어를 사용하여 문장을 완성하세요.

> 이번 주말에 호수에 언제 갈지 정하자. (when, decide, go)

→ Let's ＿＿＿＿＿＿ ＿＿＿＿＿＿ ＿＿＿＿＿＿ ＿＿＿＿＿＿ to the lake this weekend.

34 매년 10만 톤 이상을 먹는 음식

직독직해가 쉬워지는 구문

✅ Reading의 필수 구문 3개를 확인한 후, 각 문장의 해석을 완성하세요.

1일 1문장 구문 「명사(선행사)＋[that＋주어＋동사＋●]」: ~하는[~한] (명사)

TIP 선행사가 관계대명사 that절의 목적어 역할을 해요.

He is the football player **that** I like the most.

그는 _____ 이다.

구문 Plus 1 「love/start to-v」: ~하는 것을[~하기를] 아주 좋아하다/시작하다

TIP love, like, start, begin 등과 같은 동사는 목적어로 to부정사(to-v)와 동명사(v-ing)를 모두 쓸 수 있는데, 이때 의미 차이는 없어요.

We **love to spend** some time at the cafe.

우리는 그 카페에서 _____ .

구문 Plus 2 '계속'의 「have/has＋과거분사(p.p.)」: (지금까지) 쭉 ~해왔다

TIP 과거에 일어난 일이 현재까지도 '계속'되고 있다는 의미를 나타내며, 〈for+기간〉 등의 표현과 함께 잘 쓰여요.

Kevin and I **have been** friends for ten years.

Kevin과 나는 10년 동안 _____ .

직독직해 Practice

✅ 각 문장의 주어에는 밑줄을, 동사에는 동그라미 해보세요.

✅ 그다음 끊어 읽기한 부분에 주의하여 빈칸에 해석을 써보세요.

1 Nowadays, / most of the cod // that people in Portugal eat / actually comes from Norway.

Hint 주어 2개, 동사 2개　　　　　　　　　　　　　　　　　　　　　　　　　　　　*cod ((어류)) 대구

→ _____ , / _____ // _____ /

_____ .

2 In Portugal, / people really love to eat cod.

→ _____ , / _____ .

3 Portuguese people / have enjoyed cod dishes / for a long time.

→ _____ / _____ / _____ .

68 | LEVEL 2 WORKBOOK

내신 맛보기

어휘 Practice

1 다음 단어의 우리말 뜻이 <u>잘못된</u> 것은?

① fisherman: 어부, 낚시꾼
② cabbage: 양배추
③ whole: 일부의, 부분의
④ dish: 요리
⑤ nowadays: 요즘은

2 다음 단어의 의미에 해당하는 것을 찾아 연결하세요.

(1) travel ·   · ⓐ the cause for why something happens

(2) meal ·   · ⓑ the food that you eat for breakfast, lunch, or dinner

(3) reason ·   · ⓒ to go from one place to another

3 다음 우리말과 의미가 같도록 빈칸에 주어진 철자로 시작하는 단어를 쓰세요.

Sarah는 그녀의 자전거를 남동생과 스케이트보드로 교환했다.

→ Sarah t_____ her bicycle f_____ a skateboard with her brother.

서술형 Practice

[4-5] 배열 영작 다음 우리말과 의미가 같도록 주어진 단어를 올바르게 배열하세요.

4 그 공원은 / 내가 방문하는 / 주말마다 / 평화롭다.
↳ 내가 주말마다 가는 그 공원은 평화롭다.

(visit / is / I / the park / peaceful / that / on weekends)

→ _____.

5 사람들은 / 이 마을에 있는 / 지역의 전통을 지켜왔다 / 수년 동안.
↳ 이 마을 사람들은 수년간 지역의 전통을 지켜왔다.

(the local tradition / people / kept / in this town / have)

→ _____ for many years.

6 조건 영작 다음 우리말과 의미가 같도록 주어진 단어를 사용하여 문장을 완성하세요.

나는 이번 달에 아침에 일찍 일어나기 시작했다. (start, get up)

→ I _____ _____ _____ _____ early in the morning

this month.

35 공룡 뼈에도 나이테가 있어요

직독직해가 쉬워지는 구문

✓ Reading의 필수 구문 3개를 확인한 후, 각 문장의 해석을 완성하세요.

1일 1문장 구문 「**명사+[from/of 등+명사 ~]**」: ~에서 (나온)/~의 (명사)

TIP 「전치사+명사」는 형용사처럼 앞의 명사를 꾸며 줄 수 있어요.

The sound **from** the radio was too loud.

_____ 너무 컸다.

구문 Plus 1 「**be동사+not sure if+주어+동사 ~**」: ~가 …인지 확실하지 않다[확신하지 못한다]

TIP 접속사 if가 '~인지 (아닌지)'의 의미일 때 주로 동사의 목적어로 쓰이지만, sure와 같은 형용사 뒤에 쓰이기도 해요.

I**'m not sure if** the bike tour is safe.

나는 자전거 여행이 _____ 확신하지 못한다.

구문 Plus 2 「**some ~, others …**」: (여럿 중) 어떤 것[사람]은 ~, 다른 것[사람]은 …

TIP 여러 개의 불특정한 사람이나 사물을 나열할 때 사용해요.

Some people enjoy going out, while **others** prefer relaxing at home.

어떤 사람들은 밖에 나가는 것을 즐기는 반면, _____ 집에서 쉬는 것을 선호한다.

직독직해 Practice

✓ 각 문장의 주어에는 밑줄을, 동사에는 동그라미 해보세요.

✓ 그다음 끊어 읽기한 부분에 주의하여 빈칸에 해석을 써보세요.

1 The scientists also studied bones / from a newly discovered dinosaur.

→ _____ / _____ .

2 But they weren't sure // if other dinosaurs grew / in the same way. Hint 주어 2개, 동사 2개

→ _____ // _____ / _____ .

3 Some, like the T. rex, / grew quickly // when they were young. Hint 주어 2개, 동사 2개   *T. rex 티라노사우루스

But others // that reach a similar size / took longer / in order to grow. Hint 주어 1개, 동사 2개

→ _____ / _____ // _____ .

_____ // _____ / _____ /

_____ .

어휘 Practice

1 다음 짝지어진 단어끼리 같은 관계가 되도록 빈칸에 알맞은 단어를 쓰세요.

different : similar = lose : _____

2 다음 빈칸에 들어갈 단어로 가장 알맞은 것은?

The sunflower can _____ over 3 meters tall.

① study　　　② reach　　　③ discover　　　④ understand　　　⑤ stop

3 다음 밑줄 친 부분의 쓰임이 <u>어색한</u> 것은?

① The room is <u>newly</u> painted.
② The hiking <u>took</u> longer than we expected.
③ The 16th century building was built <u>recently</u>.
④ These days, she reads 6 books <u>per</u> week.
⑤ Lions are one of the most famous <u>meat-eating</u> animals.

서술형 Practice

[4-5] 배열 영작 다음 우리말과 의미가 같도록 주어진 단어를 올바르게 배열하세요.

4 향기가 / 신선한 꽃의 / 방을 가득 채웠다.
↳ 신선한 꽃의 향기가 방 안에 가득했다.

(the smell / of / filled / the room / fresh flowers)

→ _____ .

5 그는 확신하지 못했다 / 그가 입어야 할지 / 코트를 / 오늘.
↳ 그는 오늘 코트를 입어야 할지 확신하지 못했다.

(a coat / he / wear / sure / should / he / if / wasn't)

→ _____ today.

6 조건 영작 다음 우리말과 의미가 같도록 주어진 단어를 사용하여 문장을 완성하세요.

어떤 학생들은 그 이야기의 결말을 무척 좋아한 반면, 다른 학생들은 그것을 싫어했다.
(others, students, some)

→ _____ _____ loved the ending of the story, while _____

hated it.

36 문어가 화나면 하는 행동

직독직해가 쉬워지는 구문

☑ Reading의 필수 구문 3개를 확인한 후, 각 문장의 해석을 완성하세요.

1일 1문장 구문 「The 비교급 (주어+동사 ~), the 비교급 (주어+동사 …)」: ~하면 할수록, 더 …하다

> TIP the 비교급 뒤의 주어, 동사가 문맥상 명확하거나 중복될 경우 생략하기도 해요.

The longer she waited, **the angrier** she became.

그녀는 _____, 그녀는 _____.

구문 Plus 1 「see+A(목적어)+v-ing」: A가 ~하는 것을 보다

> TIP A 뒤에 오는 현재분사(v-ing)는 A가 진행 중인 동작을 설명해요. 이때 현재분사 대신 동사원형을 쓸 수도 있는데, 현재분사가 쓰이면 동작이 진행 중이라는 것을 더 강조할 수 있어요.

We **saw** the workers **repairing** the road.

우리는 _____.

구문 Plus 2 「even if+주어+동사 ~」: (비록) ~일지라도, ~이라고 할지라도

> TIP 접속사 even if는 가정한 조건에도 불구하고 다른 결과가 나타날 수 있을 때 사용해요.

Even if it rains, we'll go camping this weekend.

_____, 우리는 이번 주말에 캠핑을 갈 것이다.

직독직해 Practice

☑ 각 문장의 주어에는 밑줄을, 동사에는 동그라미 해보세요.

☑ 그다음 끊어 읽기한 부분에 주의하여 빈칸에 해석을 써보세요.

1 The darker their skin became, // the better they threw.

→ _____, // _____.

2 They saw / the octopuses throwing shells / at each other!

→ _____ / _____ / _____!

3 So, / if you see / octopuses throwing things / at each other, // you can guess / they might be friends / even if they seem angry / at each other! **Hint** 주어 4개, 동사 4개

→ _____, / _____ / _____ /

_____, // _____ / _____ /

_____ / _____!

 내신 맛보기

어휘 Practice

1 다음 빈칸에 들어갈 수 있는 단어가 <u>아닌</u> 것은?

- Her hair was _____ gray.
- They _____ the trophy up together.
- The kids _____ snowballs at each other.
- I have a good _____ with my friends.

① lifted   ② threw   ③ turning   ④ guessed   ⑤ relationship

2 다음 단어의 우리말 뜻이 <u>잘못된</u> 것은?

① social: 사회적인   ② behavior: 행동   ③ mad: 몹시 화난

④ copy: 따라 하다   ⑤ experiment: 경험

3 다음 우리말과 의미가 같도록 빈칸에 알맞은 표현을 쓰세요.

누군가 고의로 숲에 불을 냈다.

→ Someone set the fire _____ _____ in the forest.

서술형 Practice

[4-5] (배열 영작) 다음 우리말과 의미가 같도록 주어진 단어를 올바르게 배열하세요.

4 비록 그가 바쁠지라도, / 그는 항상 시간을 낸다 / 그의 가족을 위해.

  ↳ 그는 바쁘더라도, 항상 그의 가족을 위해 시간을 낸다.

(if / busy / he / even / is)

→ _____, he always makes time for his family.

5 더 많이 / 내가 이야기할수록 / Elena와, / 더 잘 / 나는 이해할 수 있었다 / 그녀를.

  ↳ 내가 Elena와 더 많이 이야기할수록, 나는 그녀에 대해 더 잘 이해할 수 있었다.

(talked / the / could understand / the / with Elena / I / her / better / more / I)

→ _____, _____.

6 (조건 영작) 다음 우리말과 의미가 같도록 주어진 단어를 사용하여 문장을 완성하세요.

우리는 거리에서 그 남자아이들이 춤을 추는 것을 봤다. (dance, see, the boys)

→ We _____ _____ _____ _____ on the street.

MEMO

MEMO

독해를 바라보는 재미있는 시각

Reading
Graphy

Level 1	Level 2	Level 3	Level 4
110-130 Words	120-140 Words	130-150 Words	140-160 Words
500L-700L	600L-800L	700L-900L	800L-1000L

*Lexile(렉사일)® 지수는 미국 교육 기관 MetaMetrics에서 개발한 영어 읽기 지수로,
개인의 영어독서 능력과 수준에 맞는 도서를 읽을 수 있도록 개발된 독서능력 평가지수입니다.

어휘별 암기팁으로 쉽게 학습하는

어휘끝 중학 시리즈

Word Complete

어휘끝 중학 필수

어휘끝 중학 마스터

1 최신 교과과정을 반영한 개정판 발간

2 중학생을 위한 5가지 종류의 암기팁 제시

3 학습을 돕는 3가지 버전의 MP3 제공 (QR코드)

4 Apply, Check & Exercise, 어휘테스트 등 반복 암기 체크

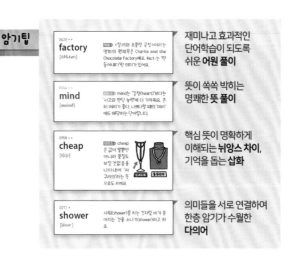

중학 필수	12,000원
수록 어휘 수	1,300개
대상	중학 기본·필수 어휘를 익히고자 하는 학생
예상 학습 기간	8주

중학 마스터	12,000원
수록 어휘 수	1,000개
대상	중학 고난도·고등 기초 어휘를 학습하려는 학생
예상 학습 기간	8주

재미나고 효과적인
단어학습이 되도록
쉬운 **어원 풀이**

뜻이 쏙쏙 박히는
명쾌한 **뜻 풀이**

핵심 뜻이 명확하게
이해되는 **뉘앙스 차이**,
기억을 돕는 **삽화**

의미들을 서로 연결하여
한층 암기가 수월한
다의어

쎄듀북닷컴(www.cedubook.com)에서 부가 자료를 무료로 다운로드할 수 있습니다.

쎄듀

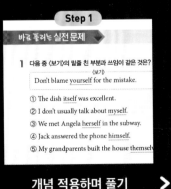

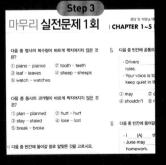
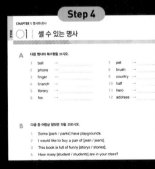

READING RELAY 한 권으로
영어를 공부하며 국·수·사·과까지 5과목 정복!

리딩릴레이 시리즈

1 각 챕터마다 주요 교과목으로 지문 구성!

우리말 지문으로 배경지식을 읽고, 관련된 영문 지문으로 독해력 키우기

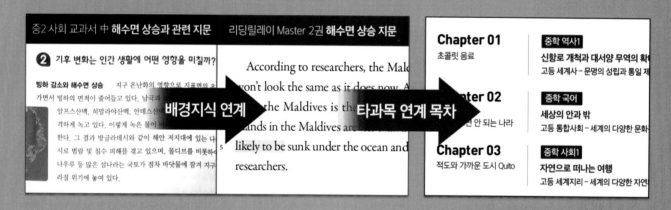

중2 사회 교과서 中 해수면 상승과 관련 지문	리딩릴레이 Master 2권 해수면 상승 지문

2 기후 변화는 인간 생활에 어떤 영향을 미칠까?

빙하 감소와 해수면 상승 지구 온난화의 영향으로 지표면의 온... 가면서 빙하의 면적이 줄어들고 있다. 남극과 ... 알프스산맥, 히말라야산맥, 안데스산맥 ... 격하게 녹고 있다. 이렇게 녹은 물이 바 ... 한다. 그 결과 방글라데시와 같이 해안 저지대에 있는 나... 시로 범람 및 침수 피해를 겪고 있으며, 몰디브를 비롯하... 나우 등 많은 섬나라가 국토가 점차 바닷물에 잠겨 지구 ... 라질 위기에 놓여 있다.

배경지식 연계

According to researchers, the Mal... won't look the same as it does now. A... the Maldives is the ... ands in the Maldives are ... likely to be sunk under the ocean and ... researchers.

타과목 연계 목차

Chapter 01 초콜릿 음료	중학 역사1 신항로 개척과 대서양 무역의 확... 고등 세계사 – 문명의 성립과 통일 제...
...pter 02 ...면 안 되는 나라	중학 국어 세상의 안과 밖 고등 통합사회 – 세계의 다양한 문화...
Chapter 03 적도와 가까운 도시 Quito	중학 사회1 자연으로 떠나는 여행 고등 세계지리 – 세계의 다양한 자연...

2 학년별로 국/영문의 비중을 다르게!

지시문 & 선택지 기준

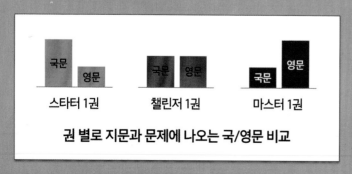

권 별로 지문과 문제에 나오는 국/영문 비교

3 교육부 지정 필수 어휘 수록!

교육부 지정 중학 필수 어휘

genius	명 1. **천재** 2. 천부의 재능
slip	동 1. **미끄러지다** 2. 빠져나가다
compose	동 1. **구성하다**, ~의 일부를 이루다 2. 3. 작곡하다
	형 (현재) 살아 있는

쎄듀

Reading Graphy

리딩그라피

쎄듀

Lexile® 600L-800L

| Level |

2

정답과 해설

독해를 바라보는 재미있는 시각

리딩그라피

| Level |

2

정답과 해설

01 귀엽지만 위험한 야생 동물

> **정답**   1 ⑤   2 ⑤   3 (1) F   (2) T   4 cute   5 네가 걷는 동안

문제 해설

1 글에서 Steve는 아무리 겉모습이 귀엽더라도 야생 동물 근처에는 가까이 가지 말아야 한다는 교훈을 얻었으므로, 겉모습만 보고 판단하지 말라는 의미의 ⑤가 적절하다.

    ① 벌이 없으면 꿀도 없다.   ② 무소식이 희소식이다.   ③ 집 만한 곳이 없다.
    ④ 다치기도 전에 울지 마라.   ⑤ 표지만 보고 책을 판단하지 마라.

2 Steve가 수달을 발견한 후에 가까이서 보기 위해 잠시 멈춰 섰다는 내용의 (C), 그때 갑자기 지나가던 조깅하는 사람이 수달을 밟았다는 내용의 (B), 이에 다른 수달들이 화가 났다는 내용의 (A)의 흐름이 가장 알맞다.

3 (1) 6번 문장에서 Steve가 아닌 조깅하는 사람이 달리다가 실수로 수달을 밟았다고 했다.
    (2) 8번 문장에 언급되어 있다.

4 Steve는 귀여운 수달들을 보기 위해 가까이 다가갔다가 공격당했으므로, '귀여워' 보이더라도 야생 동물을 조심해야 한다는 교훈을 얻었을 것이다. 따라서 빈칸에는 cute가 적절하다.

본문 해석

    ¹싱가포르에 있는 한 공원에서, Steve라는 이름의 한 남성은 아침 산책을 하러 갔다. ²아직 어둡고 조용했다. ³그가 걷고 있는 동안, 그는 물 근처에서 약 스무 마리의 털로 덮인 동물들을 보았다. ⁴그것들은 수달이었다! (C) ⁷그는 그 귀여운 동물들을 보기 위해 잠시 멈추고 가까이 다가갔다. (B) ⁶갑자기, 조깅하는 사람 하나가 달리며 지나갔는데, 그는 수달 한 마리를 실수로 밟았다. (A) ⁵다른 수달들은 화가 났고 겁을 먹었다. ⁸수달들은 Steve 역시 위험한 사람이라고 생각해서, 그를 향해 달려들었고 그의 발목과 다리를 물기 시작했다. ⁹Steve는 그것들을 막으려고 노력했지만, 그럴 수 없었다. ¹⁰마침내, Steve는 화가 난 수달들로부터 도망치기 위해 나무에 올라갔다. ¹¹그는 수달들이 진정하고 물로 돌아가기 전까지 그곳에 머물렀다.

    ¹²Steve는 그날 교훈을 얻었다: 야생 동물이 귀여워 보일지라도 야생 동물 주변에서는 항상 조심해라.

직독직해

¹In a park in Singapore, / a man named Steve / went for a morning walk.
싱가포르에 있는 한 공원에서, / Steve라는 이름의 남성은 / 아침 산책을 하러 갔다.

²It was still dark and quiet. ³While he was walking, // he saw about 20 furry animals /
아직 어둡고 조용했다.   그가 걷고 있는 동안,   // 그는 약 스무 마리의 털로 덮인 동물들을 보았다 /

near the water. ⁴They were otters! ⁷He stopped for a moment / and got close /
물 근처에서.   그것들은 수달이었다!   그는 잠시 멈추고   / 가까이 다가갔다   /

to look at the cute animals. ⁶Suddenly, / a jogger ran by, // and he accidentally stepped on an otter.
그 귀여운 동물들을 보기 위해.   갑자기,   / 조깅하는 사람 하나가 달리며 지나갔는데, // 그는 수달 한 마리를 실수로 밟았다.

⁵The other otters / got angry and scared. ⁸The otters thought / Steve was a danger too, //
다른 수달들은   / 화가 났고 겁을 먹었다.   그 수달들은 생각했다   / Steve 역시 위험한 사람이라고,   //

so they ran toward him / and started biting his ankles and legs. ⁹Steve tried to stop them, //
그래서 그것들은 그를 향해 달려들었고 / 그의 발목과 다리를 물기 시작했다.   Steve는 그것들을 막으려고 노력했지만, //

but he couldn't. ¹⁰At last, / Steve climbed a tree / to get away from the angry otters.
그는 그럴 수 없었다.   마침내,   / Steve는 나무에 올라갔다   / 화가 난 수달들로부터 도망치기 위해.

¹¹He stayed there // until the otters calmed down / and went back to the water.
그는 그곳에 머물렀다   // 수달들이 진정할 때까지   / 그리고 물로 돌아갈 때까지.

¹²Steve learned a lesson / that day: / always be careful / around wild animals, // even if they look cute.
Steve는 교훈을 얻었다   / 그날: / 항상 조심해라   / 야생 동물 주변에서는,   // 그것들이 귀여워 보일지라도.

주요 구문

⁷ He stopped for a moment and got close to look at the cute animals.

▶ 과거형 동사 stopped와 got이 접속사 and로 연결되었다. and로 연결되는 어구는 문법적인 성격이 같아야 한다.

▶ to look at은 '~을 보기 위해'라는 의미로, '목적'을 나타내는 to부정사이다.

⁸ The otters thought (that) Steve was a danger too, so they ran toward him and started biting his ankles and legs.
　　　주어　　동사　　　　　목적어

▶ 동사 thought 뒤에는 목적어절을 이끄는 접속사 that이 생략되었다.

▶ 동사 start는 v-ing(동명사)를 목적어로 취할 수 있는데, to부정사로 바꿔 써도 큰 의미 차이가 없다.

⁹ Steve tried to stop them, but he couldn't.
　　주어　동사　　목적어

▶ 동사 try 뒤에 to부정사가 목적어로 쓰이면 '~하려고 노력하다, 애를 쓰다'라는 의미이다.
　<try v-ing>는 '(한번) ~해 보다'라는 의미이므로 구분해서 잘 알아 두어야 한다.

¹⁰ At last, Steve climbed a tree to get away from the angry otters.

▶ to get away는 '도망치기 위해'라는 의미로, '목적'을 나타내는 to부정사이다.

---

02 순무로 맞는 영광　　　　　　　　　　　　　　　　　　　　본책 pp.16~17

정답　　1 ④　　2 (1) F　(2) T　　3 ⓐ chases　ⓑ throws　ⓒ local　　4 Hudson이라고 불리는 도시에

문제 해설　　1 스페인의 Piornal 지역에서 열리는 Jarramplas 축제를 소개하며, 그 축제의 전통과 기원에 대해 설명하고 있으므로, 정답은 ④이다.

2 (1) 6번 문장에서 몬스터들은 다치지 않기 위해 특별한 보호 장치를 착용한다고 했다.
(2) 12번 문장에 언급되어 있다.

3　　　　　　　　　　　　　　　　**Jarramplas 축제**

・**언제**: 매년 1월 19일과 20일
・**어디에서**: 스페인의 Piornal
・**무슨 일이 일어나는가**: 마을의 모든 사람들이 두 몬스터를 ⓐ 쫓아다니며 순무를 ⓑ 던진다.
・**기원**: 그것은 el Jarrampla라는 도둑에 대한 ⓒ 현지의 이야기를 바탕으로 한다.

본문 해석　　　¹매년 1월 19일과 20일에, 스페인의 Piornal에서는 Jarramplas 축제가 열린다. ²이 축제 기간 동안, 마을의 모든 사람들은 몬스터 두 마리를 쫓아다니며 순무를 던진다.

³그럼, 그 몬스터들은 누구일까? ⁴마을의 두 사람이 몬스터 역할을 한다. ⁵그들은 많은 수의 화려한 천 조각들로 장식된 의상을 입는다. ⁶이 의상 안에, 그들은 다치지 않기 위해 특별한 보호 장치를 착용한다.

⁷그 축제는 현지의 이야기에 바탕을 두고 있다. ⁸몬스터들은 el Jarrampla라는 이름의 도둑 역할을 한다. ⁹그 이야기에서, 도둑은 농부들에게서 동물을 훔쳤다. ¹⁰그를 쫓아내기 위해, 농부들은 그에게 순무를 던졌다.

¹¹두 몬스터는 결국 멍이 좀 들지도 모른다. ¹²하지만 Piornal 사람들은 el Jarrampla 역할을 하는 것이 큰 영광이라고 생각한다. ¹³그래서, 2,000명이 넘는 사람들이 대기자 명단에 이름을 올려놓았다!

직독직해

¹Every year / on January 19th and 20th, / the Jarramplas Festival takes place / in Piornal, Spain.
매년 / 1월 19일과 20일에, / Jarramplas 축제가 열린다 / 스페인의 Piornal에서.

²During this festival, / everyone in town / chases and throws turnips / at two monsters.
이 축제 기간 동안, / 마을의 모든 사람들이 / 쫓아가서 순무를 던진다 / 두 몬스터들을 향해.

³So, / who are the monsters? ⁴Two people / from the village / act as the monsters.
그럼, / 그 몬스터들은 누구일까? 두 사람이 / 그 마을 출신의 / 몬스터 역할을 한다.

⁵They wear costumes / decorated with / lots of colorful pieces of cloth. ⁶Underneath these costumes, /
그들은 의상을 입는다 / ~로 장식된 / 많은 수의 화려한 천 조각으로. 이 의상 안에, /

they wear special protection / to avoid getting hurt.
그들은 특별한 보호 장치를 착용한다 / 다치는 것을 피하기 위해.

⁷The festival is based on / a local story. ⁸The monsters act as the thief / named el Jarrampla.
그 축제는 근거한다 / 현지의 이야기에. 그 몬스터들은 도둑의 역할을 한다 / el Jarrampla라고 이름 지어진.

⁹In the story, / the thief stole animals / from the farmers. ¹⁰To chase him away, / the farmers
그 이야기에서, / 도둑은 동물을 훔쳤다 / 농부들에게서. 그를 쫓아버리기 위해, / 농부들은

threw turnips / at him.
순무를 던졌다 / 그를 향해.

¹¹The two monsters / might have a few bruises / in the end. ¹²But people in Piornal think //
그 두 몬스터는 / 멍이 좀 들지도 모른다 / 결국. 그러나 Piornal의 사람들은 생각한다 //

playing el Jarrampla is a big honor. ¹³So, / over 2,000 people / are on a waiting list!
el Jarrampla를 연기하는 것이 큰 영광이라고. 그래서, / 2,000명이 넘는 사람들이 / 대기자 명단에 올라있다!

주요 구문

⁶ Underneath these costumes, they wear special protection **to avoid**ᵈ *getting* hurt.ᵒ
▶ to avoid는 '피하기 위해'라는 의미로 '목적'을 나타내는 to부정사이다.
▶ 동사 avoid는 목적어로 v-ing(동명사)를 쓰며, <avoid v-ing>는 '~하는 것을 피하다'라는 의미이다.

⁸ The monsters act as *the thief* [**named** el Jarrampla].
▶ 과거분사구 named el Jarrampla는 바로 앞의 명사 the thief를 꾸며 주고 있다. 이때 named는 '~라는 이름의'라는 의미이다.

¹⁰ **To chase** him **away**, the farmers threw turnips at him.
▶ To chase A away는 'A를 쫓아버리기[내쫓기] 위해'라는 의미로 '목적'을 나타내는 to부정사이다.

¹² But people in Piornal think (**that**) **playing** el Jarrampla is a big honor.
　　　　　　　주어　　　　동사　　　　　　　목적어
▶ 동사 think 뒤에는 목적어절을 이끄는 접속사 that이 생략되었다.
▶ playing은 that절의 주어로 쓰인 동명사로, 이때 동명사는 '~하는 것은'이라고 해석한다.

03 눈동자만으로 가능하다고요?

정답   1 ⑤   2 ②   3 ⓐ move   ⓑ follows   4 슈퍼히어로로가 되는 것을 상상해 보세요

문제 해설

1 눈동자만으로 음악을 연주할 수 있는 소프트웨어 프로그램인 EyeHarp에 대해 설명하는 글이므로 정답은 ⑤이다.

① 진정한 우정의 이야기   ② 컴퓨터 과학의 힘
③ Zacharias: EyeHarp의 발명가   ④ 손으로 음악을 연주하는 즐거움
⑤ EyeHarp: 눈만으로 음악 연주하기

2 7번, 8번 문장을 보면 EyeHarp의 작동법으로 알맞은 그림은 ②임을 알 수 있다.

3

EyeHarp

누가 그것을 만들었는가	음악가이자 컴퓨터 과학자인 Zacharias.
그것은 왜 만들어졌는가	Zacharias의 친구를 위해. 그는 사고 후 팔을 ⓐ 움직일 수 없었다.
그것은 어떻게 작동하는가	그것은 화면에서 당신의 눈을 ⓑ 따라다니며 당신이 보고 있는 특정한 소리를 연주해준다.
누가 그것을 사용할 수 있는가	몸을 잘 움직이지 못하더라도 누구든지 사용할 수 있다.

본문 해석

¹여러분의 눈동자만 움직여서 여러분이 가장 좋아하는 음악을 연주하는 것을 상상해 보세요. ²EyeHarp라는 소프트웨어 프로그램 덕분에 이제 이것이 가능해요.

³Zacharias는 음악가이자 컴퓨터 과학자예요. ⁴2010년에, 그의 음악가 친구가 심각한 오토바이 사고를 당했어요. ⁵그의 친구는 부상 때문에 팔을 움직일 수 없었어요. ⁶그래서, Zacharias는 그를 위해 EyeHarp를 만들기로 결심했어요.

⁷EyeHarp의 작동법은 다음과 같아요: 먼저, 그것은 당신의 컴퓨터 화면에 다채로운 색의 원을 음계와 함께 보여줘요. ⁸그다음, 여러분이 특정한 색을 볼 때, 그 프로그램은 여러분의 눈을 따라가서 알맞은 소리를 연주해요!

⁹EyeHarp는 꼭 다른 악기들과 같아요. ¹⁰음악을 잘 연주하기 위해서는 시간과 연습이 필요해요. ¹¹하지만, 이 놀라운 소프트웨어는 모든 사람들에게 음악의 즐거움을 가져다줄 수 있어요. ¹²그들이 몸을 잘 움직이지 못하더라도 문제가 되지 않아요.

직독직해

¹Imagine playing / your favorite music / just by moving your eyes. ²Thanks to /
연주하는 것을 상상해 보라 / 당신이 가장 좋아하는 음악을 / 오직 당신의 눈을 움직여서.   ~덕분에   /

the software program, EyeHarp, / this is now possible.
EyeHarp라는 소프트웨어 프로그램,   / 이것이 이제 가능하다.

³Zacharias is a musician / and computer scientist. ⁴In 2010, / his musician friend / had a bad motorcycle
Zacharias는 음악가이다   / 그리고 컴퓨터 과학자이다.   2010년에, / 그의 음악가 친구가   / 심각한 오토바이 사고를

accident. ⁵His friend / wasn't able to move his arms / because of his injuries.
당했다.   그의 친구는   / 그의 팔을 움직일 수 없었다   / 그의 부상 때문에.

⁶So, / Zacharias decided / to create EyeHarp / for him.
그래서, / Zacharias는 결심했다   / EyeHarp를 만들기로   / 그를 위해.

⁷Here is / how EyeHarp works: // First, / it shows a colorful circle / with music scales /
여기 ~이 있다 / EyeHarp가 작동하는 방법: // 먼저, / 그것은 다채로운 색의 원을 보여 준다 / 음계들과 함께   /

on your computer screen. ⁸Then, / when you look at a specific color, // the program follows your eyes /
당신의 컴퓨터 화면에.   그다음, / 당신이 특정한 색을 볼 때,   // 그 프로그램은 당신의 눈을 따라간다   /

and plays the right sound / for you!
그리고 알맞은 소리를 연주한다 / 당신을 위해!

⁹EyeHarp is just like other instruments. ¹⁰It takes time and practice / to play music well.
EyeHarp는 꼭 다른 악기들과 같다. 시간과 연습이 필요하다 / 음악을 잘 연주하기 위해.

¹¹However, / this amazing software / can bring the joy of music / to everyone.
그러나, / 이 놀라운 소프트웨어는 / 음악의 즐거움을 가져다줄 수 있다 / 모든 사람들에게.

¹²It doesn't matter // even if they can't move their bodies well.
문제가 되지 않는다 // 비록 그들이 몸을 잘 움직일 수 없더라도.

주요 구문

¹ Imagine playing your favorite music just **by moving** your eyes.
▶ <by v-ing>는 '~을 해서, ~함으로써'라는 의미로 '수단'을 나타낸다.

⁵ His friend **wasn't able to move** his arms **because of** *his injuries*.
　　　　　　(= couldn't[could not] move)
▶ <wasn't[weren't] able to+동사원형>은 '~할 수 없었다'라는 뜻으로 '과거의 능력'을 나타내며, 조동사 couldn't[could not]으로 바꿔 쓸 수 있다.
▶ 전치사 because of는 '~때문에'라는 의미로 뒤에 명사(구)가 와야 한다.

⁷ Here is **how** EyeHarp^{주'} works^동: First, it shows a colorful circle with music scales on your computer screen.
▶ <Here is how+주어+동사 ~>는 '여기 ~하는 방법이 있다'라는 의미이며, 그 뒤에는 '방법'에 해당하는 내용이 나온다.

¹⁰ **It takes** *time* and *practice* **to play** music well.
▶ <It takes A to-v>는 '~하는 데 A[시간, 노력 등]가 들다[필요하다]'라는 뜻의 표현이다.

¹¹ However, this amazing software **can bring** the joy of music **to** everyone.
　　　　　　　　　　　　　　　　　　　　　　　　B　　　　　　A
▶ <bring B to A>는 'A에게 B를 가져다주다'라는 의미이며, 주로 B 자리에는 '사물'이, A 자리에는 '사람'이 온다. 이때, <bring A B>로 바꿔 쓸 수도 있다.
(= However, this amazing software **can bring** everyone the joy of music.)
　　　　　　　　　　　　　　　　　　　　　　　　　　　　A　　　　　　B

Review

단어

정답

A 1 ⓑ   2 ⓐ   3 ⓒ
B 1 create   2 practice   3 scared
C 1 follow   2 accident   3 judge

해석

A 1 piece(조각) - ⓑ 무언가의 대부분 부서진 작은 부분
   2 village(마을) - ⓐ 아주 작은 소도시
   3 chase(뒤쫓다, 추격하다) - ⓒ 그들[그것들]을 잡기 위해 누군가나 무언가를 빨리 쫓아가다

B 1 새로운 등장인물을 만들다
   2 축구 연습이 있다
   3 개를 무서워하다

C
| 보기 |
| 사고   따라가다   던지다   판단하다 |

   1 나가는 길을 찾으려면 표지판을 따라가야 합니다.
   2 지난겨울 얼어붙은 도로에서 자동차 사고가 있었다.
   3 사람을 빨리 판단하는 것은 좋지 않아. 그에게 두 번째 기회를 줘 봐.

1일 1문장

정답

A 1 **The chicken** cooked by the chef (was) really soft.
   2 I sometimes (imagine) living in a world filled with candy.
   3 While **we** (were waiting) for the bus, Jake kept telling funny jokes.

B 1 carries the doll made by her grandmother
   2 couldn't imagine meeting her
   3 While I was in the hospital

C 1 그의 남동생[형]을 위해 남겨진 케이크를
   2 사는 것을 상상할 수 없다
   3 저녁 식사를 준비하시는 동안

해석

A 1 셰프가 요리한 닭은 정말 부드러웠다.
   2 나는 때때로 사탕으로 가득 찬 세계에서 사는 것을 상상한다.
   3 우리가 버스를 기다리는 동안, Jake는 계속 재미있는 농담을 했다.

04 아침 식사에서 시작되었어요

본책 pp.24~25

정답 ▶ 1 ⑤   2 ③   3 와플처럼 생긴 신발 밑창을 만드는 것   4 ⓐ faster[fast]   ⓑ shoe bottom
5 캠핑을 가곤 했다

문제 해설 ▶

1 Bill Bowerman이 어떻게 와플 모양의 밑창을 가진 신발을 발명하게 되었는지에 대해 설명하는 글이므로 정답은 ⑤이다.

① 신발 디자인을 위한 훌륭한 아이디어
② 신발 밑창의 다양한 종류
③ 최고의 달리기 코치인 Bill Bowerman
④ Phil Knight가 빠른 달리기 선수가 된 방법
⑤ Bill Bowerman의 와플 신발 발명

2 ⓒ는 Phil Knight를 가리키며, 나머지는 모두 Bill Bowerman을 지칭하므로 정답은 ③이다.

3 7~9번 문장에서 Bill은 아침 식사를 하다가 와플 팬을 보고 좋은 아이디어를 얻었다고 했으며, 그 아이디어가 무엇인지는 10번 문장에 '와플처럼 생긴 신발 밑창을 만드는 것'이라고 언급되어 있다.

4
> Bill은 달리기 선수들이 ⓐ 더 빠르게[빠르게] 달리는 데 도움이 되는 운동화를 만들고 싶어 했다. 그는 와플 팬에서 아이디어를 얻어 와플 무늬를 가진 ⓑ 신발 밑창을 만들었다.

본문 해석 ▶

¹Bill Bowerman은 미국에 있는 한 대학교의 달리기 코치였다. ²그는 항상 달리기에 더 좋은 신발을 만들고 싶어 했다. ³그래서 그는 신발을 개선하기 위해 그것을 분해하거나 작은 변화를 주곤 했다. ⁴그는 종종 자신의 친구인 Phil Knight와 함께 자신의 신발에 대한 새로운 아이디어를 실험했다. ⁵Phil은 달리기가 빠르지 않았다. ⁶그래서 어떤 신발이라도 그를 더 빨리 달리게 도울 수 있다면, 그것은 좋은 신발로 여겨졌다.

⁷어느 날, Bill이 아침을 먹는 중에 그는 아내의 와플 팬을 발견했다. ⁸그 팬은 특별한 무늬를 가지고 있었다. ⁹그것은 그에게 좋은 아이디어를 주었다! ¹⁰그는 와플처럼 생긴 신발 밑창을 만들기로 결심했다. ¹¹처음에는 잘되지 않았지만, 그는 계속 노력했고 마침내 성공했다. ¹²새로운 와플 신발은 달리기 선수들을 훨씬 더 빠르게 만들었다. ¹³오늘날에도, 많은 신발들이 이 디자인을 사용한다.

직독직해 ▶

¹Bill Bowerman was a running coach / at a college in the U.S. ²He always wanted /
Bill Bowerman은 달리기 코치였다 / 미국의 한 대학에서. 그는 언제나 원했다 /

to make better shoes / for running. ³So he used to take apart shoes / and make small changes /
더 좋은 신발을 만드는 것을 / 달리기에. 그래서 그는 신발을 분해하곤 했다 / 그리고 작은 변화를 주곤 했다 /

to improve them. ⁴He often tested / his new shoe ideas / with his friend, Phil Knight.
그것을 개선하기 위해. 그는 종종 실험했다 / 그의 신발에 대한 새로운 아이디어들을 / 그의 친구인 Phil Knight와 함께.

⁵Phil wasn't a fast runner. ⁶So if any shoes could help him / run faster, // they were considered good ones.
Phil은 달리기가 빠르지 않았다. 그래서 어떤 신발이라도 그를 도울 수 있다면 / 더 빠르게 달릴 수 있도록, // 그것들은 좋은 것으로 여겨졌다.

⁷One day, / while Bill was having breakfast, // he noticed his wife's waffle iron.
어느 날, / Bill이 아침을 먹는 동안, // 그는 아내의 와플 팬을 알아차렸다.

⁸The iron had a special pattern. ⁹It gave him a great idea! ¹⁰He decided to make a shoe bottom //
그 팬은 특별한 무늬를 가지고 있었다. 그것은 그에게 좋은 아이디어를 주었다! 그는 신발 밑창을 만들기로 결정했다 //

that looked like a waffle. ¹¹At first, / it didn't work well, // but he kept trying / and finally succeeded.
와플처럼 생긴.   처음에는, / 그것은 잘되지 않았다,   // 하지만 그는 계속 시도했다 / 그리고 결국 성공했다.

¹²The new waffle shoes made / runners much faster. ¹³Even today, / many shoes use this design.
새 와플 신발은 (~하게) 만들었다   / 달리기 선수들을 훨씬 더 빠르게.   오늘날까지도, / 많은 신발이 이 디자인을 사용한다.

² He always **wanted to make** better shoes **for running**.
  ▶ <want to-v>는 '~하기를 원하다'라는 의미로, 동사 want는 목적어로 to부정사를 취한다.
  ▶ running은 전치사 for의 목적어로 쓰인 동명사이다.

⁶ So if any shoes **could help** him **run** faster, they **were considered** good ones.
                      A   동사원형
  ▶ <help+A(목적어)+동사원형>은 'A가 ~하도록 돕다'라는 의미이다.
  ▶ were considered는 '~로 여겨졌다'라는 의미로 주어가 동작을 당하게 되는 수동태 과거 표현이다.

⁹ It **gave** him a great idea!
      A   B
  ▶ <give A B>는 'A에게 B를 주다'의 의미이며, <give B to A>로 바꿔쓸 수도 있다. (= It **gave** a great idea **to** him!)
                                   B   A

¹⁰ He **decided to make** a shoe bottom [**that** looked like a waffle].
  ▶ <decide to-v>는 '~하기로 결정하다, 결심하다'라는 의미이다.
  ▶ that은 주격 관계대명사로, that ~ a waffle은 앞에 오는 명사(선행사) a shoe bottom을 꾸며 주고 있다.

¹² The new waffle shoes **made** runners *much* **faster**.
                         A   형용사(비교급)
  ▶ <make+A(목적어)+형용사>는 'A를 ~하게 만들다'라는 의미이며, 형용사 자리에는 비교급인 faster가 쓰였다.
  ▶ 이때 부사 much는 '훨씬'이라는 뜻으로 비교급의 의미를 강조하기 위해 쓰였다.

---

05 기업의 새빨간 거짓말   본책 pp.26~27

정답 ▶   1 ④   2 ④   3 ⓐ pretend ⓑ research   4 모든 것을 아는 척한다

문제 해설   1 '하지만 알아낼 방법들이 있어요.'라는 의미의 주어진 문장은 6번 문장(어떤 회사가 실제로 환경에 도움이 되는지 아닌지 구별하기 어렵다는 내용)과 7번 문장(제품의 라벨이나 설명서를 보면 알 수 있다는 내용) 사이에 오는 것이 가장 자연스러우므로 정답은 ④이다.

  2 1~3번 문장에서 'greenwashing'은 일부 기업들이 더 많은 제품을 팔기 위해 친환경적인 척하는 모습을 나타내는 말이라고 했다. 따라서, 'greenwashing'에 해당하지 않는, 즉 실제로 친환경적인 소재만을 사용하는 제품은 ④번뿐이다.

  3
> 'Greenwashing'은 기업들이 더 많은 제품을 팔기 위해 친환경적인 ⓐ 척하는 것을 의미한다. 우리는 그 회사들이 진실을 말하고 있는지 확인하기 위해 라벨을 확인하고 온라인으로 ⓑ 조사해 봐야 한다.

¹여러분은 'greenwashing'이라는 단어를 알고 있나요? ²그것은 좋은 단어처럼 들릴지도 모르지만, 실제로는 그렇지 않아요. ³우리는 기업들이 더 많은 제품을 팔기 위해 친환경적인 척할 때 이 단어를 사용해요. ⁴예를 들어, 한 자동차 회사는 그들의 차가 오염을 많이 일으키지 않는다고 말할지도 모르지만, 그것은 사실이 아닐지도 몰라요. ⁵마찬가지로, 패션 회사들이 그들의 옷이 지구에 좋다고 말할지도 모르지만, 항상 그렇지는 않아요.

⁶어떤 회사가 정말로 환경을 돕고 있는지 아닌지 구별하는 것은 어려울 수 있어요. 하지만 알아낼 방법들이 있어요. ⁷라벨을 보거나 제품의 설명서를 읽어보세요. ⁸이것은 제품이 정말로 지구에 좋은지 확인하는 데 도움이 될 거예요. ⁹여러분은 또한 온라인으로 회사를 조사해 볼 수 있어요. ¹⁰잊지 마세요: 우리는 현명한 쇼핑객이 되어야 해요. ¹¹환경에 실제로 좋은 것을 선택하는 것은 중요해요.

직독직해 ▶

¹Do you know the word "greenwashing"? ²It may sound like a nice word, // but it's actually not.
당신은 'greenwashing'이라는 단어를 아는가? 그것은 좋은 단어처럼 들릴지도 모른다, // 그러나 그것은 실제로는 그렇지 않다.

³We use this word // when companies pretend to be eco-friendly / to sell more products.
우리는 이 단어를 사용한다 // 회사들이 친환경적일 척할 때 / 더 많은 상품들을 팔기 위해.

⁴For example, / a car company might say / that their cars don't pollute much, // but it may not be true.
예를 들어, / 한 자동차 회사가 말할지도 모른다 / 그들의 차는 많이 오염시키지 않는다고, // 그러나 그것은 사실이 아닐지도 모른다.

⁵Similarly, / fashion companies might say / their clothes are good / for the Earth, //
마찬가지로, / 패션 회사들이 말할지도 모른다 / 그들의 옷이 좋다고 / 지구에, //

but they're not always.
그러나 그것들이 항상 그런 것은 아니다.

⁶It can be hard / to tell // if a company is really helping the environment / or not.
(~은) 어려울 수 있다 / 구별하는 것은 // 어떤 회사가 정말로 환경을 돕고 있는지 / 아닌지.

But there are ways / to find out. ⁷Look at the labels / or read the product descriptions.
그러나 방법들이 있다 / 알아낼. 라벨을 봐라 / 또는 제품의 설명서를 읽어라.

⁸This will help / you see // if a product is really good / for the Earth.
이것은 도와줄 것이다 / 당신이 보도록 // 제품이 정말로 좋은지 / 지구에.

⁹You can also research the company / online. ¹⁰Don't forget: // We need to be smart shoppers.
당신은 또한 그 회사를 조사할 수 있다 / 온라인에서. 잊지 마라: // 우리는 똑똑한 쇼핑객들이 되어야 한다.

¹¹It's important / to choose things // that are actually good / for the environment.
(~은) 중요하다 / 물건들을 고르는 것은 // 실제로 좋은 / 환경에.

주요 구문 ▶

² It **may sound like** *a nice word*, but it's actually not (a nice word).

▶ <sound like+명사(구)>는 '~처럼 들리다'라는 의미로, 전치사 like 뒤에는 명사(구)가 와야 한다.

▶ 두 번째 절에서 반복되는 말인 a nice word는 생략되었다.

⁵ Similarly, fashion companies might say (**that**) their clothes are good for the Earth, but they're not always (**good for**
　　　　　　　　　주어　　　　　　　동사　　　　　　　목적어

the Earth).

▶ 동사 might say 뒤에는 목적어절을 이끄는 접속사 that이 생략되었다.

▶ 문장에서 반복되는 말인 good for the Earth는 생략되었다.

⁶ **It** can be hard **to tell**동 *if a company is really helping the environment or not*.목
가주어　　　　　　　　　　　진주어

▶ it은 가주어(가짜 주어)로, 뒤로 보내진 to tell ~ or not이 문장의 진주어(진짜 주어)이다. 이때 가주어 it은 따로 해석하지 않으며 '~하는 것은 …하다'라고 해석한다.

▶ 동사 tell의 목적어로 쓰인 <if+주어+동사 ~ (or not)>은 '~가 …인지 (아닌지)'라는 의미이며, or not은 생략되기도 한다.

But there are *ways* **to find out**.

▶ to find out '알아낼'이라는 의미로, 앞의 명사 ways를 꾸며 주는 형용사적 용법의 to부정사이다.

⁸ This will help you **see**^동 **if** it's really good for the Earth.^목

       목적어   보어

▶ <help+A(목적어)+동사원형>은 'A가 ~하도록 돕다'라는 의미이다.

▶ 동사 see의 목적어로 접속사 if가 이끄는 명사절이 쓰였으며, '~가 …인지 (아닌지)'라고 해석한다.

¹¹ It's important **to choose** *things* [**that** are actually good for the environment].

  가주어   진주어

▶ it은 가주어이고, to choose ~ for the environment가 진주어이다.

▶ that은 주격 관계대명사로, that이 이끄는 절은 앞에 오는 명사(선행사) things를 꾸며 주고 있다.

---

06 도로 보수에 사용된 놀라운 재료

본책 pp.28~29

정답   **1** (1) **T** (2) **F**   **2** (1) ⓒ (2) ⓑ (3) ⓐ   **3** ③   **4 사랑받는다**

문제 해설

1 (1) 3번 문장에 언급되어 있다.

  (2) 12번 문장에서 현재는 영국만 이 아이디어(기저귀를 도로 보수에 사용하는 것)를 시험하고 있다고 했다.

Q 다음 문장이 글의 내용과 일치하면 T, 그렇지 않으면 F를 쓰세요.

(1) 영국에서는 매년 약 30억 개의 기저귀가 버려진다.

(2) 전 세계의 많은 나라들은 도로를 보수하기 위해 기저귀를 사용하고 있다.

2 Q 상자에서 각 그림을 가장 잘 설명하는 문장을 고르세요.

> ⓐ 조각들은 역청이라고 불리는 끈적거리는 물질과 섞인다.
>
> ⓑ 기저귀들은 다양한 과정들을 거쳐 작고, 부드러운 조각으로 변한다.
>
> ⓒ 기저귀들은 작은 조각으로 잘리고 세척된다.

3 영국의 웨일스에서는 쓰레기를 줄이기 위해 도로를 보수하는 데 기저귀를 재활용해서 사용한다는 내용의 글이다.

Q 본문에 따르면 빈칸 (A)와 (B)에 들어갈 가장 알맞은 단어는?

> 웨일스에서, 사람들은 도로를 (B) 보수하기 위해 재활용된 기저귀를 (A) 사용한다.

    (A)   (B)   (A)   (B)

① 사다   … 보수하다   ② 사다   … 만들다

③ 사용하다 … 보수하다   ④ 사용하다 … 폐쇄하다

⑤ 세척하다 … 폐쇄하다

4 Q 다음 빈칸에 알맞은 우리말 해석을 써보세요.

본문 해석

    ¹사람들이 도로를 만들 때, 여러분은 그들이 무엇을 사용할 것이라고 생각하시나요? **²**놀랍게도, 영국 웨일스의 사람들은 기저귀를 사용합니다!

    ³영국에서는, 매년 약 30억 개의 기저귀가 버려지고, 이것은 40만 톤의 쓰레기를 만들어 냅니다. **⁴**기저귀들은 분해되는 데 500년이 걸릴 수 있습니다. **⁵**이 문제를 해결하기 위해, 사람들은 웨일스의 도로를 보수하는 데 재활용된 기저귀

를 사용하기 시작했습니다. ⁶이 창의적인 생각은 버려지는 기저귀의 수를 줄여주고 있습니다.

⁷하지만 기저귀들이 어떻게 도로의 일부가 될까요? ⁸먼저, 기저귀들은 작은 조각들로 잘려지고 세척됩니다. ⁹그다음, 그것들은 작고, 부드러운 조각이 될 때까지 여러 단계를 거칩니다. ¹⁰마침내, 이 조각들은 역청이라고 불리는 끈적거리는 물질에 더해집니다. ¹¹이 마지막 단계가 아스팔트가 부서지지 못하게 막아줍니다. ¹²지금은, 영국만이 이 아이디어를 시험하고 있습니다. ¹³하지만 누가 아나요? ¹⁴언젠가 이것은 전 세계로 퍼질지도 모릅니다!

직독직해

¹When people make roads, // what do you think they use? ²Surprisingly, / the people of Wales /
사람들이 도로를 만들 때,　　// 당신은 그들이 무엇을 사용한다고 생각하는가? 놀랍게도,　/ 웨일즈의 사람들은　　/

in the U.K. / use diapers!
영국의　　/ 기저귀를 사용한다!

³In the U.K., / about three billion diapers / are thrown away / each year, //
영국에서,　/ 약 30억 개의 기저귀가　　/ 버려진다　　/ 매년,　//

and this creates / 400,000 tons of waste. ⁴Diapers can take 500 years / to break down.
그리고 이것은 만들어 낸다 / 40만 톤의 쓰레기를.　　기저귀는 500년이 걸릴 수 있다　/ 분해되기 위해서.

⁵To help with this problem, / people started using recycled diapers / to fix the roads in Wales.
이 문제를 돕기 위해서,　　/ 사람들은 재활용된 기저귀를 사용하기 시작했다　　/ 웨일스의 도로를 고치기 위해.

⁶This creative idea is reducing / the number of diapers / thrown away.
이 창의적인 아이디어는 줄이고 있다　/ 기저귀의 수를　　/ 버려지는.

⁷But how do diapers become / part of a road? ⁸First, / the diapers are cut / into small pieces
그러나 어떻게 기저귀는 되는가　/ 도로의 일부가?　첫째,　/ 기저귀는 잘려진다　/ 작은 조각들로

/ and washed. ⁹Then, / they go through various steps // until they turn into small, soft pieces.
/ 그리고 세척된다.　그다음에, / 그것들은 여러 단계를 거친다　// 그것들이 작고, 부드러운 조각들로 바뀔 때까지.

¹⁰Finally, / these pieces are added / to a sticky material / called bitumen.
마침내,　/ 이 조각들은 더해진다　/ 끈적거리는 물질에　/ 역청이라고 불리는.

¹¹This last step keeps the asphalt / from falling apart. ¹²For now, / only the U.K. is testing this idea.
이 마지막 단계가 아스팔트를 지켜준다　/ 부서지는 것으로부터.　현재로는,　/ 영국만 이 아이디어를 시험하고 있다.

¹³But who knows? ¹⁴It might spread / to the whole world / one day!
하지만 누가 아는가?　그것은 퍼질지도 모른다 / 전 세계로　/ 언젠가!

주요 구문

¹ When people make roads, **what** *do you think* **they use**? (← *Do you think*?+**What do they use?**)
　　　　　　　　　　　　　　　　의문사　　　　　주어　동사
▶ 의문문(Do you think?)이 다른 의문문(What do they use?)의 일부로 쓰인 간접의문문이다. 이때 의문사 what이 문장 맨 앞에 나와야 하며, <의문사+do you think+주어+동사 ~?>의 어순으로 쓴다.

⁴ Diapers can take 500 years **to break down**.
▶ to break down은 '분해되기 위해'라는 의미로 '목적'을 나타내는 부사적 용법의 to부정사이다.

⁵ **To help with** this problem, people **started using** recycled diapers **to fix** the roads in Wales.
▶ To help with와 to fix는 둘 다 '목적'을 나타내는 부사적 용법의 to부정사이다.
▶ 동사 start는 v-ing(동명사)를 목적어로 취할 수 있는데, to부정사로 바꿔 써도 큰 의미 차이가 없다.

⁶ This creative idea is reducing the number of *diapers* [**thrown away**].
▶과거분사(thrown away)는 바로 앞의 diapers를 꾸며 주며, '버려진'이라는 의미이다.

⁸ First, the diapers **are cut into** small pieces and (are) **washed**.

▶ are cut into와 (are) washed는 수동태로 각각 '~로 잘려진다'와 '세척된다'라는 의미이다.

▶ 접속사 and는 두 개의 동사 are cut into와 (are) washed를 연결해 주고 있으며, washed 앞의 are는 반복되는 말이므로 생략하는 것이 자연스럽다.

⁹ Then, they go through various steps **until** they turn into small, soft pieces.

▶ 여기서 until은 '~할 때까지'라는 의미로 <주어+동사>의 절과 절을 연결하는 접속사로 쓰였다.

¹¹ This last step **keeps** *the asphalt* **from falling apart**.

▶ <keep A from v-ing>는 'A가 ~하지 못하게 막다'라는 뜻이다.

Review

본책 p.30

단어

정답

A 1 ⓑ 2 ⓒ 3 ⓐ

B 1 **product** 2 **environment** 3 **improve**

C 1 **throw, away** 2 **look, like** 3 **take, apart**

해석

A 1 coach(코치) - ⓑ 스포츠에서 사람이나 팀을 훈련시키는 사람

2 waste(쓰레기) - ⓒ 더 이상 쓸모없거나 원하지 않는 것들

3 pollute(오염시키다) - ⓐ 공기, 수질 또는 토양을 위험할 정도로 더럽히다

본책 p.31

1일 1문장

정답

A 1 **My grandmother** (used to tell) us fun stories.

2 **Tickets** to the amusement park (are sold) at half price after 6 p.m.

3 **Julia** sometimes (pretends) to be sick when she doesn't want to go to school.

B 1 Josh and I used to go fishing every summer.

2 She pretended to have no money.

3 The castle is built on top of the mountain.

C 1 스티커를 모으곤 했다

2 바쁜 척했다

3 허용된다

해석

A 1 나의 할머니는 우리에게 웃긴 이야기들을 해주시곤 했다.

2 놀이공원의 티켓은 오후 6시 이후에 반값에 팔린다.

3 Julia는 학교에 가고 싶지 않을 때 때때로 아픈 척을 한다.

07 이집트 조각상에 없는 것　　　　　　　　　　　　　　　　　　본책 pp.34~35

정답　 1 ⑤　　2 (1) T　(2) F　　3 ③　　4 ⓐ Ancient　ⓑ soul　　5 너는 이 영화를 본 적이 있니

문제 해설　

1 이집트의 많은 조각상들이 부러진 코를 갖고 있는 이유에 대해 설명하는 글이므로 정답은 ⑤이다.

　　① 누가 파라오의 보물을 훔쳤는가?　　　　　　② 이집트 조각상의 아름다움
　　③ 이집트에서 코가 중요한 이유　　　　　　　④ 고대 이집트인들이 조각상을 만든 방법
　　⑤ 이집트 조각상들이 부러진 코를 갖고 있는 이유

2 (1) 11번 문장에 언급되어 있다.
　(2) 12번과 13번 문장에서 사람들은 파라오의 무덤에서 보물을 훔쳐 갈 때 조각상들의 코를 부쉈다고 했다.

3 빈칸 앞에서는 몇몇 사람들이 이집트 조각상들이 단지 침식 작용 때문에 부러진 코를 갖고 있다고 생각한다고 했지만, 빈칸 뒤에서는 이것(침식 작용)이 모든 것을 설명하지 못한다는 반대의 내용이 나오고 있으므로 정답은 ③ However(하지만)이다.

　　① 요컨대　　　② 게다가　　　③ 하지만　　　④ 예를 들어　　　⑤ 그러므로

4
> ⓐ 고대 이집트인들은 죽음 이후 사람의 ⓑ 영혼이 조각상에 옮겨갈 것이라고 믿었다.

본문 해석　

　¹여러분은 박물관에서 고대 이집트의 조각상들을 본 적이 있나요? ²흥미롭게도, 그것들 중 많은 조각상들이 코가 없어요. ³몇몇 사람들은 그 부러진 코가 단지 침식 작용 때문이라고 생각했어요. ⁴그러나, 이는 모든 것을 설명하지 못해요. ⁵건물 안의 조각상들조차 코가 부러져있어요. ⁶이 미스터리에는 또 다른 원인이 있을지도 몰라요.

　⁷고대 이집트에서, 사람들은 죽은 자들을 위해 조각상을 만들었어요. ⁸그들은 죽음 이후 사람의 영혼이 조각상 안으로 옮겨 간다고 믿었어요. ⁹만약 누군가 영혼을 제거하기를 원했다면, 그들은 조각상을 파괴해야만 했어요. ¹⁰그렇다면, 그들은 왜 코만 부러뜨렸을까요? ¹¹이집트인들은 코가 생명의 원천이라고 믿었어요.

　¹²그래서, 사람들이 파라오의 무덤에서 보물들을 훔치기를 원했을 때, 그들은 항상 제일 먼저 한 가지를 했어요. ¹³그들은 영혼을 영원히 파괴하기 위해 조각상의 코를 부러뜨렸어요!

직독직해 ▶

¹Have you ever seen statues / from ancient Egypt / in museums? ²Interestingly, / many of them /
당신은 조각상들을 본 적이 있는가 　/ 고대 이집트에서 온 　/ 박물관에서? 　흥미롭게도, 　/ 그것들 중 많은 것은 /

are missing their noses. ³Some people thought // that the broken noses / were just because of corrosion.
그것들의 코를 잃어버린 상태이다. 　몇몇 사람들은 생각했다 　// 부러진 코들이 　　　　/ 단지 침식 작용 때문이었다고.

⁴However, / this doesn't explain everything. ⁵Even statues / inside buildings / have broken noses.
하지만, 　/ 이것은 모든 것을 설명하지 못한다. 　　조각상들조차 　/ 건물 안의 　/ 부러진 코를 가지고 있다.

⁶There might be another reason / for this mystery.
또 다른 이유가 있을지도 모른다 　　　/ 이 미스터리에는.

⁷In ancient Egypt, / people made statues / for the dead. ⁸They believed // that a person's soul
고대 이집트에서는, 　/ 사람들은 조각상을 만들었다 　/ 죽은 사람들을 위해. 　그들은 믿었다 　// 사람의 영혼은

| would move into a statue / after death. ⁹If someone wanted / to remove the soul, // they needed / |
| 조각상으로 옮겨갈 것이라고 / 죽음 이후에. 만약 누군가 원했다면 / 영혼을 제거하기를, // 그들은 필요로 했다 |

would move into a statue / after death. ⁹If someone wanted / to remove the soul, // they needed /
조각상으로 옮겨갈 것이라고 / 죽음 이후에. 만약 누군가 원했다면 / 영혼을 제거하기를, // 그들은 필요로 했다 /

to destroy the statue. ¹⁰Then, / why did they only break the nose? ¹¹Egyptians believed //
조각상을 파괴하는 것을. 그렇다면, / 왜 그들은 코만 부러뜨렸을까? 이집트인들은 믿었다 //

the nose was the source of life.
코가 생명의 원천이라고.

¹²So, / when people wanted / to steal treasure / from pharaoh's tombs, // they always did one thing /
그래서, / 사람들이 원했을 때 / 보물을 훔치기를 / 파라오의 무덤으로부터, // 그들은 언제나 한 가지를 했다 /

first. ¹³They broke the statue's nose / to destroy the soul / forever!
먼저. 그들은 조각상의 코를 부러뜨렸다 / 그 영혼을 파괴하기 위해 / 영원히!

주요 구문

³ Some people thought **that** the broken noses were just **because of** corrosion.
　　　　　주어　　　동사　　　　　　　　　　목적어
▶ that이 이끄는 절(that ~ corrosion)은 동사 thought의 목적어로 쓰였다.
▶ because of는 '~ 때문에'라는 뜻의 전치사로 그 뒤에는 명사(구)가 와야 한다.

⁶ There **might** be another reason for this mystery.
▶ might은 '~일지도 모른다'라는 의미의 조동사로 '추측'을 나타낸다.

⁷ In ancient Egypt, people made statues for **the dead**.
　　　　　　　　　　　　　　　　　　　　　(= dead people)
▶ <the+형용사>는 '~한 사람들'이란 뜻으로 복수명사처럼 쓰인다. <형용사+people>과 같은 의미이다.
　 e.g. In some countries, **the rich**(= rich people) should pay a lot of taxes.
　　　　 몇몇 나라에서, 부자들은 세금을 많이 내야 한다.

⁸ They believed that a person's soul **would** move into a statue after death.
▶ would는 will의 과거형으로 '~할 것이다'라는 의미의 조동사이다.

⁹ **If** someone wanted to remove the soul, they **needed to destroy** the statue.
▶ If는 '만약 ~한다면'이란 뜻의 '조건'을 나타내는 접속사이다.
▶ <need to-v>는 '~할 필요가 있다, ~해야 한다'라는 의미이다.

¹¹ Egyptians believed (**that**) the nose was the source of life.
　　　주어　　　동사　　　　　　　목적어
▶ 동사 believed 뒤에는 목적어절을 이끄는 접속사 that이 생략되었다.

---

08 가족 여행에서 만난 뜻밖의 모습　　　　　　　　　　　본책 pp.36~37

정답　1 ④　　2 ④　　3 (1) T　(2) F　　4 adventure　　5 내가 방을 청소하는 동안

문제 해설　1 처음에는 사우스다코타로의 여행이 지루할 것이라 생각했던 Sophia가 예상치 못한 들소 떼를 만나는 새로운 경험을
　　　　　　　 하게 되면서 여행을 즐기게 되었다는 내용이므로 정답은 ④이다.

　　　　　　2 여행이 지루할 것이라고 생각하고 휴대폰만 보던 Sophia가 들소 떼를 보고 놀라워하며 사진을 찍기 시작했다고 했
　　　　　　　 으므로, ④ 'bored(지루한) → excited(신난)'이 가장 알맞다.

① 화난 → 긴장한, 초조한　　② 화난 → 속상한　　③ 지루한 → 속상한

④ 지루한 → 신난　　⑤ 희망에 찬 → 신난

3 (1) 2번 문장에 언급되어 있다.

(2) 8번과 9번 문장에서 Sophia와 Tony는 아빠가 타이어를 수리하는 동안 차 안에서 기다리던 중에 들소 무리를 봤다고 했다.

4 빈칸이 들어간 문장은 들소 떼를 보고 놀라 사진을 찍기 시작한 Sophia를 보고 Tony가 웃으며 한 말이다. 앞서 6번 문장에서 Tony는 Sophia에게 우리 여행도 신나는 '모험'이 될 수 있다고 이미 언급한 바가 있으므로 빈칸에는 adventure(모험)가 알맞다.

본문 해석

¹Sophia의 가족은 사우스다코타로 여행을 가는 중이었다. ²Sophia는 사람들이 사우스다코타가 미국에서 가장 지루한 주(州) 중 하나라고 해서 이 여행이 지루하겠다고 생각했다.

³가는 도중에, 그녀는 대부분의 시간을 자신의 휴대전화를 하며 보냈다. ⁴그녀의 오빠 Tony가 이 모습을 보고 "네 휴대전화에는 뭐가 그렇게 재미있는 게 있어?"라고 물었다. ⁵그녀는 그에게 자신의 친구인 Ally의 플로리다로의 흥미로운 여행 사진들을 보여주었다. ⁶Tony는 "야, 우리 여행도 신나는 모험이 될 수 있어. 무슨 일이든 일어날 수 있어!"라고 말했다.

⁷바로 그때, 그들의 차는 타이어에 펑크가 났다. ⁸그들의 아빠는 차를 세우고 "내가 타이어를 고치는 동안 차 안에 안전히 있으렴."이라고 이야기했다. ⁹그들은 기다리는 동안, 큰 무리의 들소들이 지나가는 것을 보았다. ¹⁰Sophia는 놀라서 말했다, "와! 나는 저런 걸 보게 될 거라고 예상하지 못했어!" ¹¹그녀는 사진을 찍기 위해 재빨리 휴대전화를 들었다. ¹²Tony는 미소를 지으며 말했다, "봐! 이제 우리의 여행이 진정한 <u>모험</u>으로 바뀌고 있어!"

직독직해

¹Sophia's family was on a trip / to South Dakota. ²Sophia thought / this trip would be boring //
Sophia의 가족은 여행을 가는 중이었다　/ 사우스다코타로.　　　Sophia는 생각했다　　/ 이 여행은 지루하겠다고　　　　//

because people say / South Dakota is one of the most boring states / in America.
사람들이 말하기 때문이다　/ 사우스다코타는 가장 지루한 주 중 하나라고　　　　　　/ 미국에서.

³On the way, / she spent most of the time / on her phone. ⁴Her brother, Tony, /
가는 도중에,　/ 그녀는 대부분의 시간을 보냈다　　/ 그녀의 휴대전화에.　　그녀의 오빠, Tony는　/

saw this and asked, // "What's so interesting / on your phone?" ⁵She showed him pictures /
이것을 보고 물었다,　// "무엇이 그렇게 재미있어　/ 네 휴대전화에?"　　그녀는 그에게 사진들을 보여주었다　/

of her friend Ally's exciting trip / to Florida. ⁶Tony said, // "Hey, our trip can be an exciting
그녀의 친구인 Ally의 흥미로운 여행의　/ 플로리다로의.　　Tony는 말했다, // "야, 우리 여행도 신나는 모험이 될 수 있어.

adventure, too. Anything can happen!"
무엇이든 일어날 수 있어!"

⁷Just then, / their car got a flat tire. ⁸Their dad stopped the car and said, //
바로 그때,　/ 그들의 차는 타이어에 펑크가 났다.　그들의 아빠는 차를 세우고 말했다,　　//

"Stay safe in the car / while I fix the tire." ⁹As they waited, // they saw /
"차 안에 안전히 있어라　/ 내가 타이어를 고치는 동안."　그들은 기다리는 동안,　// 그들은 보았다 /

a large group of bison passing by. ¹⁰Sophia was surprised and said, // "Wow! I didn't expect /
큰 무리의 들소들이 지나가는 것을.　　　Sophia는 놀라서 말했다,　　// "우와! 나는 예상하지 못했어　/

to see that!" ¹¹She quickly lifted her phone / to take pictures. ¹²Tony smiled and said, //
저걸 볼 거라고!"　그녀는 재빨리 그녀의 휴대전화를 들어 올렸다 / 사진을 찍기 위해.　　Tony는 웃으며 말했다,　　//

"See! Our trip is turning into a real <u>adventure</u> / now!"
"봐!　우리의 여행이 진정한 모험으로 바뀌고 있어　/ 이제!"

2 Sophia thought (**that**) this trip would be boring because people say (**that**) South Dakota is **one of the most boring**

  주어   동사   목적어   주어'   동사'   목적어'

states in America.

▶ 동사 thought와 say 뒤에는 목적어절을 이끄는 접속사 that이 생략되었다.

▶ <one of the+최상급+복수명사>는 '가장 ~한 …중 하나'의 의미이다.

4 Her brother, Tony, saw this and asked, "What's so interesting on your phone?"

     A └ = ┘ B

▶ <A+콤마(,)+B>는 'A는 B인데, B인 A'라는 의미로, Her brother와 Tony는 같은 것으로 볼 수 있다.

5 She **showed** him *pictures* [**of** her friend Ally's exciting *trip* [**to** Florida]].

         A   B

▶ <show A B>는 'A에게 B를 보여주다'라는 의미이다.

▶ of her friend ~ to Florida는 앞의 명사 pictures를 꾸며 주는 전치사구이다. to Florida는 앞의 명사 trip을 꾸며 '~로의 여행'이라는
의미를 나타낸다.

9 As they waited, they **saw** a large group of bison **passing by**.

                          A   v-ing

▶ <see+A(목적어)+v-ing>는 'A가 ~하는 것을 보다'라는 의미이다.

12 Tony smiled and said, "See! Our trip **is turning into** a real adventure now!"

▶ is turning into는 '~으로 바뀌고[변하고] 있다'라는 의미의 현재진행형이다.

---

09 박치는 유전인가요?

본책 pp.38~39

정답   **1** ⑤   **2** ④   **3** ⓐ come from ⓑ everyday   **4** 만든다, 우리를 행복하게

문제 해설

1 우리의 춤 실력과 리듬감은 사실 유전자에 영향을 받는다는 내용의 글이므로 정답은 ⑤이다.

  ① 춤추는 것의 과학   ② 다양한 종류의 춤 스타일

  ③ 우리 일상생활에서 유전자의 역할   ④ 음악과 관련된 다양한 종류의 유전자

  ⑤ 우리의 춤과 리듬에 유전자가 미치는 영향

2 (a)는 2번, 3번 문장에 언급되어 있으며, (c)는 7번 문장에 언급되어 있다. (b)는 6번 문장, (d)는 10번, 11번 문장을
보면 글의 내용과 일치하지 않는 것을 알 수 있으므로 정답은 ④ (b), (d)이다.

3

> 우리의 춤 실력과 리듬감은 ⓐ 특별한 유전자에서 기인한다. 이 유전자들은 또한 우리가 걷기와 숨
> 쉬기와 같은 ⓑ 일상적인 활동을 하도록 돕는다.

본문 해설

    ¹여러분은 음악에 맞춰 춤을 추거나 리듬에 맞춰 움직이는 것을 즐기나요? ²어떤 사람들은 타고나기를 다른 사람들
보다 춤을 더 잘 춰요. ³과학자로 이루어진 한 팀이 이것에 대한 이유를 찾아냈어요.

    ⁴그들은 최근에 특별한 유전자들을 발견했어요. ⁵이 유전자들은 우리가 음악에 맞춰 춤을 추거나 박수를 치는 데 도
움을 줘요. ⁶이는 우리의 춤추는 솜씨가 사실은 우리의 유전자에서 기인한다는 것을 의미해요! ⁷사실, 우리에게는 리듬
을 유지하도록 도와주는 수백 개의 유전자가 있어요. ⁸우리가 발을 가볍게 두드리거나, 박수를 치거나, 음악에 맞춰 춤
을 출 때, 그것은 우리의 자연스러운 리듬 감각을 보여줄 수 있어요. ⁹이 리듬감이 우리를 음악적으로 만들어줘요.

¹⁰그러나, 우리의 리듬 감각은 오직 춤추는 데에만 중요한 것이 아니에요. ¹¹그것은 걷기와 숨 쉬기 같은 일상적인 활동과도 연관되어 있어요. ¹²그러니, 여러분이 춤을 추고 있을 때나 걷고 있을 때도, 유전자에 대해 생각해 보세요. ¹³그것들은 여러분의 삶에서 리듬을 만드는 데 도움을 주고 있어요!

직독직해

¹Do you enjoy / dancing to music / or moving to a beat? ²Some people naturally dance better /
당신은 즐기는가 / 음악에 맞춰 춤추는 것을 / 또는 리듬에 맞춰 움직이는 것을? 어떤 사람들은 본래 춤을 더 잘 춘다 /

than others. ³A team of scientists found a reason / for this.
다른 사람들보다. 과학자로 이루어진 한 팀이 이유를 찾았다 / 이것에 대한.

⁴They recently discovered special genes. ⁵These genes help / us dance and clap / along with music.
그들은 최근에 특별한 유전자들을 발견했다. 이 유전자들은 도와준다 / 우리가 춤추고 박수를 치도록 / 음악에 맞춰.

⁶This means // our dancing skills / actually come from our genes! ⁷In fact, / there are hundreds of genes //
이것은 의미한다 // 우리의 춤추는 솜씨가 / 사실은 우리의 유전자에서 나온다는 것을! 사실, / 수백 개의 유전자들이 있다 //

that help us keep rhythm. ⁸When we tap our foot, / clap our hands, / or dance to music, //
우리가 리듬을 유지하도록 도와주는. 우리가 발을 가볍게 두드릴 때, / 박수를 칠 때, / 또는 음악에 맞춰 춤을 출 때, //

it can show our natural sense of rhythm. ⁹This sense of rhythm makes / us musical.
그것은 우리의 리듬에 대한 타고난 감각을 보여줄 수 있다. 이 리듬감이 만든다 / 우리를 음악적으로.

¹⁰However, / our sense of rhythm / isn't only important / for dancing. ¹¹It's also linked /
그러나, / 우리의 리듬에 대한 감각은 / 오직 중요하지는 않다 / 춤을 추는 데. 그것은 또한 연관되어 있다 /

to everyday activities / — like walking and breathing. ¹²So, / when you're dancing, / or even walking, //
일상적인 활동들에 / ㅡ 걷는 것과 숨을 쉬는 것과 같은. 그래서, / 당신이 춤을 추고 있을 때, / 아니면 걷고 있을 때조차도, //

think of your genes. ¹³They help make the rhythm / in your life!
당신의 유전자에 대해 생각해 보라. 그것들은 리듬을 만드는 데 도움을 준다 / 당신의 삶에서!

주요 구문

¹ Do you **enjoy dancing** to music or **moving** to a beat?

▶ <enjoy v-ing>는 '~하는 것을 즐기다'라는 뜻으로, enjoy는 동명사를 목적어로 취한다.

▶ enjoy의 목적어인 dancing과 moving은 접속사 or로 연결되어 있다. or로 연결되는 어구는 문법적인 성격이 같아야 한다.

² Some people naturally dance **better than** others.

▶ <비교급+than>은 '~보다 더 …한/하게'라는 의미이다. 이때, better은 형용사 good의 비교급이다.

⁵ These genes **help** us **dance** and **clap** along with music.
　　　　　　　　　A 동사원형1 동사원형2

▶ <help+A(목적어)+동사원형>은 'A가 ~하도록 돕다'라는 뜻이며, dance와 clap 두 개의 동사가 접속사 and로 연결되었다.

⁷ In fact, there are *hundreds of genes* [**that** help us keep rhythm].

▶ that은 주격 관계대명사로, that 이하는 앞에 오는 명사 hundreds of genes를 꾸며 주고 있다.

¹⁰ However, our sense of rhythm isn't only important **for dancing**.

▶ dancing은 전치사 for의 목적어로 쓰인 동명사이다.

¹¹ It's also linked to everyday activities — **like walking** and **breathing**.

▶ 전치사 like의 목적어로 쓰인 동명사 walking과 breathing은 접속사 and로 연결되었다.

Review

본책 p.40

단어

정답 ▶
A 1 ⓒ 2 ⓐ 3 ⓑ
B 1 boring 2 treasure 3 ancient
C 1 expect 2 tap 3 explain

해석

A 1 mystery(미스터리, 수수께끼) - ⓒ 무언가 설명하거나 이해하기 어려운 것
2 statue(조각상) - ⓐ 돌이나 금속으로 만들어진 사람이나 동물의 형상
3 breathe(숨 쉬다, 호흡하다) - ⓑ 폐로 공기를 들이마시고 밖으로 밀어내다

B 1 지루한 일
2 바다 아래에 숨겨진 보물
3 고대 문화에 관심이 있다

C ─ 보기 ─
설명하다   톡톡 치다   파괴하다   예상하다

1 나는 그 영화에서 슬픈 결말을 볼 거라고 예상하지 못했다.
2 텍스트를 복사하기 위해서는, 화면을 세 번만 가볍게 톡톡 치세요.
3 이 소프트웨어 프로그램을 사용하는 방법을 설명해 줄 수 있니?

본책 p.41

1일 1문장

정답 ▶
A 1 **The smell** of fresh bread always (makes) me hungry.
2 (Have) **you** ever (seen) any famous stars in person?
3 As **my sister** (talks) with her friend, her voice gets loud.

B 1 As Joshua listened to music
2 Have you heard anything
3 Hot tea makes our bodies warm

C 1 너는 시도해 본 적 있니
2 기말고사는 만들었다, 학생들을 긴장하게
3 우리 아빠가 텐트를 치는 동안

해석

A 1 갓 구운 빵 냄새는 항상 나를 배고프게 만든다.
2 너는 유명한 스타를 직접 만나본 적이 있니?
3 내 여동생[언니, 누나]이 자신의 친구와 이야기할 때, 그녀의 목소리는 커진다.

Unit 04

10 제 눈이 되어주세요

본책 pp.44~45

정답   1 ⑤   2 ④   3 ⓐ blind   ⓑ volunteers   ⓒ function   4 비가 올지 안 올지

문제 해설

1 Brian과 같은 시각장애인을 도와주는 앱인 'Be My Eyes'에 대해 소개하는 글이므로 정답은 ⑤이다.

2 8번 문장에 'Be My Eyes'의 자원봉사자가 하는 일로 '제품 라벨 읽어주기, 우편물 읽어주기, 사진 묘사해 주기, 특정한 장소로 길 안내해 주기'는 언급되었으나, '④ 색 구분해 주기'는 언급되지 않았다.

3

┤ 보기 ├

기능   시력   자원봉사자들   앞을 못 보는

'Be My Eyes'는 ⓐ 앞을 못 보는 사람들을 위한 앱이다. 그것은 그들과 전 세계의 ⓑ 자원봉사자들을 연결해 준다. 이 앱은 이제 새로운 ⓒ 기능인 인공 지능으로 더 똑똑해지고 있지만, 여전히 사람들의 도움은 필요하다.

본문 해석

¹Brian Fischler는 시각장애인이다. ²그는 13살 때 시력의 대부분을 잃었다. ³이제, 그는 오직 밖이 밝은지 어두운지만 알 수 있다. ⁴하지만, 'Be My Eyes'라는 앱이 매일 그를 돕고 있다!

⁵이 앱은 영상 통화를 통해 Brian과 볼 수 있는(시력이 정상인) 사람들을 연결해 준다. ⁶그것은 전 세계에 6백만 명이상의 자원봉사자들을 보유하고 있다. ⁷이 자원봉사자들은 Brian이 볼 수 없는 것들을 설명해 준다. ⁸그들은 그를 위해제품 라벨이나 우편물을 읽어 주거나, 사진을 묘사해 주거나, 심지어 그를 특정 장소로 안내해 줄 수도 있다.

⁹이제 'Be My Eyes'는 업그레이드되고 있다. ¹⁰그것은 새로운 기능인 인공 지능(AI)을 추가하고 있다. ¹¹인공 지능은 인간보다 어떤 일들은 더 잘할 수 있지만, 자원봉사자들은 여전히 중요하다. ¹²이 업그레이드가 시각장애인들이 훨씬더 놀라운 일들을 해내고 그들의 삶을 향상시키는 데 도움을 주기를 바란다!

직독직해

¹Brian Fischler is blind. ²He lost most of his sight // when he was 13. ³Now, / he can only tell //
Brian Fischler는 앞을 보지 못한다. 그는 그의 시력의 대부분을 잃었다   // 그가 13살 때.   지금, / 그는 오직 ~만 알 수 있다 //

if it's light or dark outside. ⁴However, / an app, "Be My Eyes," is helping him / every day!
밖이 밝은지 어두운지.   그러나, / 'Be My Eyes'라는 앱이 그를 도와주고 있다   / 매일!

⁵This app connects Brian / with people // who can see / through video calls.
이 앱은 Brian을 연결해 준다   / 사람들과   // 볼 수 있는 / 영상통화를 통해서.

⁶It has more than 6 million volunteers / all over the world. ⁷These volunteers describe things //
그것은 6백만 명 이상의 자원봉사자들을 갖고 있다   / 전 세계에.   이 자원봉사자들은 물건들을 묘사해 준다   //

Brian can't see. ⁸They can read product labels or mail / for him, / describe photos, / or even guide him /
Brian이 볼 수 없는.   그들은 상품의 라벨이나 우편물을 읽어 주거나   / 그를 위해, / 사진을 묘사해 주거나, / 심지어 그를 안내할 수 있다 /

to a specific place.
특정한 장소로.

⁹Now, / "Be My Eyes" is getting an upgrade. ¹⁰It's adding / a new function, artificial intelligence (AI).
이제, / 'Be My Eyes'는 업그레이드되고 있다.   그것은 추가하고 있다 / 새로운 기능인 인공 지능(AI)을.

11 AI can do some things better / than humans, // but the volunteers are still important.
AI는 어떤 일들을 더 잘할 수 있다 / 인간보다, // 그러나 자원봉사자들은 여전히 중요하다.

12 This upgrade will hopefully help / blind people / do even more amazing things / and improve their lives!
이 업그레이드는 바라건대 도울 것이다 / 앞을 보지 못하는 사람들이 / 훨씬 더 놀라운 일들을 하고 / 그들의 삶을 개선할 수 있도록!

주요 구문

3 Now, he can only tell if **it**'s light or dark outside.

▶ 여기서 it은 명암을 나타내는 비인칭 주어이므로, '그것'이라고 해석하지 않는다.

4 However, an app, "Be My Eyes," **is helping** him every day!

▶ is helping은 '도와주고 있다'라는 의미의 현재진행형이다.

5 This app connects Brian with *people* [**who** can see] through video calls.

▶ 주격 관계대명사 who가 이끄는 절(who can see)은 선행사인 people을 꾸며 준다.

7 These volunteers describe *things* [**(which/that)** Brian can't see ●].

▶ things 뒤에는 목적격 관계대명사 which 또는 that이 생략되어 있으며, Brian can't see가 선행사 things를 꾸며 준다.

8 They can read *product labels* [or] *mail* for him, (can) describe photos, [or] (can) even guide him to a specific place.
　　　　　　　　　　동사1　　　　　　　　　　　　　동사2　　　　　　　　　　　　동사3

▶ 첫 번째 or는 can read의 목적어인 product labels와 mail을 연결해 주고 있다.

▶ 두 번째 or는 세 개의 동사 can read와 (can) describe와 (can) guide를 연결해 주고 있으며, 반복되는 말인 조동사 can은 생략되었다.

12 This upgrade will hopefully **help** blind people **do** even more amazing things [and] **improve** their lives!
　　　　　　　　　　　　　　　　　　　　A　　동사원형1　　　　　　　　　　　　　　동사원형2

▶ <help+A(목적어)+동사원형>은 'A가 ~하도록 돕다'라는 의미로, 두 개의 동사 do와 improve가 접속사 and로 연결되어 있다.

---

11 냄새만 맡아도 위험해요!

본책 pp.46~47

정답 　1 ④　　2 ②, ⑤　　3 ⓐ recreate　ⓑ poisonous　　4 아름다운 풍경 사진을 찍기 위해

문제 해설

1 이 글은 영국의 The Alnwick Garden 중 독성 식물들로 가득한 특별한 정원인 The Poison Garden에 대해 소개하고 있으므로 정답은 ④이다.

　① 사람들을 아프게 하는 식물들　　　　② 정원을 사랑한 공작
　③ 세계의 위험한 꽃들　　　　　　　　④ 영국의 위험한 정원
　⑤ 위험한 정원을 위한 안전 수칙

2 ② The Poison Garden의 규모에 대해선 언급되어 있지 않으며, ⑤ 12번 문장에서 The Alnwick Garden의 연간 방문객 수는 언급되어 있으나, 누적 방문객 수에 대해선 언급되어 있지 않다. ①과 ③은 8번 문장에, ④는 11번 문장에 언급되어 있다.

3

Alnwick Garden의 역사

1750년	Northumberland의 제1대 공작에 의해 만들어졌다.
1995년	제12대 공작 부인인 Jane Percy는 정원을 ⓐ 되살리기로 결심했다.
2005년	Jane Percy는 ⓑ 독이 있는 식물로 가득 찬 특별한 정원을 만들었다.

¹영국의 Alnwick Garden은 전 세계적으로 유명해요. ²그러나, 그곳의 Poison Garden에 있는 꽃들의 냄새를 맡기 위해 멈추지는 마세요 – 그것들은 실제로 여러분에게 독이 될 수 있어요!

³Northumberland의 제1대 공작은 1750년에 Alnwick Garden을 만들었어요. ⁴그것은 오랫동안 그 가문에 전해 져 내려왔어요. ⁵그러나 시간이 지남에 따라, 그 정원은 잊혀졌어요. ⁶1995년에, 제12대 공작 부인인 Jane Percy는 그 정원을 되살리기로 결정했어요. ⁷그녀는 그것을 전보다 더 아름답게 만들었어요.

⁸그리고 2005년에, Jane은 'Poison Garden'이라고 불리는 특별한 정원을 추가로 만들었어요. ⁹그 정원은 100여 종 이상의 다양한 독성 식물로 가득 차 있어요. ¹⁰그 식물들 중 일부는 안전을 위해 심지어 우리에 보관되어요.

¹¹Poison Garden의 표지판은 방문객들에게 아무것도 만지거나 냄새를 맡지 말라고 경고해요. ¹²하지만, 그런 위험 에도 불구하고, Alnwick Garden은 매년 600,000명이 넘는 방문객들을 끌어들여요. ¹³Jane은 그 정원이 사람들에게 식물의 좋은 영향과 나쁜 영향에 대해 가르쳐 주기를 바라요.

직독직해 ▶

¹The Alnwick Garden in England / is famous worldwide. ²However, / don't stop / to smell the flowers /
영국의 Alnwick Garden은 / 세계적으로 유명하다. 그러나, / 멈추지 마라 / 꽃들의 냄새를 맡기 위해 /

in its Poison Garden // ― they can actually poison you!
그것의 Poison Garden에 있는 // ― 그것들은 실제로 당신에게 독이 될 수 있다!

³The 1st Duke of Northumberland / created the Alnwick Garden / in 1750.
Northumberland의 제1대 공작은 / Alnwick Garden을 만들었다 / 1750년에.

⁴It was passed down / in the family / for years. ⁵But over time, / the garden was forgotten.
그것은 전해져 내려왔다 / 가문에서 / 오랫동안. 그러나 시간이 지나면서, / 그 정원은 잊혀졌다.

⁶In 1995, / Jane Percy, the 12th Duke's wife, / decided to recreate the garden. ⁷She made it more beautiful /
1995년에, / 제12대 공작 부인인 Jane Percy는, / 그 정원을 되살리기로 결정했다. 그녀는 그것을 더 아름답게 만들었다 /

than before.
전보다.

⁸Then in 2005, / Jane added a special garden / called "the Poison Garden." ⁹It's filled /
그리고 2005년에, / Jane은 특별한 정원을 더했다 / 'Poison Garden'이라 불리는. 그것은 가득 차 있다 /

with over 100 different poisonous plants. ¹⁰Some of the plants / are even kept in cages / for safety.
100여 종 이상의 다양한 독을 가진 식물들로. 그 식물들 중 일부는 / 심지어 우리 안에 보관된다 / 안전을 위해.

¹¹Signs in the Poison Garden / warn visitors / not to touch or smell anything.
Poison Garden 내 표지판들은 / 방문객들에게 경고한다 / 아무것도 만지거나 냄새를 맡지 말라고.

¹²But despite the dangers, / the Alnwick Garden attracts over 600,000 visitors / every year. ¹³Jane hopes //
하지만 그런 위험에도 불구하고, / Alnwick Garden은 600,000명이 넘는 방문객들을 이끈다 / 매년. Jane은 희망한다 //

the garden will teach people / about the good and bad effect of plants.
그 정원이 사람들에게 가르쳐 주기를 / 식물의 좋은 영향과 나쁜 영향에 대해.

주요 구문 ▶

⁴ It **was passed down** in the family for years.

⁵ But over time, the garden **was forgotten**.

▶ was passed down과 was forgotten은 <was/were+과거분사(p.p.)>의 과거 수동태로, 각각 '물려받다[전해졌다]'와 '잊혀졌다'라 는 의미이다.

⁷ She **made** it **more beautiful than** before.
      A   형용사(비교급)

▶ <make+A(목적어)+형용사>는 'A를 ~하게 만들다'라는 의미이며, 이때 형용사 자리에는 비교급인 more beautiful이 쓰였다.

▶ <비교급+than>은 '~보다 더 …한/하게'란 의미이다.

[8] Then in 2005, she added *a special garden* [**called** *"the Poison Garden."*]

▶ 과거분사구(called "the Poison Garden")는 앞의 a special garden을 꾸며 주는 말이다.

[10] Some of the plants **are** even **kept** in cages for safety.

▶ are kept는 '보관된다'라는 의미의 현재 수동태이다.

[11] Signs in the Poison Garden **warn** visitors **not to touch** or (**not to**) **smell** anything.
　　　　　　　　　　　　　　　　　 A　　to부정사의 부정형1　　to부정사의 부정형2

▶ <warn+A(목적어)+not+to-v>는 'A에게 ~하지 말라고 경고하다'라는 의미이며, 이때 접속사 or 뒤의 반복되는 어구인 not to는 생략되었다.

---

12 편지 한 통으로 변화를 만든 소녀

정답 　1 ④　　2 ②　　3 ⓐ characters　ⓑ created　ⓒ asked for
　　　　　4 부탁했다, 그에게 우리 테니스 클럽에 가입해 달라고

문제 해설

1 이 글에서는 영국의 소녀 Lowri가 안경을 쓴 캐릭터와 이모티콘의 수를 늘리기 위해 자신이 어떤 노력을 기울였는지 서술하고 있다. 그녀의 개인적인 경험과 의견에 대한 내용이므로 정답은 ④이다.

　Q 글의 종류로 가장 알맞은 것은?
　① 편지　　　　　　　② 일기　　　　　　　③ 소설
　④ 개인적인 이야기　　⑤ 뉴스 기사

2 '그래서, 저는 9살 때 디즈니에 편지를 보냈어요.'라는 의미의 주어진 문장은 그 편지의 내용(안경을 쓴 캐릭터를 더 많이 만들어달라고 부탁함)이 언급되는 문장의 앞인 ②에 위치하는 것이 가장 알맞다.

　Q 다음 문장이 들어갈 위치로 가장 알맞은 곳은?

3 Q 글의 내용과 일치하도록 빈칸에 알맞은 말을 본문에서 찾아 쓰세요.
　디즈니에 보낸 편지에서,

Lowri는 안경을 쓴 ⓐ 캐릭터들을 더 많이 만들어 달라고 부탁했다.

디즈니는 「Encanto」의 Mirabel이라는 캐릭터를 ⓑ 만들어 냈다.

　유니코드 협회에 보낸 편지에서,

Lowri는 안경을 쓴 이모티콘을 더 많이 만들어달라고 ⓒ 요청했다.

많은 사람들이 Lowri를 지지하며, 그들은 노력을 멈추지 않을 것이다.

4 Q 다음 빈칸에 알맞은 우리말 해석을 써보세요.

본문 해석 　　　[1]제 이름은 Lowri이고 저는 영국 출신이에요. [2]저는 안경을 쓰고, 영화와 TV 쇼에 안경을 쓴 롤 모델이 더 많이 필요하다고 믿어요. 그래서, 저는 9살 때 디즈니에 편지를 보냈어요. [3]저는 그들에게 안경을 쓰고 있는 더 많은 캐릭터를 만

UNIT 04 | 23

들어 달라고 부탁했어요. ⁴저희 엄마는 페이스북에 제 편지를 공유했고, 많은 사람들이 그것을 좋아해 주었어요. ⁵고맙게, 디즈니는 제 얘기를 듣고 영화 「Encanto」의 Mirabel이라는 캐릭터를 만들어냈어요. ⁶그 영화는 큰 성공을 거두었어요!

⁷저는 또한 #GlassesOn이라는 캠페인을 시작했어요. ⁸그 아이디어는 저희 엄마가 저를 위한 이모티콘을 찾다가 시작되었어요. ⁹안경을 쓴 이모티콘은 몇 개 없었고, 그것들은 저와 닮아 보이지 않았어요. ¹⁰그래서 저는 유니코드 협회에 안경을 쓰고 있는 이모티콘을 더 많이 만들어달라고 요청하기 위해 편지를 썼어요. ¹¹저는 구글과 같은 첨단 기술 대기업에도 편지를 보냈어요. ¹²이제 많은 사람들은 제 의견에 동의하며, 우리는 계속 노력할 거예요!

¹My name is Lowri // and I'm from England. ²I wear glasses / and believe //
내 이름은 Lowri이다　// 그리고 나는 영국 출신이다.　나는 안경을 쓴다　/ 그리고 믿는다　//

we need more good role models / with glasses / in movies and TV shows.
우리는 좋은 롤 모델들이 더 많이 필요하다고　/ 안경을 쓴　/ 영화와 TV 쇼에서.

So, / I sent a letter to Disney // when I was 9. ³I asked them / to make more characters / wearing glasses.
그래서, / 나는 디즈니에 편지를 보냈다　// 내가 9살 때.　나는 그들에게 부탁했다 / 더 많은 캐릭터를 만들어 달라고　/ 안경을 쓰고 있는.

⁴My mom shared my letter / on Facebook // and lots of people liked it. ⁵Thankfully, / Disney listened /
나의 엄마는 내 편지를 공유하셨다　/ 페이스북에　// 그리고 많은 사람들이 그것을 좋아했다.　고맙게도,　/ 디즈니는 들어주었다　/

and created the character, Mirabel / in the movie Encanto. ⁶The movie was a huge success!
그리고 Mirabel이라는 캐릭터를 만들어냈다　/ 영화 「Encanto」에서.　그 영화는 큰 성공을 거두었다!

⁷I also started a campaign / called #GlassesOn. ⁸The idea started // when my mom was looking for
나는 또한 캠페인을 시작했다　/ #GlassesOn이라 불리는.　그 아이디어는 시작됐다　// 나의 엄마가 이모티콘을 찾고 있었을 때

an emoji / for me. ⁹There were few emojis with glasses, // and they didn't look like me.
/ 나를 위해.　안경을 쓰고 있는 이모티콘은 거의 없었다,　// 그리고 그것들은 나처럼 보이지 않았다.

¹⁰So, / I wrote a letter / to the Unicode Consortium / to ask for more emojis / with glasses.
그래서, / 나는 편지를 썼다　/ 유니코드 협회에　/ 더 많은 이모티콘을 요청하기 위해 / 안경을 쓴.

¹¹I also sent a letter / to big tech companies / like Google. ¹²Many people agree with me now, //
나는 또한 편지를 보냈다　/ 과학 기술 대기업들에　/ 구글과 같은.　많은 사람들이 이제 나의 의견에 동의한다,　//

and we'll keep trying!
그리고 우리는 계속해서 노력할 것이다!

² I wear glasses and believe (that) we need more good role models [with glasses] in movies and TV shows.
동사1　목적어1　동사2　목적어2
▶ 두 개의 동사 wear, believe가 접속사 and로 연결되었으며, 이때 두 번째 동사 believe 뒤에는 목적어절을 이끄는 접속사 that이 생략되었다.
▶ 전치사 with는 '~을 가진'이라는 의미로, with glasses는 앞의 more good role models를 꾸며 주고 있다.

³ I asked them to make more characters [wearing glasses].
▶ wearing glasses는 바로 앞의 more characters를 꾸며 주는 현재분사구이다.

⁹ There were few emojis with glasses, and they didn't look like me.
▶ <look like+명사>는 '~처럼 보이다'라는 의미이다.

¹⁰ So, I wrote a letter to the Unicode Consortium to ask for more emojis with glasses.
▶ to ask for는 '요청하기 위해'라는 의미로, '목적'을 나타내는 to부정사이다.

¹² Many people agree with me now, and we'll keep trying!
▶ <keep v-ing>는 '계속해서 ~하다'라는 의미이다.

Review

단어

본책 p.50

정답

A 1 ⓐ   2 ⓒ   3 ⓑ

B 1 poison   2 specific   3 share

C 1 send   2 sign   3 guide

해석

A 1 attract(~을 끌다) - ⓐ 누군가나 무언가를 어떤 장소에 가게 하다

  2 warn(~에게 경고하다, 주의를 주다) - ⓒ 누군가에게 일어날 수 있는 위험이나 문제에 대해 알리다

  3 blind(앞을 못 보는, 눈이 먼) - ⓑ 볼 수 없는

B 1 치명적인 독

  2 특정한 정보를 얻다

  3 블로그에 개인적인 이야기를 공유하다

C

보기			
표지(판)	안내하다	향상시키다	보내다

1 내가 오늘 찍은 사진을 너에게 보내줄게.

2 젖은 바닥을 위한 위험 표지판이 있었다.

3 그 남자는 친절하게 우리를 공항 게이트로 안내해 주었다.

1일 1문장

본책 p.51

정답

A 1 Tommy always forgets if **he** (locked) the door.

  2 **The girl** (is learning) French to travel to Paris one day.

  3 **My little sister** sometimes (asks) me to help with her math homework.

B 1 if his words are a joke

  2 Jenny and I stopped to put air

  3 asked the chef to remove the carrots

C 1 부탁했다, 나에게 재미있는 한국 드라마를 추천해 달라고

  2 내가 실수를 했는지

  3 그의 체중을 유지하기 위해

해석

A 1 Tommy는 항상 자신이 문을 잠갔는지 잊어버린다.

  2 그 여자아이는 언젠가 파리에 여행을 가기 위해 프랑스어를 배우고 있다.

  3 내 여동생은 때때로 나에게 그녀의 수학 숙제를 도와 달라고 부탁한다.

Unit 05

13 행복을 되찾은 퍼핀 새
본책 pp.54~55

정답 ▶ 1 ②   2 ④   3 ⓐ fewer   ⓑ more   ⓒ remove   4 도왔다, 사람들이 화재에서 탈출하도록

문제 해설

1 한때 멸종 위기에 처했던 퍼핀이 Steve Kress의 노력과 코로나19 대유행 덕분에 개체 수가 늘어나면서, 멸종 위기종에서 제외되었다는 내용의 글이므로 정답은 ②이다.

2 Steve Kress는 진짜 퍼핀들이 친구로 생각할 수 있도록 가짜 퍼핀들을 사용했다고 했으므로, ⓓ는 가짜 퍼핀들(fake puffins)을 가리킨다. 나머지는 모두 진짜 퍼핀들을 가리키므로 정답은 ④이다.

3

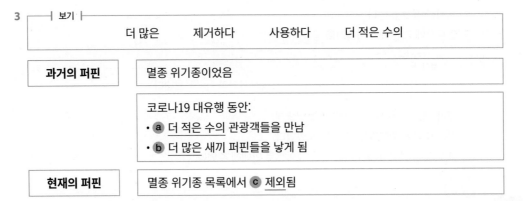

보기
더 많은   제거하다   사용하다   더 적은 수의

과거의 퍼핀	멸종 위기종이었음
	코로나19 대유행 동안: • ⓐ 더 적은 수의 관광객들을 만남 • ⓑ 더 많은 새끼 퍼핀들을 낳게 됨
현재의 퍼핀	멸종 위기종 목록에서 ⓒ 제외됨

본문 해석

¹퍼핀은 북대서양의 바다 근처에 사는 귀여운 새이다. ²퍼핀은 매우 호의적이어서 사람들을 무서워하지 않는다. ³영국과 미국의 많은 사람들은 그들을 아주 좋아한다. ⁴하지만 퍼핀은 한때 멸종 위기종이었다. ⁵지구와 바다가 점점 더 따뜻해지면서, 이것이 퍼핀을 위험에 빠뜨리게 되었다.

⁶미국 메인주 출신의 Steve Kress라는 남자는 퍼핀들을 돕고 싶었다. ⁷그는 자연에 그들을 위한 더 나은 보금자리를 만들어주었다. ⁸그는 가짜 퍼핀도 사용했는데, 진짜 퍼핀들이 그것들을 친구로 볼지도 모른다고 생각했기 때문이다. ⁹이런 노력이 퍼핀들이 그 지역에 머무르도록 도울 수 있었다.

¹⁰이제, 전보다 더 많은 수의 퍼핀들이 있다. ¹¹코로나19 대유행 동안 영국에서는 관광객의 수가 줄었다. ¹²그래서 퍼핀들은 더 많은 새끼를 낳을 수 있었다. ¹³그 결과, 미국 어류 및 야생동물관리국은 2020년 12월에 퍼핀을 멸종 위기종 목록에서 제외했다.

직독직해

¹Puffins are cute birds / living near the ocean / in the North Atlantic. ²Puffins are very friendly, //
퍼핀들은 귀여운 새이다   / 바다 근처에 살고 있는   / 북대서양에 있는.   퍼핀은 매우 호의적이다,   //

so they aren't afraid of people. ³Many people / in the U.K. and the U.S. / love them.
그래서 그들은 사람을 무서워하지 않는다.   많은 사람들은   / 영국과 미국의   / 그들을 사랑한다.

⁴But puffins were once an endangered species. ⁵The Earth and the ocean are getting warmer, //
하지만 퍼핀은 한때 멸종 위기종이었다.   지구와 바다는 점점 더 따뜻해지고 있다,   //

and this put puffins in danger.
그리고 이것이 퍼핀을 위험에 빠뜨렸다.

⁶A man named Steve Kress / from Maine, the U.S., / wanted to help puffins. ⁷He made a better home /
Steve Kress라는 이름의 남자는 / 미국 메인주 출신의, / 퍼핀들을 돕기를 원했다. 그는 더 좋은 집을 만들었다 /

for them / in nature. ⁸He also used fake puffins // because he thought / the real puffins might see them /
그들을 위해 / 자연에. 그는 또한 가짜 퍼핀을 사용했다 // 왜냐하면 그는 생각했기 때문이다 / 진짜 퍼핀들이 그것들을 볼지도 모른다고 /

as friends. ⁹This effort could help / puffins stay in the area.
친구로. 이 노력은 도울 수 있었다 / 퍼핀들이 그 지역에 머무르도록.

¹⁰Now, / there are more puffins / than before. ¹¹During the COVID-19 pandemic / in the U.K., /
이제, / 더 많은 퍼핀들이 있다 / 전보다. 코로나19 대유행 동안에 / 영국에서, /

there were fewer tourists. ¹²So the puffins could have more babies. ¹³As a result, /
더 적은 수의 관광객이 있었다. 그래서 퍼핀들은 더 많은 새끼를 가질 수 있었다. 그 결과, /

the US Fish and Wildlife Service removed them / from the endangered species list / in December 2020.
미국 어류 및 야생동물관리국은 그들을 제외했다 / 멸종 위기종 목록으로부터 / 2020년 12월에.

주요 구문

¹ Puffins are *cute birds* [**living** near *the ocean* [in the North Atlantic]].
▶ 현재분사구(living ~ the North Atlantic)는 앞의 cute birds를, 전치사구(in the North Atlantic)는 앞의 the ocean을 꾸며 주고 있다.

⁵ The Earth and the ocean **are getting warmer**, and this **put** puffins **in danger**.
▶ <be getting+비교급>은 '점점 더 (어떤 상태가) 되고 있다'라는 의미를 나타낸다. 현재진행형과 형용사의 비교급이 함께 쓰여 '점점' 어떤 상태가 되어 가고 있다는 것을 강조하고 있다.
▶ <put A in danger>는 'A를 위험에 빠뜨리다'라는 의미이다.

⁶ *A man* [**named** Steve Kress from Maine, the U.S.], **wanted to help** puffins.
▶ 과거분사구(named ~ the U.S.)는 바로 앞의 A man을 꾸며 주고 있다.
▶ <want to-v>는 '~하기를 원하다'라는 의미이다.

⁸ He also used fake puffins because <u>he</u> <u>thought</u> (**that**) <u>the real puffins might **see** them **as** friends</u>.
　　　　　　　　　　　　　　　　　　주어　　동사　　　　　　　　　　목적어
▶ 동사 thought 뒤에는 목적어절을 이끄는 접속사 that이 생략되었다.
▶ <see A as B>는 'A를 B로 보다, 생각하다'라는 의미로, as는 '~로(서)'의 의미를 나타내는 전치사이다.

---

14 지구와 충돌할 수 있을까요?

정답 ▶ 1 ⑤　　2 ①　　3 ⓐ follow　ⓑ crash　ⓒ change　4 무대 위에서 춤추고 있는 그 남자아이는

문제 해설 ▶

1 4번과 5번 문장에서 NASA는 DART 실험을 진행했는데, 소행성에 충돌해 궤도를 바꿀 수 있는지 알아보고 싶었다고 했으므로, 정답은 ⑤이다.

2 10번과 11번 문장에서 현재 소행성이 지구에 충돌할 가능성은 매우 낮지만, 과학자들은 여전히 소행성에 대해 연구하고 있다고 했다. 따라서 빈칸에는 그 일이 실제로 일어날 것 같지 않아도 과학자들은 '소행성에 대비하기를' 원한다는 의미의 ① to be ready for asteroids가 가장 알맞다.

① 소행성에 대비하기를　　　　　　　　　② 한 번 더 기회를 갖기를
③ 실제로 소행성을 보기를　　　　　　　　④ 우주의 모든 소행성들을 파괴하기를
⑤ 소행성으로부터 우주선을 안전하게 보호하기를

UNIT 05 | **27**

| 보기 |
| 충돌하다 | 일어나다 | 바꾸다 | 따라가다 |

Q. DART 실험에서 무슨 일이 일어났나요?

A. NASA는 카메라를 장착한 우주선을 우주로 보냈습니다. 그것은 Dimorphos라는 소행성을 ⓐ 따라다녔습니다. 그 후, 우주선은 그것과 ⓑ 충돌했습니다.

Q. 그것은 성공적이었나요?

A. 네. 우주선이 Dimorphos에 아주 빠르게 부딪쳤을 때, 그것은 자신의 궤도를 ⓒ 바꿨습니다.

본문 해석

¹지구에 충돌하는 소행성은 영화에서 흔한 이야기이다. ²많은 사람들이 이것에 대해 적어도 한 번은 생각해 본다. ³하지만 그 일은 영화에서만 일어나는 것일까, 아니면 현실에서 실제로 일어날 수 있는 일일까?

⁴2022년에, NASA는 DART라고 불리는 실험을 했다. ⁵NASA는 소행성에 충돌해 그 궤도를 바꿀 수 있는지 알아보고 싶었다. ⁶그래서 그들은 카메라가 달린 우주선을 만들어 우주로 보냈다. ⁷그 우주선은 Dimorphos라는 이름의 소행성을 10개월 동안 따라다녔다. ⁸우주선이 기회를 얻었을 때, Dimorphos와 매우 빠르게 충돌했고, 그 소행성의 경로를 바꿨다. ⁹NASA는 성공적으로 한 소행성의 궤도를 바꾸었다!

¹⁰과학자들은 소행성이 지구에 충돌할 가능성이 지금 당장은 매우 낮다고 말한다. ¹¹하지만, 그들은 여전히 소행성을 연구하고 있다. ¹²아무 일도 일어나지 않을 것 같아도 그들은 소행성에 대비하기를 원하는 것이다!

직독직해

¹Asteroids hitting the Earth / is a common story / in movies. ²Many people think about this /
지구에 충돌하는 소행성은 / 흔한 이야기이다 / 영화에서. 많은 사람들은 이것에 대해 생각한다 /

at least once. ³But does it only happen / in movies, // or can it actually happen / in real life?
적어도 한 번은. 하지만 그것은 오직 일어나는가 / 영화에서, // 아니면 그것은 실제로 일어날 수 있는가 / 현실에서?

⁴In 2022, / NASA did an experiment / called DART. ⁵NASA wanted to see // if hitting an asteroid
2022년에, / NASA는 실험을 했다 / DART라고 불리는. NASA는 알기를 원했다 // 소행성에 충돌하는 것이

could change its path. ⁶So they built a spaceship / with a camera / and sent it into space.
그것의 궤도를 바꿀 수 있는지. 그래서 그들은 우주선을 만들었다 / 카메라가 있는 / 그리고 그것을 우주로 보냈다.

⁷The spaceship followed an asteroid / named Dimorphos / for 10 months.
그 우주선은 소행성을 따라다녔다 / Dimorphos라는 이름을 가진 / 10개월 동안.

⁸When the spaceship had the opportunity, // it crashed into Dimorphos / very fast / and changed its path.
그 우주선은 기회를 얻었을 때, // 그것은 Dimorphos와 충돌했다 / 매우 빠르게 / 그리고 그것의 궤로를 바꿨다.

⁹NASA successfully changed / the orbit of an asteroid!
NASA는 성공적으로 바꾸었다 / 한 소행성의 궤도를!

¹⁰Scientists say // that right now, / the chance of an asteroid hitting the Earth / is very low.
과학자들은 말한다 // 지금 당장, / 소행성이 지구에 충돌할 가능성은 / 매우 낮다고.

¹¹However, / they are still studying asteroids. ¹²They want / to be ready for asteroids, //
하지만, / 그들은 아직 소행성을 연구하고 있다. 그들은 원한다 / 소행성에 대비하기를, //

even if nothing is likely to happen!
아무런 일이 일어날 것 같지 않더라도!

4 In 2022, NASA did *an experiment* [**called** DART].

▶ 과거분사구(called DART)는 바로 앞의 an experiment를 꾸며 주고 있으며, called는 '~라는 이름을 가진'이라는 의미이다.

5 NASA **wanted to see**^동 *if* hitting an asteroid could change its path.^목

    주어   동사   목적어

▶ 동사 want는 to부정사를 목적어로 취하며, 여기서 to see ~ its path 전체가 문장의 목적어이다.

▶ 동사 see의 목적어로 접속사 if가 이끄는 절(if hitting ~ its path)이 쓰였으며, 이때 if절은 '~가 …인지 (아닌지)'라는 의미를 나타낸다.

▶ hitting an asteroid는 if절의 주어로 쓰인 동명사구로 '소행성에 충돌하는 것'이라고 해석한다.

10 Scientists say **that** right now, the chance of [*an asteroid*] **hitting** the Earth^{주'} is^{동'} very low.^{보'}

    주어   동사   목적어

▶ that은 명사절을 이끄는 접속사로서, that ~ very low 전체가 동사 say의 목적어이다.

▶ 동명사 hitting은 전치사 of의 목적어 역할을 하며, an asteroid는 동명사(hitting)의 의미상 주어이다. 동명사의 동작이나 상태를 행하는 주어가 문장의 주어와 다를 경우 의미상의 주어를 쓴다.

12 They want to be ready for asteroids, **even if** nothing **is likely to** *happen*!

▶ 두 개의 절을 연결하는 접속사 even if는 '(비록) ~일지라도'의 의미이다.

▶ <be likely to+동사원형>은 '~할 것 같다'라는 의미로 자주 쓰이는 표현이므로 암기해두는 것이 좋다.

---

15 **미끄러워도 함께라면 할 수 있어요**
본책 pp.58~59

정답 1 ②   2 ③   3 ⓐ **celebrate** ⓑ **teamwork** ⓒ **climb** 4 오래된 습관을 고치는 것은

문제 해설

1 이 글은 인도네시아에서 매년 8월 17일에 진행되는 독특한 게임인 Panjat Pinang의 기원과 게임 방법 등에 관해 전반적으로 소개하고 있으므로 정답은 ②이다.

  ① Panjat Pinang을 하는 방법   ② 인도네시아의 독특한 게임
  ③ Panjat Pinang의 우승자를 위한 상   ④ 팀워크와 협력의 중요성
  ⑤ 인도네시아의 네덜란드로부터의 독립

2 게임을 하는 데 소요되는 시간은 글에서 언급되지 않으므로 정답은 ③이다.

  ① 그 게임은 언제 개최되는가? (2번 문장에 언급됨)
  ② 혼자 장대를 오르는 것은 왜 어려운가? (4번 문장에 언급됨)
  ③ 그 게임을 하는 데 시간이 얼마나 걸리는가?
  ④ 그 게임에는 어떤 종류의 상품들이 있는가? (7번 문장에 언급됨)
  ⑤ 그 게임은 사람들에게 무엇을 가르쳐 주는가? (10번 문장에 언급됨)

3

보기			
팀워크	오르다, 올라가다	구성하다	기념하다

독특한 게임인 Panjat Pinang은 인도네시아의 독립기념일을 ⓐ 기념하기 위해 시작되었다. 그것은 사람들이 상품을 얻기 위해 기름칠한 기둥을 함께 ⓒ 올라가게 함으로써 ⓑ 팀워크를 가르친다.

¹인도네시아에는 Panjat Pinang이라고 알려진 독특한 게임이 있다. ²이 게임은 매년 8월 17일에 열리며, 네덜란드로부터의 인도네시아 독립을 기념하기 위해 시작되었다. ³그 게임에서, 사람들은 꼭대기에 있는 상품을 얻기 위해 기름칠한 기둥을 올라간다!

⁴그러나, 그 기둥들은 매우 미끄럽고 높아서, 그것들을 혼자 올라가는 것은 가능하지 않다. ⁵친구들과 가족들은 함께 협력해야 한다. ⁶그들은 팀을 이루어 서로 올라가는 것을 돕는다. ⁷기둥의 꼭대기에는 자전거, 전자제품, 그리고 설탕 봉지와 같은 상품들이 있다. ⁸여성들과 아이들은 그들의 친구들과 가족들을 응원한다. ⁹누가 상품을 먼저 획득할지 지켜보는 것은 신나는 일이다.

¹⁰Panjat Pinang은 사람들에게 팀워크와 협동의 중요성을 가르친다. ¹¹그것은 인도네시아의 독립일을 기념하고 친구와 가족과 함께 좋은 시간을 보내는 재미있는 방법이다.

¹In Indonesia, / there is a unique game / known as Panjat Pinang. ²This game takes place /
인도네시아에는, / 독특한 게임이 있다 / Panjat Pinang이라고 알려진. 이 게임은 열린다 /

every August 17th, / and it was started / to celebrate Indonesia's independence / from the Netherlands.
매년 8월 17일에, / 그리고 그것은 시작되었다 / 인도네시아의 독립을 기념하기 위해 / 네덜란드로부터의.

³In the game, / people climb up greased poles / to reach the prizes / at the top!
그 게임에서, / 사람들은 기름을 바른 기둥을 올라간다 / 상품에 닿기 위해 / 꼭대기에 있는!

⁴However, / the poles are really slippery and tall, / so it's not possible / to climb them alone.
그러나, / 기둥은 매우 미끄럽고 높다, // 그래서 (~은) 가능하지 않다 / 그것들을 혼자서 오르기는.

⁵Friends and family / need to work together. ⁶They form teams / and help each other climb.
친구들과 가족이 / 함께 노력해야 한다. 그들은 팀을 구성한다 / 그리고 서로 올라갈 수 있도록 돕는다.

⁷At the top of the poles, / there are prizes / like bicycles, electronics, and bags of sugar.
기둥의 꼭대기에는, / 상품들이 있다 / 자전거, 전자제품, 그리고 설탕 봉지와 같은.

⁸Women and children cheer / for their friends and family. ⁹It's exciting / to see / who will get the prizes first.
여성들과 아이들은 (~을) 응원한다 / 그들의 친구들과 가족을. (~은) 신난다 / 보는 것은 / 누가 먼저 상품을 획득할지.

¹⁰Panjat Pinang teaches people / the importance / of teamwork and cooperation. ¹¹It's a fun way /
Panjat Pinang은 사람들에게 가르친다 / 중요성을 / 팀워크와 협동의. 그것은 재미있는 방법이다 /

to celebrate Indonesia's Independence Day / and have a good time / with friends and family.
인도네시아의 독립 기념일을 기념하고 / 좋은 시간을 보내는 / 친구들과 가족과 함께.

² *This game* takes place every August 17th, and *it* **was started** to celebrate Indonesia's independence from the
　　주어1　　　동사1　　　　　　　　　　　　　　　주어2　　동사2

Netherlands.

▶ 첫 번째 절의 주어인 This game은 주어가 스스로 동작을 하는 주체이므로 능동태로 쓰였다. 두 번째 절의 주어 it(this game)은 동작을 당하는 대상이므로 수동태(was started)가 쓰였다.

▶ to celebrate는 '기념하기 위해'라는 의미로 '목적'을 나타내는 to부정사이다.

⁶ They form teams and **help** <u>each other</u> **climb**.
　　　　　　　　　　　　　A　　　동사원형

▶ <help+A(목적어)+동사원형>은 'A가 ~하도록 돕다'라는 의미이다.

⁹ It's exciting **to see**^동 *who will get the prizes first.*^목
　가주어　　　　　　　　　진주어

▶ It은 가주어, to see 이하가 문장의 진짜 주어인 진주어이다.

▶ 동사 see의 목적어로 쓰인 <who(주어)+동사 ~>는 '누가 ~하는지(를)'라는 의미의 의문사절이다. 이렇게 의문사가 주어 역할을 할 때는 바로 뒤에 동사가 온다.

¹⁰ Panjat Pinang **teaches** <u>people</u> <u>the importance of teamwork and cooperation</u>.
                                     A(간접목적어)   B(직접목적어)

    ▶ <teach A B>는 'A에게 B를 가르쳐 주다'라는 의미로, <teach B to A>로 바꿔 쓸 수도 있다.

¹¹ It's *a fun way* [**to celebrate** Indonesia's Independence Day] |and| [**(to) have** a good time with friends and family].

    ▶ to celebrate와 (to) have는 명사 a fun way를 꾸며 주는 형용사적 용법의 to부정사이며, 접속사 and로 연결되어 있다. 이때 and 뒤에 오는 두 번째 to부정사의 to는 생략되었다.

Review

본책 p.60

단어

정답   A 1 ⓒ   2 ⓐ   3 ⓑ

           B 1 <u>possible</u>   2 <u>species</u>   3 o<u>pportunity</u>

           C 1 **cheer for**   2 **remove, from**   3 **likely to**

해석   A 1 prize(상품, 상) - ⓒ 상으로 주어지는 무언가

              2 ocean(바다, 대양) - ⓐ 바다의 아주 넓은 범위

              3 reach(~에 이르다, 닿다) - ⓑ 무언가를 가져오기 위해 팔을 뻗다

본책 p.61

1일 1문장

정답   A 1 **Dogs** barking loudly at night (can be) annoying.

              2 **The flowers** blooming in the garden (are) colorful.

              3 **Kate and Mike** (will help) me prepare my presentation.

           B 1 It was difficult to find the answer

              2 help me find my seat

              3 Kids playing on the playground

           C 1 지루했다, 혼자 집에 있는 것은

              2 도울 것이다, 네가 잠들도록

              3 빨간 풍선을 들고 있는 그 여자아이는

해석   A 1 밤에 크게 짖는 개들은 짜증 날 수 있다.

              2 정원에 핀 그 꽃들은 색이 다채롭다.

              3 Kate와 Mike는 내가 발표 준비를 하는 것을 도와줄 것이다.

16 축구 게임의 새로운 변화

본책 pp.64~65

정답　　1 ③　　2 ⑴ T　⑵ F　　3 ③, ⑤　　4 white　　5 아직 도착하지 않았어

문제 해설

1 포르투갈의 축구 경기에서 의료진의 선한 행동을 칭찬하기 위해 처음 사용된 화이트카드에 대해 설명하는 글이므로 정답은 ③이다.

2 ⑴ 4번 문장에 언급되어 있다.
　⑵ 9번 문장에서 현재 포르투갈에서만 화이트카드를 사용하고 있다고 했다.

3 3번 문장에서 화이트카드는 선수, 코치, 또는 의료진에게 주어지는 것이라고 했으며, 심판과 관중에 대한 언급은 없었으므로 정답은 ③, ⑤이다.

4 빈칸 앞부분에서 화이트카드(white card)는 좋은 태도나 행동을 보여줄 때 주어진다고 했고, 빈칸이 있는 문장에서 심판은 양쪽 팀 의료진의 아픈 사람을 돕기 위한 빠른 대응에 감동을 받았다고 했다. 따라서 그녀가 그들에게 준 것은 화이트카드라고 추측되며, 빈칸에 알맞은 말은 white이다.

본문 해석

　　¹축구 경기에서 심판들은 선수들이 규칙을 따르지 않을 때 레드카드와 옐로카드를 사용해요. ²그러나 이제, 새로운 화이트카드가 있어요! ³이 카드는 좋은 태도를 보이는 선수, 코치, 또는 의료진에게 주는 것이에요.
　　⁴포르투갈의 Catarina Campos라는 심판이 처음으로 화이트카드를 사용하기 시작했어요. ⁵그것은 Benfica와 Sporting Lisbon 두 팀 간의 경기 중에 도입되었어요. ⁶관중 중에 한 사람이 아프게 되자, 두 팀의 의료진들이 재빠르게 도움을 주러 갔어요. ⁷심판은 그들의 빠른 대응에 감동받아 그들에게 화이트카드를 주었어요! ⁸하지만, FIFA는 아직 화이트카드의 사용을 승인하지 않았어요. ⁹포르투갈만이 현재 축구에서 화이트카드를 사용하고 있어요. ¹⁰여러분은 그것이 좋은 생각이라고 생각하시나요, 그리고 다른 나라들도 화이트카드를 사용해야 할까요?

직독직해

¹In soccer games, / referees use red and yellow cards // when players don't follow the rules.
축구 경기에서, 　/ 심판들은 레드카드와 옐로카드를 사용한다 　// 선수들이 규칙을 따르지 않을 때.

²But now, / there's a new white card! ³This card is for / players, coaches, or medical staff //
그러나 이제는, / 새로운 화이트카드가 있다! 　이 카드는 ~을 위한 것이다 / 선수들, 코치들, 또는 의료진(을) 　//

who show good behavior.
좋은 태도를 보이는.

⁴In Portugal, / a referee named Catarina Campos / started to use the white card / first.
포르투갈에서, 　/ Catarina Campos라는 이름의 심판이 　/ 화이트카드를 사용하기 시작했다 　/ 처음으로.

⁵It was introduced / during a game / between the two teams, / Benfica and Sporting Lisbon.
그것은 도입되었다 　/ 경기 중에 　/ 두 팀 사이의, 　/ Benfica와 Sporting Lisbon라는.

⁶When a person in the crowd got sick, // medical staff from both teams / quickly went / to help.
관중의 한 사람이 아팠을 때, 　　// 양 팀의 의료진이 　/ 재빨리 갔다 　/ 돕기 위해.

⁷The referee was moved / by their quick response // so she gave them a white card!
심판은 감동받았다 　/ 그들의 빠른 대응에 　// 그래서 그녀는 그들에게 화이트카드를 주었다!

⁸But, / FIFA hasn't approved / the use of the white card / yet. ⁹Only Portugal is using white cards /
하지만, / FIFA는 승인하지 않았다 　/ 화이트카드의 사용을 　/ 아직. 　포르투갈만이 화이트카드를 사용하고 있다 　/

주요 구문

³ This card is for *players, coaches, or medical staff* [**who** show good behavior].

▶ who는 주격 관계대명사로, who 이하는 앞에 오는 players, coaches, or medical staff를 꾸며 주고 있다.

⁴ In Portugal, *a referee* [**named** Catarina Campos] **started to use** the white card first.

▶ named Catarina Campos는 바로 앞의 a referee를 꾸며 주는 과거분사구이다.

▶ <start to-v>은 '~하는 것을 시작하다'의 의미이다. 동사 start는 목적어로 to-v를 취하지만, v-ing로 바꿔 써도 큰 의미 차이는 없다.

⁵ It **was introduced** during a game between the two teams, Benfica and Sporting Lisbon.

▶ was introduced는 '노입되었다'라는 의미의 괴거 수동태이다.

▶ <A+콤마(,)+B>는 'A는 B인데, B인 A'라는 의미이며, the two teams와 Benfica and Sporting Lisbon은 같은 것으로 볼 수 있다.

⁷ The referee **was moved by** their quick response so she gave them a white card!

▶ was moved by는 수동태 과거형으로 '~에 의해 감동받았다'의 의미이다.

▶ 절과 절을 연결하는 접속사 so는 '그래서[그 결과] (~했다)'라는 의미이며, 첫 번째 절은 '원인'을, 두 번째 절은 '결과'를 나타낸다.

⁹ Only Portugal **is using** white cards in soccer right now.

▶ is using은 '사용하고 있다'라는 의미의 현재진행형이다.

---

17 **고대 중국에서 시작된 예술**   본책 pp.66~67

정답   1 ③   2 ③   3 (1) ⓐ   (2) ⓒ   (3) ⓑ   **4 내가 가장 좋아하는 가수를 만날 기회였다**

문제 해설

1 고대 중국에서 행해졌던 차 예술인 Chabaixi를 만드는 방법 및 현대 라테 아트와의 차이점 등에 관해 전반적으로 설명하고 있으므로 글의 주제로는 ③이 가장 알맞다.

2 8번 문장에 거품이 생길 때까지 물과 찻잎 가루를 섞는다고 했으므로 ③은 글의 내용과 일치하지 않는다. ①은 6번 문장에, ②는 7번 문장에, ④는 9번 문장에, ⑤는 10번과 11번 문장에 언급되어 있다.

3   ┤ 보기 ├
ⓐ 예술가들은 거품이 생길 때까지 물과 찻잎 가루를 섞는다.
ⓑ 예술가들은 특별한 숟가락으로 그림을 그린다.
ⓒ 찻잎이 가루가 된다.

본문 해석   ¹여러분은 위에 그림이 그려진 커피를 본 적이 있나요? ²그것은 '라테 아트'로 알려져 있어요. ³그것은 우유를 사용해 커피를 장식하는 창의적인 방법이에요. ⁴흥미롭게도, 수천 년 전 중국에서도 비슷한 일이 일어나고 있었어요!
⁵고대 중국의 차 예술은 Chabaixi라고 불렸어요. ⁶그것은 '차를 이용한 백 가지 묘기'라는 뜻이에요. ⁷Chabaixi를 만들기 위해, 예술가들은 먼저 찻잎을 가루로 만들었어요. ⁸그다음에, 그들은 거품이 생길 때까지 물과 가루를 섞었어요. ⁹그 후, 그들은 대나무나 산과 같은 그림을 그리기 위해 특별한 숟가락을 사용했어요.

¹⁰Chabaixi는 현대의 라테 아트와는 약간 달라요. ¹¹그것은 디자인을 만들기 위해 우유 대신 맑은 물을 사용해요. ¹²물이 차에 닿으면, 그것은 흰색으로 변해요. ¹³비록 그 그림은 20분 만에 사라지지만, 그것은 아름다운 디자인을 즐기기에 충분한 시간이에요!

직독직해

¹Have you seen coffee / with a picture / on top? ²It is known as "latte art." ³It's a creative way /
커피를 본 적 있는가 / 그림이 있는 / 위에? 그것은 '라테 아트'라고 알려져 있다. 그것은 창의적인 방법이다 /

to decorate coffee / using milk. ⁴Interestingly, / something similar was happening /
커피를 장식하는 / 우유를 사용하여. 흥미롭게도, / 비슷한 일이 일어나고 있었다 /

thousands of years ago / in China!
수천 년 전에 / 중국에서!

⁵The ancient Chinese tea art / was called Chabaixi. ⁶It means / "a hundred tricks with tea."
그 고대 중국의 차 예술은 / Chabaixi라고 불렸다. 그것은 의미한다 / '차를 이용한 백 가지 묘기'를.

⁷To make Chabaixi, / artists first turned tea leaves / into powder. ⁸Then, / they mixed water /
Chabaixi를 만들기 위해, // 예술가들은 먼저 찻잎을 바꿨다 / 가루로. 그다음에, / 그들은 물을 섞었다 /

with the powder // until it became foamy. ⁹After that, / they used a special spoon / to draw pictures, /
그 가루와 // 그것이 거품이 생길 때까지. 그 후, / 그들은 특별한 숟가락을 사용했다 / 그림을 그리기 위해, /

like bamboo and mountains.
대나무와 산과 같은.

¹⁰Chabaixi is a little different / from modern latte art. ¹¹It uses clear water / instead of milk /
Chabaixi는 약간 다르다 / 현대의 라테 아트와는. 그것은 맑은 물을 사용한다 / 우유 대신 /

to make the designs. ¹²When the water touches the tea, // it turns white. ¹³Although the picture disappears
디자인을 만들기 위해. 그리고 물이 차에 닿으면, // 그것은 하얗게 변한다. 비록 그 그림은 사라지지만

/ in just 20 minutes, // that's enough time / to enjoy the beautiful designs!
/ 단지 20분 내에, // 그것은 충분한 시간이다 / 아름다운 디자인을 즐길!

주요 구문

¹ **Have you seen** coffee with a picture on top?
▶ <Have you+과거분사(p.p.) ~?>는 '너는 ~한 적이 있니?'라는 의미로 과거에서부터 지금까지의 '경험'을 묻는 현재완료이다.

³ It's *a creative way* [**to decorate** *coffee* [**using** milk]].
▶ to decorate는 '장식하는'이라는 의미로 앞의 a creative way를 꾸며 주는 형용사적 용법의 to부정사이다.
▶ using milk는 '우유를 사용하는'이라는 의미로 앞의 coffee를 꾸며 주는 현재분사구이다.

⁴ Interestingly, something similar **was happening** *thousands of years ago* in China!
▶ <was/were+동사의 -ing형>은 '~하고 있었다'는 의미의 과거진행형으로, 과거를 나타내는 시간 표현인 ago 등과 함께 잘 쓰인다.

⁷ **To make** Chabaixi, artists first turned tea leaves into powder.
▶ to make는 '만들기 위해'라는 의미로 '목적'을 나타내는 부사적 용법으로 쓰였다.

⁹ After that, they used a special spoon to draw pictures, **like** bamboo and mountains.
▶ 여기서 like는 '~와 같은'이라는 의미로 쓰인 전치사이며, 그 뒤에는 명사(구)가 오고 있다.

¹² When the water touches the tea, it **turns white**.
　　　　　　　　　　　　　　　　　주어 동사　보어
▶ 동사 turn 뒤에 색깔이나 상태 등을 나타내는 형용사 보어가 오면 '~로 변하다'라는 의미로 쓰인다.

정답 1 ⑤   2 ②   3 (1) F (2) F   4 ⓐ sound ⓑ stressed
5 (비록) 그것은 오래된 건물이긴 하지만

문제 해설

1 아주 작은 소리이지만 식물도 소리를 내며, 특히 스트레스를 받을 때는 더 많은 소리를 낸다는 연구 결과에 대해 설명하고 있으므로 정답은 ⑤이다.

Ⓠ 글의 주제로 가장 알맞은 것은?
① 식물을 돌보는 비법
② 식물과 의사소통하는 방법
③ 식물에게 스트레스 없는 환경
④ 식물의 소리를 듣는 것의 숨겨진 기술
⑤ 식물이 낸 소리와 스트레스 사이의 연관성

2 ⓑ는 3번 문장의 앞쪽에서 언급된 these sounds를 가리키며, 나머지는 모두 식물들을 가리킨다.

Ⓠ 다음 중 가리키는 대상이 나머지 넷과 <u>다른</u> 것은?

3 (1) 4번 문장에서 식물은 보통 한 시간에 한 번씩 톡 하고 터지는 소리를 낸다고 했다.
(2) 9번 문장에서 식물이 소리를 내는 것이 서로 의사소통을 하는 것을 의미하지는 않는다고 했다.

Ⓠ 다음 문장이 글의 내용과 일치하면 T, 그렇지 않으면 F를 쓰세요.
(1) 식물들은 보통 매시간마다 몇 번씩 톡 하고 터지는 소리를 낸다.
(2) 식물들은 소리를 내면서 서로 의사소통을 한다.

4 Ⓠ 글의 내용과 일치하도록 빈칸에 알맞은 말을 상자에서 찾아 쓰세요.

스트레스를 받는	듣다	소리

보통, 식물들은 한 시간에 한 번씩 아주 작은 톡 하고 터지는 ⓐ 소리를 낸다. 하지만 그들이
ⓑ 스트레스를 받으면 한 시간에 30에서 50번의 톡 하고 터지는 소리를 낸다.

5 Ⓠ 다음 빈칸에 알맞은 우리말 해석을 써보세요.

본문 해석

¹몇몇 식물들은 놀라운 비밀을 가지고 있어요. ²그것들은 사실 톡 하고 터지는 팝콘과 같은 소리를 낼 수 있어요! ³그러나 이 소리는 매우 조용해서, 우리는 보통 그것들을 들을 수 없어요. ⁴그 식물들은 보통 한 시간에 한 번씩 아주 작은 톡 하고 터지는 소리를 내요.

⁵하지만, 과학자들은 흥미로운 점을 발견했어요. ⁶그들은 가장 작은 소리도 들을 수 있는 특별한 마이크로 토마토 식물을 연구했어요. ⁷그 식물들은 스트레스를 받았을 때 — 예를 들면 줄기가 잘렸을 때 — 한 시간에 30에서 50번의 톡 하고 터지는 소리를 냈어요! ⁸이는 식물들이 꼭 우리처럼 스트레스에 반응한다는 것을 보여줘요.

⁹하지만 이 반응이 식물들이 꼭 소리를 내서 서로 의사소통을 한다는 의미는 아니에요. ¹⁰소리를 내는 것은 단지 스트레스에 반응하는 그들만의 독특한 방법이에요. ¹¹따라서 만약 여러분이 식물을 돌보고 있다면, 물을 주는 것을 잊지 마세요. ¹²비록 여러분은 아무것도 들을 수 없긴 하지만, 그것들은 도와달라고 외치고 있을지도 몰라요!

¹Some plants have a surprising secret. ²They can actually make sounds / like popping popcorn!
몇몇 식물들은 놀라운 비밀을 가지고 있다.　　　　그것들은 사실 소리를 낼 수 있다　　／ 톡 하고 터지는 팝콘 같은!

³But these sounds are very quiet, // so we can't usually hear them. ⁴The plants normally make /
그러나 이 소리들은 매우 조용해서,　　// 우리는 보통 그것들을 들을 수 없다.　　그 식물들은 보통 낸다　　／

one tiny popping sound / each hour.
한 번의 아주 작은 톡 하고 터지는 소리를 / 매시간마다.

⁵However, / scientists discovered something interesting. ⁶They studied tomato plants /
하지만,　／ 과학자들은 무언가 흥미로운 것을 발견했다.　　그들은 토마토 식물들을 연구했다　／

with special microphones // that can hear the quietest sounds. ⁷When the plants were stressed /
특별한 마이크로　　　// 가장 작은 소리들을 들을 수 있는.　　식물들이 스트레스 받았을 때　／

— such as / when their stems were cut — // they made 30 to 50 popping sounds / in an hour!
— 예를 들어　／ 그들의 줄기가 잘렸을 때 —　// 그들은 30에서 50번의 톡 하고 터지는 소리들을 냈다　／ 한 시간에!

⁸This shows / that plants react to stress, // just like we do.
이것은 보여준다 / 식물들이 스트레스에 반응한다는 것을, // 꼭 우리가 그러는 것처럼.

⁹But this reaction doesn't mean // that plants communicate with each other / by making sounds.
그러나 이 반응은 의미하지 않는다　　// 식물들이 서로 의사소통을 한다는 것을　　／ 소리를 내서.

¹⁰Making sounds / is just their unique way / of reacting / to stress. ¹¹So, / if you're taking care of plants, //
소리를 내는 것은　／ 단지 그들의 독특한 방법이다　／ 반응하는　／ 스트레스에.　따라서, / 만약 당신이 식물들을 돌보고 있다면,　//

don't forget / to give them water. ¹²Even though you can't hear anything, // they might be shouting /
잊지 마라　／ 그들에게 물을 주는 것을.　비록 당신이 아무것도 들을 수 없긴 하지만,　　// 그것들은 외치고 있을지도 모른다　／

for help!
도움을 위해!

---

² They can actually make sounds **like popping** *popcorn*!
▶ like는 '~같은'이라는 의미로 쓰인 전치사로, 그 뒤에는 명사(구)가 오고 있다.
▶ 현재분사 popping은 '톡 하고 터지는'이라는 뜻으로 명사 popcorn을 꾸며 주는 말이다.

⁵ However, scientists discovered *something* **interesting**.
▶ -thing으로 끝나는 단어(something, anything 등)는 형용사가 뒤에서 꾸며 준다.

⁶ They studied tomato plants with *special microphones* [**that** can hear **the quietest** sounds].
▶ that은 주격 관계대명사로, that 이하의 절이 선행사 special microphones를 꾸며 주고 있다.
▶ the quietest는 '가장 조용한'이라는 의미의 최상급 표현이다.

⁷ When the plants were stressed — *such as when their stems **were cut*** — they made 30 to 50 popping sounds in an hour!
▶ 대시(—) 사이의 절(such as ~ were cut)은 앞의 절의 내용을 보충 설명하기 위해 쓰였다.
▶ were cut은 수동태 과거형으로 '잘렸다'라는 의미이다.

⁸ This shows that plants react to stress, just **like** we do.
▶ like는 '~하는 것처럼'이라는 의미의 접속사로, 그 뒤에는 <주어+동사>의 절이 오고 있다.

¹¹ So, if you're taking care of plants, **don't forget to give** them water.
▶ <forget to-v>는 '~할 것을 잊어버리다'라는 의미이며, <forget v-ing>는 '~했던 것을 잊어버리다'라는 의미이므로 구분해서 써야 한다.

Review

본책 p.70

단어

정답 ▶
A 1 ⓑ   2 ⓐ   3 ⓒ
B 1 **rule**   2 **modern**   3 **communicate**
C 1 **behavior**   2 **until**   3 **creative**

해석 ▶
A 1 tiny(아주 작은) - ⓑ 크기나 양이 매우 작은
2 decorate(꾸미다, 장식하다) - ⓐ 무언가에 어떤 것을 더해 더 매력적으로 보이게 만들다
3 crowd(관중, 사람들) - ⓒ 한 장소에 함께 있는 큰 무리의 사람들

B 1 게임의 규칙
2 현대 미술관
3 몸짓 언어로 의사소통을 하다

C ┤ 보기 ├
창의적인	외치다	~(때)까지	행동

1 다른 사람을 돕는 것은 친절한 행동이다.
2 우리는 눈보라가 멈출 때까지 기다리는 게 좋겠다.
3 그 선생님은 문제에 대한 그녀의 창의적인 답변을 좋아했다.

본책 p.71

1일 1문장

정답 ▶
A 1 **Mr. White** (has not answered) my email yet.
2 **My brother** (is trying) to find a place to live.
3 Even though **it** (was raining), they decided to go for a walk.

B 1 This is a good book to read
2 I haven't chosen a gift
3 Even though the teacher asked for silence

C 1 먹을 것이 아무것도 없다
2 한 경기도 이기지 못했다, 아직
3 (비록) 히터가 켜져 있긴 했지만

해석 ▶
A 1 White 씨는 내 이메일에 아직 답장하지 않았다.
2 나의 오빠[형]는 살 곳을 찾으려고 노력하는 중이다.
3 비록 비가 오고 있긴 했지만, 그들은 산책을 가기로 결정했다.

Unit 07

19 | 알래스카의 한 마을에 닥친 위험
본책 pp.74~75

정답 ▶ 1 ⑤ 2 ④ 3 (1) T (2) F 4 ⓐ climate ⓑ melting ⓒ move
5 만들 것이다, 네가 웃게

문제 해설 ▶

1 기후 변화 때문에 다른 곳으로 이주해야 하는 북극 지방의 Newtok 마을에 대한 내용이므로 정답은 ⑤이다.

2 Newtok 마을이 영구 동토층에 위치한다는 내용 이후에, 그것은 항상 얼어있는 땅이라는 내용의 (B), 그 땅은 추운 날씨 덕에 오랫동안 녹지 않았다는 내용의 (C), 하지만, 날씨가 빠르게 따뜻해지고 있다는 내용의 (A)의 흐름이 가장 알맞다.

3 (1) 10번 문장에 언급되어 있다.

 (2) 11번과 12번 문장에서 Newtok 마을 사람들은 안전한 곳으로 이주하게 되어 슬프면서도 안도감을 느낀다고 했다.

4 ┌ 보기 ┐

녹고 있는	흔들리고 있는	이주하다	기후

Newtok은 ⓐ 기후 변화 때문에 큰 문제에 직면해 있다. 영구 동토층 내부의 얼음이 ⓑ 녹고 있어서 사람들은 더 안전한 곳으로 ⓒ 이주해야 한다.

본문 해석 ▶ ¹Newtok은 북극 지방의 작은 마을이다. ²그곳은 미국 알래스카의 서해안에 있다. ³기후 변화 때문에, Newtok은 큰 문제에 직면해 있다.

⁴Newtok은 영구 동토층이라고 불리는 땅 위에 위치한다. (B) ⁶그것은 항상 얼어있는 토양의 한 종류이다. (C) ⁷아주 오랫동안, 그 땅은 추운 날씨 덕분에 녹지 않았다. (A) ⁵그러나, 날씨가 매우 빠르게 따뜻해지고 있다. ⁸이것이 영구 동토층 안에 있는 얼음을 녹게 만들고 있다.

⁹영구 동토층이 녹으면, 이것은 건물과 도로를 부술 수 있다. ¹⁰사실, Newtok의 집들은 사람들이 그 안에서 걸어 다닐 때 흔들린다. ¹¹이것이 Newtok이 더 안전한 곳으로 이사를 가야 하는 이유이다. ¹²Newtok의 사람들은 그에 대해 슬프면서도 안도감을 느낀다.

¹³Newtok은 기후 변화 때문에 이주하는 최초의 마을 중 하나가 되었다. ¹⁴안타깝게도, 미래에는 더 많은 마을들이 Newtok처럼 될 수도 있다.

직독직해 ▶

¹Newtok is a small village / in the Arctic area. ²It is on the west coast / of Alaska, U.S.
　Newtok은 작은 마을이다 　 / 북극 지방의. 　　　　 그것은 서해안에 있다 　　 / 미국의 알래스카의.

³Because of climate change, / Newtok is facing a big problem.
기후 변화 때문에, 　　　　　 / Newtok은 큰 문제에 직면해 있다.

⁴Newtok is on land / called permafrost. ⁶It's a kind of soil // that stays frozen / all the time.
　Newtok은 땅 위에 있다 　/ 영구 동토층이라 불리는. 　그것은 토양의 한 종류이다 // 얼어붙은 상태로 유지되는 / 항상.

⁷For a very long time, / the land didn't melt / thanks to the cold weather.
아주 오랫동안, 　　　　　 / 그 땅은 녹지 않았다 　　 / 추운 날씨 덕분에.

⁵But, / the weather is getting warmer / very fast. ⁸This is making / the ice inside the permafrost melt.
그러나, / 날씨는 점점 따뜻해지고 있다 / 매우 빠르게. 이것이 만들고 있다 / 영구 동토층 안의 얼음이 녹게.

⁹When permafrost melts, // this can break buildings and roads. ¹⁰In fact, / houses in Newtok shake //
영구 동토층이 녹으면, // 이것은 건물과 도로를 부술 수 있다. 사실, / Newtok의 집들은 흔들린다 //

when people walk inside them. ¹¹That's why // Newtok has to move / to a safer place.
사람들이 그 안에서 걸어 다닐 때. 그것이 이유이다 // Newtok이 이주해야 하는 / 더 안전한 지역으로.

¹²The people of Newtok feel / both sad and relieved / about it.
Newtok의 사람들은 느낀다 / 슬픈 것과 안도하는 것 둘 다 / 그것에 대해.

¹³Newtok became / one of the first villages / to move / because of climate change. ¹⁴Sadly, /
Newtok은 (~가) 되었다 / 첫 번째 마을 중 하나가 / 이주하는 / 기후 변화 때문에. 안타깝게도, /

more villages / might be like Newtok / in the future.
더 많은 마을들이 / Newtok처럼 될지도 모른다 / 미래에.

주요 구문

⁵ But, the weather **is getting warmer** very fast.

▶ <be getting+비교급>은 '점점 더 ~해지고 있다'라는 의미이다.

⁶ It's *a kind of soil* [**that** stays frozen all the time].

▶ 주격 관계대명사 that이 이끄는 절(that ~ all the time)은 선행사 a kind of soil을 꾸며 주고 있다.

¹¹ **That's why** Newtok **has to** move to a safer place.

▶ <That's why+주어+동사 ~>는 '그것이 ~한 이유이다'라는 뜻이다.

▶ 조동사 have[has] to는 '해야 한다'라는 뜻으로 '의무'를 나타낸다.

¹² The people of Newtok feel **both** sad **and** relieved about it.
　　　　　　　　　　　　　　　　　A　　　　　B

▶ <both A and B>는 'A와 B 둘 다'라는 뜻으로, 형용사 sad와 relieved가 접속사 and로 연결되었다.

¹³ Newtok became one of *the first villages* [**to move**] because of climate change.

▶ to move는 '이주하는'이라는 의미로, the first villages를 꾸며 주는 형용사적 용법의 to부정사이다.

---

20 **반려동물을 위한 작곡가** 본책 pp.76~77

정답 ▶ 1 ② 2 ② 3 ⓐ photos ⓑ sad 4 특별한 재능을 가진 친구가 있다

문제 해설 1 Noam은 세상을 떠난 반려동물에 대한 슬픔을 위로하기 위해 반려동물의 사진을 사용해 노래를 만든다는 내용의 글
이므로 정답은 ②이다.

① 동물만을 위해 만들어진 음악　　　　　　　　② Noam의 세상을 떠난 반려동물을 위한 노래
③ Noam의 특별한 음악적 재능　　　　　　　　④ 상냥하고 장난기 많은 고양이를 위한 노래
⑤ 반려동물을 잃은 가족들을 위한 이야기

2 Noam이 언제 학교를 졸업했는지는 글에서 언급되지 않으므로 정답은 ②이다.

① 그의 직업은 무엇인가? (1번 문장에 언급됨)
② 그는 언제 학교를 졸업했는가?
③ 그는 왜 Sympawnies 프로젝트를 시작했는가? (3번, 4번 문장에 언급됨)

④ 그는 노래를 만들기 위해 무엇을 사용하는가? (6번 문장에 언급됨)

⑤ 그는 작곡하기 전에 무엇을 하는가? (9번 문장에 언급됨)

3

> Noam Oxman은 반려동물의 ⓐ 사진을 사용해 그것들에 대한 특별한 노래를 만든다. 반려동물을 그리워하는 사람들은 그의 노래를 들을 때 덜 ⓑ 슬퍼한다.

본문 해석

¹Noam Oxman은 반려동물을 기억하기 위해 특별한 노래를 쓰는 작곡가이다. ²그의 음악은 사람들이 세상을 떠난 반려동물을 그리워할 때 슬픔을 덜 느끼게 해준다.

³학교를 졸업한 후, Noam은 자신의 재능을 특별한 방법으로 사용하기를 원했다. ⁴그는 동물, 음악, 그리고 그림을 좋아했다. ⁵그래서, 그는 'symphony(교향곡)'와 'paw(동물의 발)'라는 단어를 결합한 프로젝트인 'Sympawnies'을 시작했다. ⁶그는 아름다운 노래를 만들기 위해 반려동물의 사진을 사용한다. ⁷놀랍게도, 그 악보들은 반려동물들과 똑같이 생겼다. ⁸그 결과물은 눈과 귀를 모두 즐겁게 해준다.

⁹작곡을 하기 전에, 그는 주인으로부터 반려동물에 대해 알아둔다. ¹⁰만약 반려동물이 활발하면, 그는 행복한 음악을 만든다. ¹¹만약 반려동물이 차분하다면, 그는 온화한 음악을 만든다. ¹²예를 들어, 그는 Chubby Cat이라는 이름의 고양이가 상냥하고 장난기가 많다고 생각했다. ¹³그래서, 그는 꼭 Chubby Cat처럼 상냥하고 장난기 많은 노래를 만들었다!

직독직해

¹Noam Oxman is a composer // who writes special songs / to remember pets. ²His music makes /
Noam Oxman은 작곡가이다 // 특별한 노래들을 쓰는 / 반려동물을 기억하기 위해. 그의 음악은 만든다 /

people feel less sad // when they miss their lost pets.
사람들이 덜 슬프게 // 그들이 세상을 떠난 그들의 반려동물을 그리워할 때.

³After finishing school, / Noam wanted / to use his talents / in a special way. ⁴He loved /
학교를 졸업한 후, / Noam은 원했다 / 그의 재능들을 사용하기를 / 특별한 방법으로. 그는 아주 좋아했다 /

animals, music, and drawings. ⁵So, / he started "Sympawnies," / a project that combines the words
동물, 음악, 그리고 그림을. 그래서, / 그는 'Sympawnies'를 시작했다, / 단어 'symphony'와 'paw'를 결합하는 프로젝트인.

"symphony" and "paw." ⁶He uses pet photos / to create beautiful songs. ⁷Surprisingly, /
그는 반려동물의 사진을 사용한다 / 아름다운 노래를 만들기 위해. 놀랍게도, /

the scores look exactly like the pets. ⁸The results are fun / for both the eyes and the ears.
그 악보들은 정확히 반려동물들과 닮았다. 그 결과는 재미있다 / 눈과 귀 둘 다에게.

⁹Before composing, / he learns about the pets / from their owners. ¹⁰If the pet is lively, //
작곡하기 전에, / 그는 반려동물에 대해 알아둔다 / 그들의 주인으로부터. 만약 반려동물이 활발하면, //

he makes happy music. ¹¹If the pet is calm, // he makes gentle music. ¹²For example, / he thought //
그는 행복한 음악을 만든다. 만약 반려동물이 차분하면, // 그는 온화한 음악을 만든다. 예를 들어, / 그는 생각했다 //

a cat named Chubby Cat / was sweet and playful. ¹³So, / he made / a sweet and playful song /
Chubby Cat이라는 이름의 고양이가 / 상냥하고 장난기 많다고. 그래서, / 그는 만들었다 / 상냥하고 장난기 많은 노래를 /

just like Chubby Cat!
꼭 Chubby Cat과 같은!

주요 구문

³ **After finishing** school, Noam wanted to use his talents in a special way.

⁹ **Before composing**, he learns about the pets from their owners.

▶ finishing과 composing은 각각 전치사 After와 Before의 목적어 역할을 하는 동명사이다.

⁵ So, he started "Sympawnies," *a project* [**that** combines the words "symphony" and "paw."]

▶ "Sympawnies"와 a project ~ "paw."는 같은 것으로 동격의 관계이다.

▶ that은 주격 관계대명사로, that 이하의 절은 앞의 명사 a project를 꾸며 준다.

7 Surprisingly, the scores **look** exactly **like** *the pets*.
 ▶ <look like+명사(구)>는 '~을 닮다, ~처럼 생기다'의 의미이다.

8 The results are fun for **both** the eyes **and** the ears.
                                    A   B
 ▶ <both A and B>는 'A와 B 둘 다'라는 의미이며, A와 B 자리에는 문법적으로 성격이 같은 것이 와야 한다.

10 **If** the pet is lively, he makes happy music.
       <조건>   <결과>
11 **If** the pet is calm, he makes gentle music.
       <조건>   <결과>
 ▶ 접속사 if는 '만약 ~한다면'의 의미로 '조건'을 나타내며, 두 번째 절은 그 조건에 대한 '결과'를 나타낸다.

---

21 영국의 대관식에 꼭 필요한 것은?

정답 1 ③ 2 ④ 3 ② **4 사용되었다, 아이들을 돕는 데**

문제 해설

1 스코틀랜드의 운명의 돌이 지닌 특별한 역사에 대해 설명하는 글이므로 정답은 ③이다.
 ① 스코틀랜드의 오랜 역사 ② 운명의 돌의 잃어버린 부분
 ③ 스코틀랜드에서 온 돌의 특별한 역사 ④ 왕과 여왕을 위한 중요한 의식
 ⑤ 운명의 돌: 권력과 사람들에 대한 통제

2 원래 운명의 돌은 스코틀랜드 왕을 왕위에 앉히는 데 사용되었다는 내용 이후에, 1296년에 영국의 왕 에드워드 1세가 운명의 돌을 가져갔다는 내용의 (C), 그는 자신의 권력과 스코틀랜드 사람들에 대한 통제력을 과시하고 싶어 했다는 내용의 (A), 그 왕의 행동 때문에 스코틀랜드 사람들이 슬프고 화가 났다는 내용의 (B)의 흐름이 가장 자연스럽다.

3 4번 문장에서 운명의 돌은 원래 스코틀랜드 왕을 왕위에 앉히는 데 사용되었다고 했으므로 ②는 글의 내용과 일치하지 않는다. ①은 2번 문장에, ③은 7번 문장에, ④는 9번 문장에, ⑤는 12번 문장에 언급되어 있다.

본문 해석

¹운명의 돌은 오랜 역사를 가진 특별한 돌이다. ²그것은 직사각형의 큰 돌로 무게는 약 125킬로그램이다. ³수년간, 이 돌은 영국의 새로운 왕과 여왕을 위한 의식에서 중요한 역할을 했다.
 ⁴원래, 운명의 돌은 스코틀랜드 왕들을 왕위에 앉히는 데 사용되었다. (C) ⁷하지만, 1296년에 영국의 왕인 에드워드 1세가 스코틀랜드에서 그 돌을 가져갔다. (A) ⁵그는 자신의 권력과 스코틀랜드 사람들에 대한 통제력을 과시하고 싶었다. (B) ⁶그 왕이 한 행동 때문에 그들은 슬프고 화가 났다. ⁸그래서, 스코틀랜드 사람들은 오랫동안 운명의 돌을 되찾기를 원했다.
 ⁹마침내, 1996년에 영국 정부는 공식적으로 그 돌을 스코틀랜드에 돌려주었다. ¹⁰스코틀랜드 사람들은 행복했다. ¹¹그들은 자신들의 역사 중 잃어버린 부분이 마침내 돌아온 것처럼 느꼈다! ¹²이제, 여러분은 스코틀랜드의 에든버러 성에서 그 돌을 볼 수 있다.

¹The Stone of Destiny is a special stone / with a long history. ²It's a large, rectangular rock /
운명의 돌은 특별한 돌이다 / 긴 역사를 가진. 그것은 직사각형의 큰 돌이다 /

and weighs about 125 kilograms. ³For many years, / this stone played an important role /
그리고 약 125킬로그램의 무게가 나간다. 수년간, / 이 돌은 중요한 역할을 했다 /

in the ceremonies / for new kings and queens of the U.K.
의식에서 / 영국의 새로운 왕들과 여왕들을 위한.

⁴Originally, / the Stone of Destiny was used / to crown Scottish kings. ⁷However, / in 1296, /
원래, / 운명의 돌은 사용되었다 / 스코틀랜드 왕들을 왕위에 앉히기 위해. 그러나, / 1296년에, /

an English king named Edward I / took the stone / from Scotland. ⁵He wanted to show off / his power /
에드워드 1세라는 이름의 영국 왕이 / 그 돌을 가져갔다 / 스코틀랜드에서. 그는 과시하기를 원했다 / 그의 힘과 /

and control over the Scottish people. ⁶Because of what the king did, / they felt sad and angry.
스코틀랜드 사람들에 대한 통제력을. 그 왕이 한 것 때문에, / 그들은 슬프고 화가 났다.

⁸So, / the Scottish people wanted the Stone of Destiny back / for a long time.
그래서, / 스코틀랜드 사람들은 운명의 돌을 되찾기를 원했다 / 오랫동안.

⁹Finally, / in 1996, / the British government officially returned the stone / to Scotland.
마침내, / 1996년에, / 영국 정부는 공식적으로 그 돌을 돌려주었다 / 스코틀랜드에.

¹⁰The Scottish people were happy. ¹¹They felt // like a missing part of their history was finally back!
스코틀랜드인들은 행복했다. 그들은 느꼈다 // 그들의 역사의 잃어버린 부분이 마침내 돌아온 것처럼!

¹²Now, / you can see the stone / at Edinburgh Castle in Scotland.
이제, / 당신은 그 돌을 볼 수 있다 / 스코틀랜드의 에든버러 성에서.

---

⁵ He **wanted to show off** his power(목1) [and] control over the Scottish people.(목2)
주어 동사 목적어

▶ <want to-v>는 '~하기를 원하다'라는 의미이다.

▶ show off의 목적어인 his power와 control over the Scottish people이 접속사 and로 연결되어 있다.

⁶ Because of **what** the king did, they **felt sad** [and] angry.
형용사1 형용사2

▶ 여기서 what은 선행사를 포함하고 있는 관계대명사로, '~하는 것(들)'이라고 해석한다. 관계대명사 what에는 the thing(s) that [which]의 의미가 포함되어 있기 때문에, 그 앞에서는 선행사가 오지 않는다.

▶ <feel+형용사>는 '~하게 느끼다'라는 의미이며, 형용사 sad와 angry는 접속사 and로 연결되어 있다.

¹¹ They **felt like** a missing part of their history was finally back!
주어 동사

▶ <feel like+주어+동사 ~>은 '~하는 것처럼 느끼다'라는 의미로, 이때 like는 절과 절을 연결하는 접속사의 역할을 한다.

Review

본책 p.80

단어

정답

A 1 ⓒ 2 ⓐ 3 ⓑ

B 1 re**sul**t 2 **climate** 3 **combine**

C 1 **gentle** 2 **important** 3 **coast**

해석

A 1 shake(흔들리다) - ⓒ 앞뒤로 또는 위아래로 짧고 빠른 움직임으로 움직이다

2 melt(녹다) - ⓐ 고체에서 액체로 바뀌다

3 weigh(무게가 ~이다) - ⓑ 특정한 무게를 가지다

C ┤ 보기 ├

| 해안 | 온화한 | 중요한 | 의식 |

1 나의 아빠는 항상 <u>온화한</u> 목소리로 말씀하신다.

2 가족은 나에게 가장 <u>중요한</u> 것이다.

3 <u>해안</u>을 따라 걸을 수 있는 길들이 있다.

본책 p.81

1일 1문장

정답

A 1 **The raised money** (was used) to build a new school.

2 **The teacher** who teaches us math (is) very kind.

3 **The magician** surprisingly (made) a rabbit appear out of a hat.

B 1 the person who helped me

2 Her warm words made him feel better

3 was used to store ice

C 1 헬리콥터를 조종할 수 있는 조종사이다

2 만들었다, 그 아기가 깨어나게

3 사용될 것이다, 역사를 가르치는 데

해석

A 1 모은 돈은 새 학교를 짓는 데 사용되었다.

2 우리에게 수학을 가르쳐 주시는 선생님은 매우 친절하시다.

3 그 마술사는 놀랍게도 모자에서 토끼가 나오게 했다.

22 음식을 구조한다고요?

본책 pp.84~85

정답
1 ⑤   2 ④   3 ⓐ **prevent** ⓑ **collect**   4 배울 수 있을 것입니다

문제 해설

1 412 Food Rescue에서 가게나 식당 등의 남는 음식을 배달해 줄 자원봉사자를 찾고 있으므로 정답은 ⑤이다.

2 412 Food Rescue가 몇 명의 자원봉사자들을 보유하고 있는지는 언급하고 있지 않으므로, 정답은 ④이다.

① 그 단체의 목표는 무엇인가? (6번 문장에서 언급됨)

② 그들은 어디에서 음식을 모으는가? (7번 문장에서 언급됨)

③ 자원봉사자들은 그들을 위해 무엇을 하는가? (9번과 10번 문장에서 언급됨)

④ 그들은 현재 몇 명의 자원봉사자들을 보유하고 있는가?

⑤ 자원봉사자들은 그들에게 어떻게 연락을 취할 수 있는가? (14번 문장에서 언급됨)

3

	412 Food Rescue
그들이 일하는 이유	• 음식물 쓰레기를 ⓐ 막기 위해
그들이 주로 하는 일	• 상점, 음식점, 농장 등에서 남은 음식물을 ⓑ 수거한다 • 도움이 필요한 사람들에게 음식을 제공한다

본문 해석

¹굶주림과의 싸움에 우리와 함께 해보세요!

²여러분은 다른 사람들을 돕는 것에 관심이 있나요? ³여름 방학 동안 무언가 새로운 것을 시도해 보고 싶나요? ⁴만약 그렇다면, 412 Food Rescue는 여러분에게 딱 맞는 곳이에요!

⁵우리는 음식물 쓰레기를 막기 위해 함께 일하는 한 단체의 사람들이에요. ⁶우리의 목표는 배고픈 사람들에게 음식이 제대로 전달되게 하는 것이죠. ⁷412 Food Rescue에서 우리는 가게, 식당, 그리고 농장과 같은 곳에서 남은 음식을 수거해요. ⁸그 후, 우리는 이 음식을 정말로 필요로 하는 사람들에게 전달해 줘요.

⁹하지만 우리의 놀라운 자원봉사자들 없이는 이 일을 할 수 없어요. ¹⁰그들은 우리를 위해 음식을 배달해 줘요. ¹¹그러니 412 Food Rescue에 와서 함께하세요. ¹²여러분도 도움이 필요한 사람들을 도울 수 있을 거예요! ¹³음식물 쓰레기와 함께 싸워 봐요.

¹⁴우리에게 연락해 주세요

☎ +123-456-7890

✉ hello@412foodrescue.com

◑ 1234 Station St, Pittsburgh 15000

직독직해

¹Join us / in the fight against hunger!
우리와 함께해요 / 굶주림과의 싸움에!

²Are you interested / in helping other people? **³Do you want** / **to try something new** /
당신은 관심이 있는가   / 다른 사람들을 도와주는 것에?   당신은 원하는가   / 무언가 새로운 것을 시도하기를   /

during your summer vacation? **⁴If so,** / **412 Food Rescue is the right place** / **for you!**
당신의 여름방학 동안?   만약 그렇다면, / 412 Food Rescue가 딱 맞는 곳이다   / 당신에게!

⁵We're a group of people / working together / to prevent food waste. ⁶Our goal is to make sure //
우리는 한 단체의 사람들이다 / 함께 일하는 / 음식물 쓰레기를 막기 위해. 우리의 목표는 확실하게 하는 것이다 //

food goes / to people who are hungry. ⁷At 412 Food Rescue, / we collect leftover food / from places /
음식이 가도록 / 배가 고픈 사람들에게. 412 Food Rescue에서, / 우리는 남은 음식을 모은다 / 장소들로부터 /

like stores, restaurants, and farms. ⁸Then, / we give this food / to people // who really need it.
가게, 식당, 그리고 농장과 같은. 그 후, / 우리는 이 음식을 준다 / 사람들에게 // 그것을 정말로 필요로 하는.

⁹But without our amazing volunteers, / we can't do this work.
하지만 우리의 놀라운 자원봉사자들 없이, / 우리는 이 일을 할 수 없다.

¹⁰They deliver the food / for us. ¹¹So come // and join 412 Food Rescue. ¹²You will also be able to help /
그들은 음식을 배달한다 / 우리를 위해. 그러니 와서 // 412 Food Rescue와 함께해보라. 당신 또한 도울 수 있을 것이다 /

people in need! ¹³Let's fight food waste / together.
어려움에 처한 사람들을! 음식물 쓰레기와 싸우자 / 함께.

¹⁴Contact Us
우리에게 연락해 주세요

☎ +123-456-7890

✉ hello@412foodrescue.com

◎ 1234 Station St, Pittsburgh 15000

주요 구문

⁵ We're *a group of people* [**working** together **to prevent** food waste].

▶ 현재분사구(working ~ food waste)는 바로 앞의 a group of people을 꾸며 준다.

▶ to prevent는 '막기 위해'라는 뜻으로 '목적'을 나타내는 부사적 용법의 to부정사이다.

⁶ Our goal is **to make sure** (that) food goes to *people* [**who** are hungry].
　　　주어　동사　　　　　　　　　　　보어

▶ to make sure 이하는 주어 Our goal을 보충 설명해 주는 보어로 '~하는 것'이라고 해석한다.

　(Our goal = to make sure (that) food goes to people who are hungry)

▶ make sure 뒤에는 목적어절을 이끄는 접속사 that이 생략되었다.

▶ who는 주격 관계대명사로, who 이하는 앞의 명사 people을 꾸며 준다.

⁸ Then, we **give** this food **to** *people* [**who** really need it].
　　　　　　　B　　　　A

▶ <give B to A>는 'A에게 B를 주다'라는 뜻이다.

▶ who는 주격 관계대명사로, who 이하는 앞의 명사 people을 꾸며 준다.

¹¹ So come │and│ join 412 Food Rescue.
　　　동사1　　　　동사2

▶ 두 개의 동사 come과 join은 접속사 and로 연결되어 있으며, '~해라'라는 뜻의 긍정 명령문이다.

---

23 초콜릿 눈이 내린다면…
본책 pp.86~87

정답 ▶ 1 ③　2 ③　3 (D) → (C) → (A) → (B)　4 나에게 말했다, 그녀의 지갑을 잃어버렸다고

문제 해설 ▶ 1 스위스의 Olten 마을 전체에 초콜릿의 재료인 코코아 가루가 눈처럼 내린 일에 대해 이야기하고 있으므로 정답은 ③
이다.

① Olten의 첫 번째 초콜릿 축제   ② 스위스인이 코코아 가루를 사용하는 방법

③ Olten에 초콜릿 눈이 내린 날   ④ Olten에 밀크 초콜릿 비가 내린 날

⑤ Olten에 새로운 초콜릿 공장 건설하기

2 초콜릿 공장이 공기 시스템을 어떻게 수리했는지에 대해선 언급하고 있지 않으므로 정답은 ③이다.

① 초콜릿 눈은 어디에 내렸는가? (1번, 2번 문장에 언급되어 있음)

② 왜 코코아 가루가 하늘에서 떨어졌는가? (4번 문장에 언급되어 있음)

③ 그 공장은 어떻게 공기 시스템을 수리했는가?

④ 그 공장은 그 문제를 어떻게 다뤘는가? (9번 문장에 언급되어 있음)

⑤ 마을 사람들은 이번 일에 대해 어떻게 생각했는가? (10번 문장에 언급되어 있음)

3 (D)는 4번 문장에, (C)는 5번 문장에, (A)는 6번 문장에, (B)는 9번 문장에 언급되어 있다.

(A) 코코아 가루가 마을 전체를 뒤덮었다.

(B) 공장은 공기 시스템을 수리하고 청소하겠다고 했다.

(C) 공기 시스템은 코코아 가루를 공장 밖 하늘로 밀어 보냈다.

(D) 공장의 공기 시스템에 문제가 있었다.

본문 해석 ▶ ¹어느 날, 스위스의 Olten이라는 마을에서 재미있는 일이 일어났다. ²초콜릿의 주재료인 코코아 가루가 눈처럼 하늘에서 떨어지기 시작한 것이다! ³이 모든 것은 마을의 한 초콜릿 공장에서 시작되었다.

⁴그 공장은 공기 시스템에 문제가 있었다. ⁵그것이 코코아 가루가 공장 밖으로 나와 하늘에 흩날리게 된 이유이다. ⁶그날, 강한 바람이 불고 있었기에 그것이 마을 곳곳에 코코아 가루를 퍼뜨렸다. ⁷자동차, 집, 그리고 거리가 모두 코코아 가루로 뒤덮였다.

⁸그 공장은 모두에게 이 초콜릿 눈은 전혀 해롭지 않다고 말했다. ⁹그들은 공기 시스템을 수리했고 코코아 가루를 청소해 주겠다고 했다. ¹⁰그러나 마을 사람들은 이 일을 매우 좋아했다. ¹¹한 사람은 심지어 "하늘에서 떨어지는 초콜릿 눈송이라니! 꿈은 이루어지네요!"라고 말했다.

직독직해 ▶

¹One day, / something funny happened / in the town of Olten, Switzerland. ²Cocoa powder /
어느 날, / 무언가 재미있는 일이 일어났다 / 스위스의 Olten이라는 마을에서.   코코아 가루가 /

— the main ingredient in chocolate — / began to fall / from the sky / like snow! ³This all started /
— 초콜릿의 주된 재료인 — / 떨어지기 시작했다 / 하늘로부터 / 눈처럼!   이것은 모두 시작되었다 /

at a chocolate factory / in the town.
한 초콜릿 공장에서 / 마을의.

⁴The factory had a problem / with its air system. ⁵That's why // cocoa flew out of the factory /
그 공장은 문제가 있었다 / 그것의 공기 시스템에.   그것이 ~한 이유이다 // 코코아 가루가 공장 밖으로 날아가게 된 /

into the sky. ⁶On that day, / a strong wind was blowing, // so it spread the cocoa powder /
하늘을 향해.   그날, / 강한 바람이 불고 있었다, // 그래서 그것은 코코아 가루를 퍼뜨렸다 /

all over the town. ⁷Cars, houses, and streets / all got covered / in cocoa powder.
마을 전체에.   자동차들, 집들, 그리고 거리들이 / 전부 뒤덮였다 / 코코아 가루로.

⁸The factory told everyone // that this chocolate snow wasn't harmful / at all. ⁹They fixed the air system /
그 공장은 모두에게 말했다 // 이 초콜릿 눈은 해롭지 않다고 / 전혀.   그들은 공기 시스템을 수리했다 /

and offered / to clean up the cocoa powder. ¹⁰But the people in the town / loved this happening.
그리고 제안했다 / 코코아 가루를 청소하는 것을.   그러나 마을의 사람들은 / 이 일을 매우 좋아했다.

¹¹One person even said, // "Chocolate snowflakes / falling from the sky! Dreams come true!"
한 사람은 말하기조차 했다, // "초콜릿 눈송이들이라니 / 하늘에서 떨어지는!   꿈은 이루어진다!"

² Cocoa powder — the main ingredient in chocolate — **began to fall** from the sky **like** *snow*!

▶ <begin to-v>는 '~하는 것을 시작하다'라는 의미이며, <begin v-ing>로 써도 동일한 의미를 나타낸다.

▶ 여기서 like는 '~처럼'이라는 의미의 전치사로 뒤에 명사(구)가 온다.

⁵ **That's why** <u>cocoa</u> <u>flew</u> out of the factory into the sky.
        주어 동사

▶ <That's why+주어+동사 ~>는 '그것이 ~한 이유이다, 그래서 ~이다'라는 뜻으로 앞 문장의 '결과'에 해당하는 내용이 나온다.

⁶ On that day, a strong wind **was blowing**, so it spread the cocoa powder all over the town.

▶ was blowing은 '불고 있었다'라는 의미의 과거진행형이다.

▶ 문장과 문장을 연결하는 접속사 so는 '결과'를 나타내며 '그래서[그 결과] (~했다)'라는 의미이다.

⁷ Cars, houses, and streets all **got covered in** cocoa powder.

▶ <get covered in>은 '(온통) ~로 뒤덮이다'라는 뜻으로 쓰인다.

¹¹ One person even said, "*Chocolate snowflakes* [**falling** from the sky]! Dreams come true!"

▶ 현재분사구(falling from the sky)는 바로 앞의 Chocolate snowflakes를 꾸며 주고 있다.

---

24 달 뿐만 아니라 지구에도 있어요

본책 pp.88~89

정답 ▶ 1 ⑤   2 ④   3 ⓐ protects ⓑ erase ⓒ often   4 문제가 있는 것 같다

문제 해설 ▶

1 지구에도 운석 구덩이들이 있지만, 지구보다 달에 더 많은 운석 구덩이들이 있는 것처럼 보이는 이유에 대해 설명하고 있으므로 정답은 ⑤이다.

Q 글의 주제로 가장 알맞은 것은?

① 운석이 지구에 어떻게 충돌하는지   ② 지구에 있는 거대한 운석 구덩이의 미스터리

③ 와이오밍주에 있는 운석 구덩이들의 발견   ④ 지구를 보호하는 대기

⑤ 왜 달이 지구보다 더 많은 운석 구덩이를 가지고 있는지

2 '놀라운 사실은 이 운석 구덩이들이 약 2억 8천만 년이나 되었다는 것이다.'라는 내용의 주어진 문장은 미국 와이오밍주에서 커다란 운석 구덩이들이 발견되었다는 내용의 9번 문장과 그것은 공룡보다도 더 오래된 것이라는 내용의 10번 문장의 사이인 ④에 오는 것이 가장 자연스럽다.

Q 다음 문장이 들어갈 위치로 가장 알맞은 곳은?

3 **Q 글의 내용과 일치하도록 빈칸에 알맞은 말을 본문에서 찾아 쓰세요.**

지구	달
• 두꺼운 대기 → 운석으로부터 지구를 ⓐ <u>보호한다</u>.	• 대기가 없음 → 운석들이 달에 더 ⓒ <u>자주</u> 부딪힐 수 있다.
• 비, 바람, 그리고 식물 → 운석 구덩이들이 서서히 ⓑ <u>지워지게</u> 도와준다.	• 날씨나 식물이 없음 → 운석 구덩이들이 아주 오랜 시간 동안 남아 있을 수 있다.

4 **Q 다음 빈칸에 알맞은 우리말 해석을 써보세요.**

¹몇몇 사람들은 달에만 운석 구덩이들이 있다고 믿을지도 모르지만, 사실 지구에도 있다. ²그렇다면, 왜 달은 지구보다 그것들을 더 많이 갖고 있는 것 같을까?

³지구는 운석으로부터 스스로를 보호해 주는 두꺼운 대기를 가지고 있다. ⁴반면에, 달에는 대기가 없다. ⁵이는 운석들이 달에 더 자주 충돌할 수 있다는 것을 의미한다. ⁶게다가, 지구에서는 비, 바람, 그리고 심지어 식물과 같은 것들이 운석 구덩이를 서서히 지우도록 돕는다. ⁷하지만 달에는 날씨나 식물이 존재하지 않는다. ⁸운석 하나가 운석 구덩이를 만들면, 그것은 아주 오랜 시간 동안 그곳에 그대로 있다.

⁹2022년에 과학자들은 미국 와이오밍주에서 거대한 운석 구덩이들을 찾았다. 놀라운 사실은 이 운석 구덩이들이 약 2억 8천만 년이나 되었다는 것이다. ¹⁰그것은 공룡보다 더 오래된 것이다! ¹¹지구의 땅은 많이 변하고 운석 구덩이들은 보통 없어지기 때문에, 이 오래된 운석 구덩이들을 찾는 것은 정말 놀라운 일이다.

¹Some people may believe / that only the Moon has craters, // but actually, / the Earth has them as well.
몇몇 사람들은 믿을지도 모른다 / 달만이 운석 구덩이들을 가지고 있다고, // 그러나 실제로는, / 지구 또한 그것들을 가지고 있다.

²Then, / why does the Moon seem / to have more of them / than the Earth?
그렇다면, / 왜 달은 (~하는 것) 같을까 / 더 많은 그것들을 갖고 있는 것 / 지구보다?

³The Earth has a thick atmosphere // that protects it / from space rocks. ⁴The Moon, / on the other
지구는 두꺼운 대기를 가지고 있다 // 그것을 보호하는 / 운석들로부터. 달은, / 반면에,

hand, / doesn't have an atmosphere. ⁵This means // space rocks can hit the Moon / more often.
/ 대기를 가지고 있지 않다. 이것은 의미한다 // 운석들이 달에 충돌할 수 있다는 것을 / 더 자주.

⁶Additionally, / on Earth, / things like rain, wind, and even plants / help to slowly erase craters.
게다가, / 지구에서는, / 비, 바람, 그리고 심지어 식물과 같은 것들이 / 서서히 운석 구덩이들을 없애는 것을 돕는다.

⁷But the Moon doesn't have / weather or plants. ⁸When a space rock makes a crater, //
그러나 달은 가지고 있지 않다 / 날씨나 식물들을. 운석 하나가 운석 구덩이를 만들 때, //

it stays there / for a very long time.
그것은 그곳에 그대로 있다 / 아주 오랜 시간 동안.

⁹In 2022, / scientists found huge craters / in Wyoming, U.S. The surprising fact is // that these craters
2022년에, / 과학자들은 거대한 운석 구덩이들을 발견했다 / 미국의 와이오밍주에서. 놀라운 사실은 ~이다 // 이 운석 구덩이들이

are about 280 million years old. ¹⁰That's older than dinosaurs! ¹¹Because Earth's ground changes a lot /
약 2억 8천만 년 되었다는 것. 그것은 공룡보다 더 오래되었다! 지구의 땅은 많이 변하기 때문에 /

and craters usually disappear, // finding these old craters / is really amazing.
그리고 운석 구덩이들은 보통 없어지기 때문에, // 이 오래된 운석 구덩이들을 찾은 것은 / 정말 놀랍다.

³ The Earth has *a thick atmosphere* [**that protects** it **from** space rocks].
　　　　　　　　　　　　　　　　　　　　　　　　　A　　　B

▶ that은 주격 관계대명사로, that 이하는 앞의 명사 a thick atmosphere를 꾸며 주고 있다.

▶ <protect A from B>는 'B로부터 A를 보호하다, 지키다'라는 뜻으로 쓰이며, 이때 A 자리에 오는 it은 The Earth를 가리킨다.

⁶ Additionally, on Earth, things **like** rain, wind, and even plants **help to** slowly **erase** craters.

▶ 전치사 like는 '~같은'이라는 뜻으로 앞의 things의 예를 나타내고 있다.

▶ <help to-v>는 '~하는 것을 돕다, 도와주다'라는 의미이며, 이때 to-v 대신 동사원형을 쓸 수도 있다.

The surprising fact is **that** these craters are about **280 million** years old.
　　　주어　　　　　동사　　　　　　　　　　보어

▶ 이때 접속사 that이 이끄는 절(that these craters ~ 280 million years old)은 주어를 보충 설명해 주는 말인 주격보어로 쓰였다.
　(The surprising fact = these craters are about 280 million years old)

▶ million은 '100만'을 의미하므로 280 million은 그에 280을 곱해야 한다. 와이오밍주에서 발견된 운석 구덩이는 2억 8천만 년이나 되었다는 뜻이다.

¹¹ Because Earth's ground changes a lot and craters usually disappear, **finding** these old craters **is** really amazing.

주어　　　　　　동사　　　보어

▶ 동명사 주어(finding)는 '~하는 것은, ~하기는'이라고 해석하며, 이때 동명사 주어 뒤에 오는 동사는 항상 단수형으로 써야 한다. 동사 is 바로 앞의 복수명사 craters를 보고 주어로 혼동하지 않도록 주의해야 한다.

Review

Unit 08

본책 p.90

단어

정답
A 1 ⓑ　　　2 ⓒ　　　3 ⓐ
B 1 without　2 atmosphere　3 prevent
C 1 all over　2 interested in　3 protect, from

해석
A 1 deliver(배달하다) - ⓑ 편지나 소포를 사람이나 장소에 가져가다
　 2 ingredient(재료) - ⓒ 음식을 만드는 데 사용되는 것 중 하나
　 3 fix(수리하다, 고치다) - ⓐ 무언가를 다시 작동하도록 만들다

B 1 정원이 없는 집
　 2 지구 주위의 대기
　 3 질병의 확산을 막다

본책 p.91

1일 1문장

정답
A 1 **We** (will be able to enjoy) many snow activities in Finland.
　 2 **Sean** strangely (doesn't seem) to have any energy today. Is he okay?
　 3 **A few students** (told) the teacher that they needed more time for the test.

B 1 will be able to see Venus
　 2 Time seems to go too fast
　 3 told us that dinner is

C 1 무지개를 볼 수 있을 것이다
　 2 아빠에게 말씀드릴 것이다, 내가 A를 받았다고
　 3 그 수업을 이해하는 것 같았다

해석
A 1 우리는 핀란드에서 많은 눈 활동을 즐길 수 있을 것이다.
　 2 Sean은 이상하게 오늘 기운이 없어 보여. 그는 괜찮니?
　 3 몇몇 학생들은 선생님에게 시험을 보기 위해 시간이 더 필요하다고 말했다.

25 작은 오해에서 비롯된 이름
본책 pp.94~95

문제 해설

1 브라질의 도시인 리우데자네이루의 이름의 유래에 관한 글이므로 정답은 ①이다.

① 어떻게 리우데자네이루가 그 이름을 얻게 되었는지
② 리우데자네이루의 유명한 장소들
③ 리우데자네이루의 아름다운 강 경치
④ 어떻게 포르투갈인들이 리우데자네이루에 처음 도착하게 되었는지
⑤ 어떻게 브라질이 포르투갈로부터 독립하게 되었는지

2 주어진 문장은 '그러나 Rio de Janeiro에는 사실 강이 없다!'라는 내용으로, Rio de Janeiro의 이름이 '1월의 강'이라는 의미를 나타낸다는 4번 문장과 그 도시가 어떻게 이런 이름을 얻게 된 건지 의문을 제기하는 5번 문장의 사이인 ③에 위치하는 것이 가장 자연스럽다.

3 3번 문장에서 Rio는 '강'을, Janeiro는 '1월'을 의미한다고 했으므로 정답은 ③이다. ①은 1번 문장에, ②는 2번 문장에, ④는 6번~8번 문장에, ⑤는 10번 문장에 언급되어 있다.

4 ⓐ it은 6번 문장에서 언급된 a wide bay를, ⓑ It은 9번 문장에서 언급된 Brazil을 가리킨다.

본문 해석

¹Rio de Janeiro는 남아메리카의 브라질에 있는 도시이다. ²그곳은 아름다운 자연, 흥미진진한 문화와 역사로 유명하다. ³포르투갈어로, Rio는 '강'을 의미하고, Janeiro는 '1월'을 의미한다. ⁴그래서, Rio de Janeiro는 '1월의 강'이란 의미를 나타낸다. 그러나 Rio de Janeiro에는 사실 강이 없다! ⁵어떻게 그 도시는 그 이름을 얻었을까?

⁶1502년 1월 1일에 포르투갈에서 온 사람들은 넓은 만에 도착했다. ⁷그들은 실수로 그것이 강이라고 생각했다! ⁸1월이었기 때문에, 그들은 그곳을 포르투갈어로 'Rio de Janeiro'라고 부르기로 결정했다.

⁹그 이후로, 브라질은 300년 이상 포르투갈의 지배를 받았다. ¹⁰그곳은 1882년에 독립했지만, Rio de Janeiro의 이름은 그대로 남게 되었다. ¹¹그렇게 브라질의 이 아름다운 도시는 그 이름을 얻게 되었다!

직독직해

¹Rio de Janeiro is a city / in Brazil, South America. ²It's famous for / its beautiful nature, /
Rio de Janeiro는 도시이다 / 남아메리카의 브라질에 있는. 그것은 ~로 유명하다 / 그것의 아름다운 자연,

exciting culture, / and history. ³In Portuguese, / Rio means "river" // and Janeiro means "January."
흥미진진한 문화, / 그리고 역사로. 포르투갈어로, / Rio는 '강'이라는 뜻이다 // 그리고 Janeiro는 '1월'이라는 뜻이다.

⁴So, / Rio de Janeiro means "River of January." But there isn't actually a river / in Rio de Janeiro!
그래서, / Rio de Janeiro는 '1월의 강'이라는 뜻이다. 그러나 사실 강은 없다 / Rio de Janeiro에는!

⁵How did the city get its name?
어떻게 그 도시는 그것의 이름을 얻었을까?

⁶On January 1, 1502, / people from Portugal arrived / at a wide bay. ⁷They thought // it was a river /
1502년 1월 1일에, / 포르투갈에서 온 사람들은 도착했다 / 넓은 만에. 그들은 생각했다 // 그것이 강이라고

by mistake! ⁸Since it was January, // they decided to call / the place / "Rio de Janeiro" / in Portuguese.
실수로! 1월이었기 때문에, // 그들은 부르기로 결정했다 / 그 장소를 / 'Rio de Janeiro'라고 / 포르투갈어로.

⁹Since then, / Brazil was ruled / by Portugal / for over 300 years. ¹⁰It became independent / in 1882, //
그 이후로, / 브라질은 지배당했다 / 포르투갈에 의해 / 300년이 넘는 동안. 그것은 독립했다 / 1882년에, //

but Rio de Janeiro's name / stayed the same. ¹¹That's how // this beautiful city in Brazil
그러나 Rio de Janeiro라는 이름은 / 그대로 남았다. 그렇게 ~한 것이다 // 브라질의 이 아름다운 도시는

got its name!
그것의 이름을 얻게 된!

주요 구문 ▶

⁷ They thought (**that**) it was a river by mistake!
  ▶ 동사 think 뒤에는 목적어절을 이끄는 접속사 that이 생략되어 있다.

⁸ **Since** *it was January*, they **decided to call** the place "**Rio de Janeiro**" in Portuguese.
                                                    <u>A</u>   <u>명사</u>
  ▶ since는 '~때문에'라는 의미의 '이유'를 나타내는 접속사로 뒤에 <주어+동사 ···>의 절이 와야 한다.
  ▶ <decide to-v>는 '~하기로 결정하다'라는 의미이며, 동사 decide는 목적어로 to부정사를 취한다.
  ▶ <call+A(목적어)+명사>는 'A를 ~라고 부르다'라는 의미이다.

⁹ *Since then*, Brazil **was ruled by** Portugal for over 300 years.
  ▶ 여기서 Since then은 '그때 이후로, 그때부터'라는 의미의 시간을 나타내는 표현이다.
  ▶ was ruled by는 수동태 과거형으로 '~에 의해 지배받았다'라는 의미이다.

---

26 **필요한 에너지는 직접 만들어요**   본책 pp.96~97

정답   1 ①   2 ④   3 ⓐ sunlight ⓑ recycle ⓒ view   4 수리될 것이다

문제 해설 ▶

1 노르웨이에 위치한 친환경 호텔인 Svart 호텔에 관한 글이므로 글의 제목으로 ①이 가장 알맞다.

  ① 노르웨이의 새로운 친환경적인 호텔   ② 노르웨이에 있는 호텔의 아름다운 전망
  ③ 지구를 보호하기 위한 노르웨이의 노력   ④ 사람들이 빙하 근처에 호텔을 짓는 이유
  ⑤ 노르웨이 호텔들의 재활용 시스템

2 친환경적인 노르웨이의 Svart 호텔에 관해 설명하고 있으므로, 노르웨이에서는 모든 사람들이 집과 학교에서 재활용
  하는 것을 돕는다는 내용의 (d)는 글의 전체 흐름과 관련이 없다.

3   **Svart 호텔**

  ┌──┐
  │ • 에너지를 얻기 위해 ⓐ 햇빛을 사용함   │
  │ • 스스로 물을 정화하고 쓰레기를 ⓑ 재활용할 수 있음   │
  │ • 얼음 산과 놀라운 오로라 빛의 아름다운 ⓒ 경관을 갖고 있음   │
  └──┘

본문 해석 ▶

    ¹노르웨이는 우리 지구를 돌보는 데 있어 선도적인 나라예요. ²그들은 환경을 보호하기 위해 정말 열심히 노력해요.
³그들은 심지어 Svart 호텔이라고 불리는 특별한 호텔을 짓고 있어요. ⁴이 호텔은 사용하는 것보다 더 많은 에너지를 만
들어요!
    ⁵여러분은 그 호텔을 Svartisen 빙하라고 불리는 큰 얼음산 근처에서 찾을 수 있어요. ⁶그것은 호수 위의 높은 기둥

들 위에 지어질 거예요. ⁷이렇게 하면, 그것은 땅이나 물을 손상시키지 않을 거예요. ⁸그 호텔은 에너지를 얻기 위해 햇빛을 사용할 거예요. ⁹그것은 또한 스스로 물을 깨끗하게 하고 쓰레기를 재활용할 수 있을 거예요. (¹⁰노르웨이에서는 모든 사람들이 집과 학교에서 재활용하는 것을 도와요.) ¹¹호텔 내의 모든 것은 또한 친환경적일 거예요.

　　¹²이 호텔에 머무르게 되면, 여러분은 우리 지구를 보호하는 방법에 대해 배울 수 있어요. ¹³게다가, 여러분은 얼음산의 아름다운 경치를 즐길 수 있고, 특히 겨울에는 놀라운 오로라 빛을 볼 수 있어요!

직독직해

¹Norway is a leading country / in taking care of our planet. ²They work really hard /
노르웨이는 선도하는 나라이다 / 우리의 지구를 돌보는 데 있어. 그들은 정말 열심히 노력한다 /

to protect the environment. ³They're even building / a special hotel / called Svart Hotel.
환경을 보호하기 위해. 그들은 심지어 짓고 있다 / 특별한 호텔을 / Svart 호텔이라고 불리는.

⁴This hotel makes more energy // than it uses!
이 호텔은 더 많은 에너지를 만든다 // 그것이 사용하는 것보다!

⁵You can find the hotel / near a big ice mountain / called Svartisen glacier. ⁶It will be built /
당신은 그 호텔을 찾을 수 있다 / 큰 얼음산 근처에서 / Svartisen 빙하라고 불리는. 그것은 지어질 것이다 /

on tall poles / above a lake. ⁷This way, / it won't harm the land or water. ⁸The hotel will use sunlight /
높은 기둥들 위에 / 호수 위의. 이렇게 하면, / 그것은 땅이나 물을 손상시키지 않을 것이다. 그 호텔은 햇빛을 사용할 것이다 /

to get energy. ⁹It will also be able to clean water / and recycle waste / by itself. (¹⁰In Norway, / everyone
에너지를 얻기 위해. 그것은 또한 물을 깨끗하게 할 수 있을 것이고 / 쓰레기를 재활용할 수 있을 것이다 / 스스로. 노르웨이에서, / 모든 사람들은

helps with recycling / at home and school.) ¹¹Everything inside the hotel / will be eco-friendly, / too.
재활용하는 것을 돕는다 / 집과 학교에서. 호텔 안의 모든 것은 / 친환경적일 것이다, / 또한.

¹²When you stay at this hotel, // you can learn / how to protect our planet. ¹³Plus, / you can enjoy /
당신이 이 호텔에 머무를 때, // 당신은 배울 수 있다 / 우리 지구를 보호하는 방법을. 게다가, / 당신은 즐길 수 있다

the beautiful view of the ice mountain / and, / especially in winter, / see the amazing aurora lights!
얼음산의 아름다운 전망을 / 그리고, / 특히 겨울에는, / 놀라운 오로라 빛을 볼 수 있을 것이다!

주요 구문

¹ Norway is a leading country **in taking care of** our planet.
▶ 여기서 전치사 in은 '~에 (있어)'라는 의미이며, taking care of는 전치사의 목적어로 쓰인 동명사이다.

⁴ This hotel makes **more energy than** it uses!
▶ <비교급+명사+than>은 '~보다 더 ~한 (명사)'라는 의미를 나타내며, 이때 more은 many[much]의 비교급이다.

⁹ It **will** also **be able to clean** water 〔and〕 (**will be able to**) **recycle** waste by itself.
▶ <be able to+동사원형>는 '~할 수 있다'라는 의미로 미래를 나타내는 표현인 will과 함께 쓰이면 '~할 수 있을 것이다'라는 '미래의 능력, 가능'을 나타낸다. 이때 will be able to clean과 (will be able to) recycle은 접속사 and로 연결되어 있으며, 반복되는 말(will be able to)은 생략되었다.

¹² When you stay at this hotel, <u>you</u> <u>can learn</u> **how to protect** our planet.
　　　　　　　　　　　　　　　 주어　　 동사　　　　　 목적어
▶ 동사 can learn의 목적어로 쓰인 how to protect our planet은 <how to+동사원형 ~>의 형태로, '어떻게 ~해야 할지[~할 수 있는지], ~하는 방법'이라는 의미를 나타낸다.

¹³ Plus, you **can enjoy** the beautiful view of the ice mountain 〔and〕, especially in winter, (**can**) **see** the amazing aurora
　　　　　　　　　　동사1　　　동사2
lights!
▶ 접속사 and는 동사 can enjoy와 (can) see를 연결하며, 접속사 뒤에 반복되는 말인 조동사 can은 생략되었다.

▶ **1** ④   **2** ④   **3** (1) **T**   (2) **F**   (3) **T**   **4** 라디오에서 재생되고 있는 그 노래를

문제 해설 ▶

1 이 글에서는 고래, 원숭이 등과 같은 멸종 위기에 처한 야생 동물들을 보호하기 위해 드론이 어떤 역할을 하고 있는지 설명하고 있으므로 정답은 ④이다.

2 이 글에서 드론은 자연 속에 숨어있는 동물들을 (B) '찾아(finding)' 그들의 건강을 연구함으로써, 그들을 (A) '보호하도록(protect)' 돕고 있다고 했으므로 정답은 ④이다.

> 드론은 멸종 위기에 처한 동물들을 (B) 찾아 그들의 건강을 연구함으로써 우리가 그들을 (A) 보호하도록 돕는다.

	(A)	(B)			(A)	(B)
①	구하도록	… 떠나		②	구하도록	… 숨겨
③	보호하도록	… 떠나		④	보호하도록	… 찾아
⑤	피하도록	… 찾아				

3 (1) 5번 문장에 언급되어 있다.

(2) 6번과 7번 문장에서 SnotBot이 아닌 또 다른 드론이 정글에 사는 원숭이들의 사진을 찍는다고 했다.

(3) 9번, 10번 문장에 언급되어 있다.

본문 해석 ▶

¹드론은 우리가 멸종 위기에 처한 동물들을 보호하도록 도와주는 놀라운 비행 로봇이다. ²SnotBot이라고 불리는 한 특별한 드론이 있다. ³이 로봇은 바다의 고래 위를 날아다닌다. ⁴고래가 공기 중으로 콧물을 내뿜을 때, SnotBot은 그것을 수집하기 위해 그곳에 있다. ⁵콧물은 과학자들이 고래의 건강에 대해 알아보는 데 도움이 된다.

⁶브라질에서는, 또 다른 드론이 매우 중요한 일을 맡고 있다. ⁷그것은 정글 속 깊은 곳에 숨겨진 원숭이들의 사진을 찍는다. ⁸이는 과학자들이 이 원숭이들을 찾는 것을 훨씬 더 쉽게 해 준다. ⁹남대서양의 멀리 떨어진 곳에서 다른 드론은 펭귄의 수를 세느라 바쁘다. ¹⁰이 드론은 우리에게 얼마나 많은 펭귄이 남아 있는지 알게 해 준다.

¹¹여러분이 보다시피, 드론은 재미를 위한 것만은 아니다. ¹²그것들은 지구에서 사라질지도 모르는 동물들을 구하는 중요한 조력자들이다.

직독직해 ▶

¹Drones are amazing flying robots // that are helping / us protect endangered animals.
드론은 놀라운 비행 로봇들이다   // 도와주고 있는   / 우리가 멸종 위기에 처한 동물들을 보호하도록.

²There's one special drone / called SnotBot. ³This robot flies / above whales / in the ocean.
한 특별한 드론이 있다   / SnotBot이라 불리는.   이 로봇은 날아다닌다 / 고래들 위에   / 바다에서.

⁴When a whale blows snot out / into the air, // SnotBot is there / to collect it.
고래가 콧물을 내뿜을 때   / 공기 중으로,   // SnotBot은 거기에 있다 / 그것을 모으기 위해.

⁵The snot helps / scientists learn / about the whale's health.
그 콧물은 돕는다 / 과학자들이 배우는 것을 / 고래의 건강에 대해.

⁶In Brazil, / another drone has a very important job. ⁷It takes pictures of monkeys / hidden deep /
브라질에서는, / 또 다른 드론이 매우 중요한 일을 맡고 있다.   그것은 원숭이들의 사진을 찍는다   / 깊이 숨겨진   /

in the jungle. ⁸This makes / finding these monkeys / much easier / for scientists.
정글 속에.   이것은 (~하게) 만든다 / 이 원숭이들을 찾는 것을   / 훨씬 쉽게   / 과학자들에게.

⁹Far away in the South Atlantic, / a different drone is busy counting / the number of penguins.
남대서양 멀리에서,   / 다른 드론은 세느라 바쁘다   / 펭귄의 수를.

¹⁰This drone helps / us know // how many penguins are left there.
이 드론은 돕는다   / 우리가 알도록 // 그곳에 얼마나 많은 펭귄이 남아 있는지.

¹¹As you see, // drones are not just for fun. ¹²They are important helpers / to save animals //
당신이 보다시피, // 드론은 단지 재미를 위한 것이 아니다.   그것들은 중요한 조력자들이다   / 동물들을 구하는   //

that might disappear / from our planet.
사라질지도 모르는   / 우리의 지구에서.

주요 구문

¹ Drones are amazing flying robots that **are helping** us **protect** endangered animals.
                                                              A   동사원형
    ▶ <help+A(목적어)+동사원형>은 'A가 ~하도록 돕다'라는 의미이며, 이때 동사원형은 to부정사로 바꿔 쓸 수도 있다.

⁷ It takes pictures of *monkeys* [**hidden** deep in the jungle].
    ▶ hidden deep in the jungle은 앞의 monkeys를 꾸며 주는 과거분사구이며, hidden은 '숨겨진'이라는 뜻이다.

⁸ This **makes** *finding* these monkeys *much* **easier** for scientists.
                               A   형용사(비교급)
    ▶ <make+A(목적어)+형용사>은 'A가 ~하게 만들다'라는 의미이다. 이때 A(목적어) 자리에는 동명사구(finding these monkeys)가 쓰였으며, '이 원숭이들을 찾는 것'이라고 해석한다.
    ▶ 형용사 자리에 쓰인 easier는 '더 쉬운'이라는 의미의 비교급으로, 그 앞의 much는 '훨씬'이라는 뜻의 비교급을 강조하는 부사이다.

¹⁰ This drone helps us *know*^동 **how many** penguins are left there.^목
        주어   동사 목적어   보어
    ▶ how many penguins are left there은 동사 know의 목적어로 쓰인 간접의문문으로 '얼마나 많은 펭귄이 남아 있는지'라고 해석한다. 간접의문문은 <의문사(+형용사/부사)+주어+동사 ~>의 어순으로 쓰는 것에 주의한다.

¹¹ **As** *you see,* drones are not just for fun.
    ▶ as는 '~다시피, ~듯이'라는 의미로 쓰인 접속사이다.

¹² They are *important helpers* [**to save** *animals* [**that** might disappear from our planet]].
    ▶ to save ~ from our planet는 앞의 important helpers를 꾸며 주는 형용사적 용법의 to부정사이다.
    ▶ that은 주격 관계대명사로, that 이하(that ~ our planet)는 선행사 animals를 꾸며 주고 있다.

Review

단어

정답

A 1 ⓒ   2 ⓑ   3 ⓐ
B 1 exciting   2 count   3 effort
C 1 famous for 2 take care of 3 by mistake

해석

A 1 environment(환경) - ⓒ 사람들, 동물들과 식물들이 사는 자연 세계
   2 blow(입으로 불다) - ⓑ 입에서 공기를 내보내다
   3 jungle(정글) - ⓐ 식물과 나무가 매우 빽빽이 자라는 열대 숲

B 1 흥미진진한 축구 경기
   2 학생들의 수를 세다
   3 영어 과목에서 A를 받기 위한 노력

1일 1문장

정답

A 1 **Your food** (will be delivered) in 30 minutes.
   2 **The movie** that starts at 3 p.m. (is) a comedy.
   3 That's how **Amy and** I quickly (became) close friends.

B 1 All of the hotel rooms will be cleaned
   2 That is how she started
   3 The cat that sleeps on the sofa

C 1 제공될 것이다
   2 그렇게 내 여동생[언니, 누나]과 나는 큰 싸움을 하게 되었다
   3 가장 많은 섬을 가진 나라이다

해석

A 1 당신의 음식은 30분 이내에 배달될 것입니다.
   2 오후 3시에 시작하는 그 영화는 코미디 영화이다.
   3 그것이 Amy와 내가 빠르게 친한 친구가 된 방법이다.

---

28 지방에도 색깔이 있어요
본책 pp.104~105

> 정답 ▶ **1** ③　　**2** ④　　**3** (1) **(b), (d)**　(2) **(a), (c)**　　**4** (1) **F**　(2) **T**　　**5** 와서 불을 꺼 달라고

문제 해설 ▶

1 우리 몸에서 갈색 지방이 중요한 이유에 대해 설명하는 글이므로 정답은 ③이다.

　① 신생아에게서 발견되는 지방　　② 몸속의 지방을 줄이는 방법　　③ 우리 건강에 좋은 갈색 지방
　④ 지방 문제를 위한 약　　⑤ 우리 몸에 있는 갈색 지방의 위험

2 '그들은 살찐 양에게 갈색 지방을 주입하는 실험을 했다.'라는 내용의 주어진 문장은 그 실험의 결과 양들이 체중을 줄이고 더 건강해질 수 있었다는 내용의 9번 문장의 앞인 ④에 위치하는 것이 가장 자연스럽다.

3 (1) (b)는 2번 문장에, (d)는 6번 문장에 언급되어 있다.
　(2) (a)는 4번 문장에, (c)는 5번 문장에 언급되어 있다.

　(a) 주로 신생아에게서 발견된다.　　　　　　(c) 칼로리를 많이 태운다.
　(b) 하얗게 또는 노르스름하게 보인다.　　　　(d) 우리가 성장하는 동안 더 많이 얻어진다.

4 (1) 5번 문장에서 Brown Fat(갈색 지방)이 우리 몸을 따뜻하게 유지해 준다고 했다.
　(2) 6번 문장에 언급되어 있다.

본문 해석 ▶

　　¹우리의 몸은 다양한 종류의 지방을 가지고 있다. ²한 종류는 흰색 지방이라고 불리며, 그것은 우리 피부 아래에서 하얗게 또는 노르스름하게 보인다. ³또 다른 종류는 갈색 지방이라고 불리며, 그것은 갈색이다. ⁴그것은 보통 신생아의 목과 어깨에서 발견된다.

　　⁵갈색 지방은 열량을 많이 태우고, 우리를 따뜻하게 유지해 주기 때문에 우리 몸에 중요하다. ⁶우리는 성장하는 동안, 대부분의 갈색 지방을 잃고 대신 흰색 지방을 더 많이 얻게 된다. ⁷이는 때때로 우리의 건강에 문제를 일으킬 수 있다.

　　⁸하지만 과학자들은 몸속의 갈색 지방을 늘리는 방법을 찾아냈다. 그들은 살찐 양에게 갈색 지방을 주입하는 실험을 했다. ⁹그것은 양이 체중을 줄이고 더 건강해지도록 도와주었다. ¹⁰이 정보를 사용해, 과학자들은 사람들을 위해 비슷한 약을 개발하기를 바란다. ¹¹미래에, 이것이 체중 문제나 당뇨병을 가진 사람들을 도와줄 수 있다.

직독직해 ▶

¹Our bodies have / different types of fat. ²One type is called white fat, // and it looks white or yellowish
우리 몸은 가지고 있다 　/ 지방의 다양한 종류들을. 　　한 종류는 흰색 지방이라 불린다, 　　// 그리고 그것은 하얗게 또는 노르스름하게 보인다

/ under our skin. ³Another type is called brown fat, // and it's brown. ⁴It's usually found / in newborn
/ 우리의 피부 아래에서. 　또 다른 종류는 갈색 지방이라 불린다, 　　// 그리고 그것은 갈색이다. 　그것은 보통 발견된다 　/ 신생아들의

babies' necks and shoulders.
목과 어깨에서.

⁵Brown fat is important / for our body // because it burns lots of calories / and keeps us warm.
　갈색 지방은 중요하다 　　/ 우리의 몸에 　　// 그것은 많은 열량을 태우기 때문에 　　/ 그리고 우리를 따뜻하게 유지해 주기 때문에.

⁶As we grow up, // we lose most of our brown fat / and gain more white fat / instead.
　우리는 자라는 동안, 　// 우리는 우리 갈색 지방의 대부분을 잃는다 　/ 그리고 더 많은 흰색 지방을 얻는다 　/ 대신.

⁷This can sometimes cause problems / for our health.
　이것은 때때로 문제들을 일으킬 수 있다 　　　/ 우리의 건강에.

[8]But scientists found a way / to increase brown fat / in the body. They did an experiment / on fat
그러나 과학자들은 한 방법을 찾았다 / 갈색 지방을 증가시키는 / 몸속에서. 그들은 실험을 했다 / 살찐

sheep / by injecting them with brown fat. [9]It helped / the sheep to lose weight / and become healthier.
양에 / 그들에게 갈색 지방을 주사해서. 그것은 도왔다 / 양들이 체중을 줄이고 / 더 건강해지도록.

[10]With this information, / the scientists hope / to develop a similar medicine / for humans. [11]In the future, /
이 정보를 가지고, / 과학자들은 바란다 / 비슷한 약을 개발하기를 / 사람들을 위해. 미래에, /

this could help people / with weight problems and diabetes.
이것은 사람들을 도울 수 있다 / 체중 문제와 당뇨병이 있는.

주요 구문

[2] One type **is called** white fat, and it **looks white** or **yellowish** under our skin.

▶ is called는 수동태로 '~라고 불린다'라는 의미이다.

▶ <look+형용사>는 '~하게 보이다'라는 의미이며, 형용사 white와 yellowish는 접속사 or로 연결되어 있다.

[5] Brown fat is important for our body because it burns lots of calories and **keeps** us **warm**.
                                                                                         A   형용사

▶ <keep+A(목적어)+형용사>는 'A를 ~한 상태로 두다[유지하다]'의 의미이다.

[6] **As** we grow up, we lose most of our brown fat and gain more white fat instead.

▶ 여기서 접속사 as는 '시간'을 나타내며 '~하는 동안'의 의미이다.

[8] But scientists found *a way* [**to increase** brown fat in the body].

▶ to increase는 '증가시키는'이라는 의미로, 앞의 명사 a way를 꾸며 주는 형용사적 용법의 to부정사이다.

They did an experiment on fat sheep **by injecting** them **with** brown fat.

▶ <by v-ing>는 '~함으로써, ~해서'라는 의므로 '수단'을 나타낸다.

▶ <inject A with B>는 'A에 B를 주사하다, 주입하다'라는 의미의 표현이다.

[9] It **helped** the sheep **to lose weight** and (**to**) **become healthier**.
              A   to부정사1   to부정사2

▶ <help+A(목적어)+to부정사>는 'A가 …하도록 돕다'라는 의미이다. 두 개의 to부정사 to lose와 (to) become은 접속사 and로 연결되었으며, 접속사 뒤에 오는 to부정사의 to는 생략되었다.

29 에펠탑에 숨겨진 비밀

본책 pp.106~107

정답 1 ④   2 (1) F (2) F   3 그 탑의 꼭대기에 비밀의 커다란 방이 있다는 것   4 ⓐ top ⓑ window
5 마시기에 안전하지 않았다

문제 해설 1 프랑스 파리의 에펠탑 꼭대기 층에 비밀스럽게 숨겨진 방에 관한 글이므로 정답은 ④이다.

① 파리에서 방문할 만한 아름다운 장소들   ② Gustave Eiffel이 에펠탑을 지었다
③ 에펠탑에 있는 특별한 창문   ④ 에펠탑의 비밀스러운 커다란 방
⑤ 에펠탑에서 바라본 파리의 멋진 전망

2 (1) 7번과 8번 문장에서 사람들은 방을 빌리기 위해 Eiffel에게 많은 돈을 제안했지만, 그는 거절했다고 했다.
(2) 10번 문장에서 그 커다란 방은 오늘날에도 여전히 에펠탑의 꼭대기 층에 남아있다고 했다.

3 밑줄 친 this는 바로 뒤에 나오는 3번 문장의 내용을 의미한다.

4
> Gustave Eiffel은 에펠탑 ⓐ 꼭대기에 비밀의 커다란 방을 지었다. 오늘날, 당신은 ⓑ 창문을 통해 그것을 볼 수 있지만, 안에 들어갈 수는 없다.

본문 해석 ▶ ¹매년, 많은 관광객들이 프랑스 파리에 있는 유명한 에펠탑을 보러 가요. ²하지만 여러분은 이것을 알고 있었나요? ³그 탑 꼭대기에는 비밀스러운 커다란 방이 있어요!

⁴1889년에 Gustave Eiffel은 탑을 지었고 그것에 자신의 이름을 따서 붙였어요. ⁵비밀스럽게, 그는 꼭대기 층에 커다란 방을 가지고 있었어요. ⁶그곳은 매우 높은 곳에 있어서 파리의 아름다운 전망을 가지고 있었어요. ⁷많은 사람들은 에펠탑에 있는 그의 커다란 방을 빌리고 싶어 했어요. ⁸그들은 그에게 많은 돈을 제안했지만, 그는 거절했어요. ⁹그는 그곳을 자신을 위한 특별한 장소로 유지하고 싶었어요.

¹⁰그 커다란 방은 오늘날에도 여전히 꼭대기 층에 남아 있어요. ¹¹유감스럽게도, 여러분은 안에 들어갈 수는 없지만, 특별한 창문을 통해 그것을 바라볼 수 있어요. ¹²이 비밀스러운 장소가 에펠탑을 방문하기에 훨씬 더 흥미롭게 만들어요!

직독직해 ▶

¹Every year, / many tourists go / to see the famous Eiffel Tower / in Paris, France.
매년, / 많은 관광객들은 간다 / 유명한 에펠탑을 보기 위해 / 프랑스의 파리에 있는.

²But did you know this? ³There is a secret apartment / at the top / of the tower!
하지만 당신은 이것을 알고 있었는가? 비밀의 커다란 방이 있다 / 꼭대기에 / 그 탑의!

⁴In 1889, / Gustave Eiffel built a tower / and named it after himself. ⁵Secretly, / he kept an apartment /
1889년에, / Gustave Eiffel은 탑을 지었고 / 그것에 자신의 이름을 따서 붙였다. 비밀스럽게, / 그는 커다란 방을 가지고 있었다 /

on the top floor. ⁶It was very high up, // so it had a wonderful view of Paris. ⁷Many people wanted /
꼭대기 층에. 그것은 매우 높이 있었다, // 그래서 그것은 파리의 멋진 전망을 갖고 있었다. 많은 사람들은 원했다 /

to rent his apartment / in the Eiffel Tower. ⁸They offered him / lots of money, // but he said no.
그의 커다란 방을 빌리기를 / 에펠탑에 있는. 그들은 그에게 제안했다 / 많은 돈을, // 그러나 그는 거절했다.

⁹He wanted to keep it / as a special place / for himself.
그는 그것을 유지하기를 원했다 / 특별한 장소로 / 자신을 위한.

¹⁰The apartment still remains / at the top floor / today. ¹¹Unfortunately, / you can't go inside, // but
그 커다란 방은 여전히 남아 있다 / 꼭대기 층에 / 오늘날. 유감스럽게도, / 당신은 안에 들어갈 수 없다, // 하지만

you can look at it / through a special window. ¹²This secret place makes / the Eiffel Tower / even more
당신은 그것을 볼 수 있다 / 특별한 창문을 통해. 이 비밀의 장소가 (~하게) 만든다 / 에펠탑을 / 훨씬 더

interesting / to visit!
흥미롭게 / 방문하기에!

주요 구문 ▶

¹ Every year, many tourists go **to see** the famous Eiffel Tower in Paris, France.
▶ to see는 '보기 위해'라는 뜻으로 '목적'을 나타내는 부사적 용법으로 쓰인 to부정사이다.

⁴ In 1889, Gustave Eiffel built a tower and **named** it **after** himself.
　　　　　　　　　　　　　　　　　　　　　　　A　　　B
▶ <name A after B>는 'A에 B의 이름을 따서 붙이다'라는 의미이다.
▶ himself는 '(그) 자신, 스스로'라는 뜻으로 Gustave Eiffel을 대신하는 대명사이다.

⁸ They **offered** him lots of money, but he said no.
　　　　　　　　A　　　B
▶ <offer A B>는 'A에게 B를 제안하다'의 의미로, 주로 A에는 사람, B에는 사물이 온다. <offer B to A>로도 바꿔 쓸 수 있다.

⁹ He wanted to keep it **as** *a special place for himself.*

▶ as는 '~로(서)'라는 의미로 쓰인 전치사로서 그 뒤에는 명사(구)가 와야 한다.

¹² This secret place **makes** the Eiffel Tower *even* **more interesting** to visit!

A	형용사

▶ <make+A(목적어)+형용사>는 'A를 ~하게 만들다'의 의미로, 형용사 자리에는 비교급인 more interesting이 쓰였다.

▶ even은 비교급 more interesting을 강조하는 부사로 '훨씬'의 의미이다.

---

30 귀여운 걸 보면 왜 이런 기분이 들까?

본책 pp.108~109

정답   1 ④   2 ④   3 ⓐ much   ⓑ joy   ⓒ calm down   4 보여질 수 있다, 충성스러운 친구로

문제 해설

1 우리는 귀여운 것을 보면 돌봐주고 싶은 보호 본능과 동시에 약간의 공격성도 느끼게 되는데, 그 이유에 대해 설명하는 글이므로 정답은 ④이다.

Q 글의 주제로 가장 알맞은 것은?
① 몇몇 사람들이 동물을 해치는 이유   ② 긍정적인 감정 뒤에 숨겨진 과학
③ 무는 것과 감정 사이의 관계   ④ 우리가 귀여운 것을 꽉 쥐어보고 싶어 하는 이유
⑤ 귀여운 공격성의 해로운 영향

2 빈칸 앞부분에서 귀여운 것을 보고 기쁜 감정이 너무 과하면 '귀여운 공격성'이 이런 감정을 처리하도록 도와준다고 했으므로, 빈칸에는 강한 긍정적인 감정을 정반대의 감정으로 '균형을 맞춘다'라는 의미의 ④ balance out이 가장 적절하다.

Q 글의 빈칸에 들어갈 말로 가장 알맞은 것은?
① 공유하다   ② 찾다   ③ ~에 집중하다   ④ ~의 균형을 맞추다   ⑤ ~을 지적하다

3 **Q 글의 내용과 일치하도록 빈칸에 알맞은 말을 상자에서 찾아 쓰세요.**

기쁨	진정하다	많은	~을 다루다

'귀여운 공격성'은 어떻게 발생하는가

1단계	당신은 아주 귀여운 것을 본다.
2단계	당신은 너무 ⓐ 많은 귀여움을 느낀다.
3단계	당신의 뇌가 ⓑ 기쁨으로 가득 찬다.
4단계	당신의 뇌가 '귀여운 공격성'을 시작한다.
5단계	장난스러운 공격적인 생각이 당신을 ⓒ 진정하도록 도와준다.

본문 해석

¹여러분은 귀여운 강아지나 아기를 보고 "꽉 쥐어보고 싶다," 또는 "물어보고 싶다"라고 생각해 본 적이 있나요? ²우리는 아주 귀여운 무언가를 볼 때, 주로 그것을 보살펴주고 싶은 마음이 들어요. ³그러나, 우리는 약간 공격적으로 느낄지도 몰라요. ⁴이런 감정은 심리학에서 '귀여운 공격성'이라고 불려요.

⁵귀여운 공격성이란 여러분이 실제로 누군가를 다치게 하고 싶다는 뜻은 아니에요. ⁶여러분의 뇌가 큰 기쁨을 다루고 있을 뿐이에요. ⁷때로는 그 기쁨이 너무 많을 때, 귀여운 공격성은 우리가 이 강한 긍정적인 감정들을 처리하도록 도

와줘요. ⁸우리의 뇌는 강한 감정을 정반대의 감정으로 <u>균형을 맞추려고</u> 노력해요. ⁹따라서, 장난스러운 공격성은 귀여움의 정반대로 보여질 수 있어요.

¹⁰다음번에 여러분이 귀여운 공격성을 느낄 때, 이것을 기억해 보세요: 여러분의 뇌는 여러분이 너무 많은 행복한 감정을 느낀 후, 진정하도록 돕고 있을 뿐이라고요!

직독직해 ▸

¹Have you ever seen / a cute puppy or a baby / and thought, // "I want to squeeze it,"
당신은 본 적이 있는가 / 귀여운 강아지나 아기를 / 그리고 생각해 본 적 있는가, // "나는 그것을 꽉 쥐고 싶다,"

/ or "I want to bite it"? ²When we see something very cute, // we usually want / to care for it. ³But, /
/ 또는 "나는 그것을 물고 싶다"라고? 우리가 정말 귀여운 무언가를 볼 때, // 우리는 주로 원한다 / 그것을 보살피기를. 그러나, /

we might also feel a bit aggressive. ⁴This feeling is called "cute aggression" / in psychology.
우리는 또한 약간 공격적으로 느낄지도 모른다. 이런 감정은 '귀여운 공격성'이라고 불린다 / 심리학에서.

⁵Cute aggression doesn't mean // you actually want to hurt anyone. ⁶Your brain is just dealing / with lots
귀여운 공격성은 의미하지 않는다 // 당신이 실제로 누군가를 다치게 하고 싶다는 것을. 당신의 뇌는 단지 다루고 있을 뿐이다 / 많은 기쁨을.

of joy. ⁷Sometimes, / when it's too much, // cute aggression helps / us handle these strong positive
때때로, / 그것이 너무 많을 때, // 귀여운 공격성은 도와준다 / 우리가 이런 강한 긍정적인 감정들을 다루는 것을.

feelings. ⁸Our brain tries / to balance out a strong feeling / with the opposite. ⁹So, / playful aggression can
우리의 뇌는 노력한다 / 강한 감정의 균형을 맞추려고 / 정반대의 것으로. 따라서, / 장난스러운 공격성은 보여질 수 있다

be seen / as the opposite of cuteness.
/ 귀여움의 정반대의 것으로.

¹⁰The next time you feel cute aggression, / remember this: // Your brain is just helping / you calm
다음번에 당신이 귀여운 공격성을 느낄 때, / 이것을 기억해라: // 당신의 뇌는 단지 돕고 있다 / 당신이 진정하도록

down / after you have too many happy feelings!
/ 당신이 너무 많은 행복한 감정들을 가진 후에!

주요 구문 ▸

¹ **Have you ever seen** a cute puppy or a baby [and] (**have you ever**) **thought** (that), "I want to squeeze it," or "I want to bite it"?

▸ Have you ever seen과 (have you ever) thought는 '경험'을 나타내는 현재완료로 '너는 ~한 적이 있니?'라는 의미를 나타낸다. 접속사 and 뒤의 반복되는 말인 have you ever는 생략되었다.

▸ 동사 thought 뒤에는 목적어절을 이끄는 접속사 that이 생략되었다.

³ But, we might also **feel** a bit **aggressive**.

▸ <feel+형용사>는 '~하게 느끼다'라는 의미이며, a bit은 '약간, 조금'이라는 뜻의 부사로 형용사 aggressive를 꾸며 주고 있다.

⁷ Sometimes, when it's too much, cute aggression **helps** us **handle** these strong positive feelings.
A 동사원형

▸ <help+A(목적어)+동사원형>은 'A가 ~하도록 돕다'라는 의미를 나타낸다.

⁸ Our brain **tries to balance** out a strong feeling with the opposite.

▸ <try to-v>는 '~하려고 노력하다'라는 의미이며, <try v-ing>는 '시험 삼아 ~해보다'라는 뜻이므로 구분 지어 사용해야 한다.

¹⁰ **The next time** *you feel cute aggression*, remember this: Your brain is just helping you calm down after you have too many happy feelings!

▸ The next time은 '다음 번(에) ~할 때'라는 뜻으로, '시간'을 나타내는 접속사처럼 쓰여 뒤에 <주어+동사 ~>의 절이 온다.

Review

단어

정답
A 1 ⓒ 　　2 ⓑ 　　3 ⓐ
B 1 **offer** 　　2 **interesting** 　　3 **medicine**
C 1 **remain** 　　2 **increase** 　　3 **cause**

해석
A 1 bite(물다) - ⓒ 이로 세게 누르거나 자르다
2 squeeze(~을 꽉 쥐다) - ⓑ 무엇인가를 특히 손가락으로 꽉 누르다
3 secret(비밀) - ⓐ 다른 사람들에게서 숨겨진 어떤 것

C ┤ 보기 ├
| (문제를) 일으키다 | 남아있다 | 늘리다 | 잃다 |

1 오직 몇 개의 쿠키만 유리병에 <u>남아있다</u>.
2 영어로 책을 읽는 것은 네 어휘를 <u>늘려줄</u> 것이다.
3 조심해라. 설탕을 너무 많이 섭취하는 것은 건강 문제를 <u>일으킬</u> 수 있다.

1일 1문장

정답
A 1 **These sneakers** (aren't) comfortable to wear all day.
2 **Cats' straight tails** (can be seen) as a sign of greeting.
3 **He** (will visit) Busan to see his grandma and hang out with his friends.

B 1 seems difficult to solve
2 to build muscle and increase stamina
3 can be seen as an important part

C 1 사용하기에 신선하지 않다
2 보여질 수 있다, 행운의 상징으로
3 시험에 통과하고 장학금을 얻기 위해

해석
A 1 이 운동화는 하루 종일 신기에 편하지 않다.
2 고양이들의 쭉 뻗은 꼬리는 인사의 몸짓으로 보여질 수 있다.
3 그는 할머니를 만나고 친구들과 놀기 위해 부산에 갈 것이다.

Unit 11

31 우리 모두에게 특별한 그날

정답 ▶ 1 ⑤ 2 ④ 3 ⓐ celebrations ⓑ fewer ⓒ common
4 내가 아이스크림을 먹는 것을 얼마나 좋아하는지

문제 해설 ▶

1 7번과 8번 문장에서 19세기 중반부터 자녀 수가 감소하기 시작했고, 이로 인해 각각의 아이들이 더 많은 관심을 받을 수 있었다고 했다. 이것이 생일 파티가 널리 퍼지게 된 계기가 되었으므로 정답은 ⑤이다.

2 빈칸 앞부분에서 19세기 전 미국에서 생일 축하 행사는 부자나 국가 영웅들만을 위한 것이라고 했으며, 빈칸 뒤에서는 미국의 국가 영웅인 조지 워싱턴의 생일을 축하한 것을 예를 들어 설명하고 있으므로 정답은 ④이다.

① 그렇지 않으면　② 하지만　③ 게다가　④ 예를 들어　⑤ 반면에

3

보기
더 적은　　관심　　흔한　　축하 행사

미국의 생일 축하 파티의 역사

19세기 이전	• 부유한 사람들이나 국가 영웅들만이 생일 ⓐ 축하 행사를 가졌다.
19세기 중반	• ⓑ 더 적은 수의 아이들을 가지게 된 것이 더 많은 생일 파티로 이어졌다. • 가족들은 케이크의 가운데에 큰 초를 꽂기 시작했다.
19세기 말	• 생일 카드를 주는 것이 ⓒ 흔한 일이 되었다.

본문 해석 ▶

¹우리는 모두 '생일 축하' 노래를 알고 있으며, 생일 파티에서 그 노래를 부른다. ²생일 축하 행사는 매우 오래된 전통처럼 느껴진다. ³하지만 사람들은 고작 100년쯤 전에 이 전통을 시작했다! ⁴그렇다면 과거에 사람들은 어떻게 생일을 축하했을까?

⁵19세기 이전 미국에서, 생일 축하 행사는 오직 부자나 국가 영웅들을 위한 것이었다. ⁶예를 들어, 대부분의 사람들은 자신의 생일이 아니라 조지 워싱턴의 생일을 축하했다.

⁷그러나 19세기 중반쯤 되자, 상황이 바뀌었다. ⁸가족들이 더 적은 수의 아이들을 갖기 시작했고, 그 결과 각각의 아이들은 더 많은 관심을 받을 수 있었다. ⁹이것이 더 많은 생일 파티로 이어지게 되었다. ¹⁰아이들의 생일에, 가족들은 케이크 가운데 큰 촛불을 꽂기 시작했다. ¹¹19세기 말 즈음에는, 생일 카드를 주는 것도 흔해졌다.

¹²비록 생일 파티는 짧은 역사를 갖고 있지만, 이제 그것은 우리 삶의 큰 부분을 차지한다. ¹³그것들은 우리가 친구들과 가족을 얼마나 사랑하는지 보여줄 수 있다.

직독직해 ▶

¹We all know the "Happy Birthday" song / and sing it / at birthday parties. ²Birthday celebrations /
우리는 모두 '생일 축하' 노래를 알고 있다　　　　/ 그리고 그것을 부른다 / 생일 파티들에서.　　　생일 축하 행사는　　　/

feel like a very old tradition. ³But people only started this tradition / around 100 years ago!
매우 오래된 전통처럼 느껴진다.　　　　그러나 사람들은 단지 이 전통을 시작했다　　/ 약 100년 전에!

⁴Then how did people celebrate birthdays / in the past?
그렇다면 사람들은 어떻게 생일을 축하했을까　　　/ 과거에?

⁵Before the 19th century, / in the U.S., / birthday celebrations / were only for rich people / or national
19세기 이전에는, / 미국에서, / 생일 축하 행사는 / 오직 부자들만을 위한 것이었다 / 또는 국가 영웅들만을 위한.

heroes. ⁶For example, / most people would celebrate / George Washington's birthday, / not their own.
예를 들어, / 대부분의 사람들은 축하하곤 했다 / 조지 워싱턴의 생일을, / 그들 자신의 것이 아닌.

⁷But around the mid-19th century, / things changed. ⁸Families began to have fewer kids, // so each
그러나 19세기 중반쯤에, / 상황이 바뀌었다. / 가족들은 아이들을 더 적게 가지기 시작했다, // 그 결과 각각의

kid was able to get more attention. ⁹This led / to more birthday parties. ¹⁰On kids' birthdays, / families
아이가 더 많은 관심을 받을 수 있었다. / 이것은 이어졌다 / 더 많은 생일 파티로. / 아이들의 생일에, / 가족들은

started to put a big candle / in the middle of the cake. ¹¹By the end of the 19th century, /
큰 초를 꽂기 시작했다 / 케이크의 가운데에. / 19세기 말 즈음에는, /

giving birthday cards / also became common.
생일 축하 카드를 주는 것은 / 또한 흔해졌다.

¹²Even though birthday parties have a short history, // they're now a big part / of our lives.
비록 생일 파티는 짧은 역사를 가지고 있지만, // 그것들은 이제 큰 부분이다 / 우리 삶의.

¹³They can show // how much we love our friends and family.
그것들은 보여줄 수 있다 // 우리가 얼마나 많이 우리의 친구들과 가족을 사랑하는지.

주요 구문

² Birthday celebrations **feel like** *a very old tradition.*
▶ <feel like+명사(구)>는 '~처럼 느껴지다'라는 의미이다.

⁶ For example, most people **would** celebrate George Washington's birthday, not their own.
▶ would는 '~하곤 했다'라는 뜻으로 '과거의 습관이나 행동'을 나타내는 조동사이다.

⁸ Families began to have fewer kids, so each kid **was able to get** more attention.
▶ <was/were able to+동사원형>은 '~할 수 있었다'라는 의미로 '과거의 능력, 가능'을 나타낸다.

¹¹ By the end of the 19th century, **giving** birthday cards also **became common**.
　　　　　　　　　　　　　　　　　　　주어　　　　　　　　　동사　　보어(형용사)
▶ giving birthday cards(생일카드를 주는 것은)는 주어로 쓰인 동명사구이다. 이때 동명사는 '~하는 것은'이라고 해석한다.
▶ <become+형용사>는 '~이 되다, ~해지다'라는 의미이다.

¹² **Even though** birthday parties have a short history, they're now a big part of our lives.
▶ even though는 '(비록) ~이지만'이라는 뜻을 가진 접속사로, 앞뒤 문장이 대조되는 상황을 나타낼 때 쓴다.

32　**벽에 붙은 파리가 된다면?**　　　　　　　　　　　　　　　본책 pp.116~117

정답　　1 ⑤　　2 ⑤　　3 ⓐ less ⓑ better　　4 비가 올지도 모른다

문제 해설　　1 스트레스를 해소할 수 있는 간단한 비법으로 '벽에 붙은 파리' 방법에 대해 설명하는 글이므로 정답은 ⑤이다.

① 무엇이 사람들을 스트레스를 받게 하는지　　② 파리가 되는 것을 상상하는 방법
③ 일을 더 잘하게 하는 간단한 비법　　　　　　④ 속상한 마음이 당신에게 안 좋은 이유
⑤ 더 이상의 스트레스는 없다: 벽에 붙은 파리 방법

2 9번 문장에서 '벽에 붙은 파리' 방법은 언제 어디서든 할 수 있다고 했으므로 정답은 ⑤이다. ①은 1번과 2번 문장에, ②는 5번 문장에, ③은 7번 문장에, ④는 8번 문장에 언급되어 있다.

3

> 연구에 따르면, 사람들이 '벽에 붙은 파리' 방법을 시도한 후에는 화가 ⓐ 덜 난다고 느꼈고 그들의 일을 30% ⓑ 더 잘 해냈다.

본문 해석

¹여러분은 너무 많은 스트레스를 받고 있나요? ²여기 여러분을 도와줄 수 있는 간단한 비결이 있어요: 자신을 '벽에 붙은 파리'라고 상상해 보세요. ³'벽에 붙은 파리' 방법은 우습게 들릴지도 모르지만, 실제로 효과가 있어요! ⁴오하이오 대학교의 과학자들은 연구를 했고, 이 방법이 효과적이라는 것을 알아냈어요. ⁵이 방법을 시도해 본 사람들은 화가 덜 난다고 느꼈고 그들의 일을 30% 더 잘할 수 있었어요.

⁶여러분이 속상할 때, 외부에서 상황을 바라보는 것이 도움이 될 수 있어요. ⁷그것은 여러분이 나쁜 감정에 사로잡히지 않게 막아줘요. ⁸벽에 붙은 파리 대신에, 여러분은 하늘의 구름이나 보안용 카메라가 될 수도 있어요. ⁹이 방법은 언제 어디서든 할 수 있고 스트레스를 줄이는 데 아주 좋아요. ¹⁰그러니, 스트레스를 받을 때 벽에 붙은 파리 방법을 기억해 보세요! ¹¹그것이 여러분의 기분을 훨씬 더 좋아지게 해줄 거예요.

직독직해

¹Are you feeling too much stress? ²Here's a simple trick / to help you: // Imagine yourself /
당신은 너무 많은 스트레스를 느끼고 있는가? 여기 간단한 비결이 있다 / 당신을 도와줄: // 당신 스스로를 상상해 보아라 /

as a "fly on the wall." ³The "fly on the wall" method might sound funny, // but it really works!
'벽에 붙은 파리'로. '벽에 붙은 파리' 방법은 우습게 들릴지도 모른다, // 하지만 그것은 실제로 효과가 있다!

⁴Scientists at Ohio University / did a study and found out // that this method is effective.
오하이오 대학교의 과학자들은 / 연구를 했고 알아냈다 // 이 방법이 효과가 있다는 것을.

⁵People who tried it / felt less angry / and were also able to do their tasks / 30% better.
이것을 시도한 사람들은 / 화를 덜 느꼈다 / 그리고 또한 그들의 일을 할 수 있었다 / 30% 더 잘.

⁶When you're upset, // seeing things from the outside / can help you. ⁷It stops you / from getting
당신이 속상할 때, // 외부에서 상황을 보는 것은 / 당신을 도와줄 수 있다. 그것은 당신을 막는다 / 사로잡히는 것으로부터

caught up / in bad feelings. ⁸Instead of being a fly on the wall, / you could also be a cloud in the sky, /
/ 나쁜 감정에. 벽에 붙은 파리가 되는 것 대신에, / 당신은 또한 하늘의 구름이 될 수 있다, /

or a security camera. ⁹This method can be done / anywhere at any time / and is great /
또는 보안용 카메라가. 이 방법은 실행될 수 있다 / 언제 어디서든 / 그리고 아주 좋다 /

for reducing stress. ¹⁰So, / when you're stressed, // remember the fly on the wall method!
스트레스를 줄이는 데. 그러니, / 당신이 스트레스를 받을 때, // 벽에 붙은 파리 방법을 기억해라!

¹¹It will make / you feel much better.
그것은 (~하게) 해 줄 것이다 / 당신이 훨씬 더 좋게 느끼게.

주요 구문

² Here's *a simple trick* [**to help** you]: Imagine yourself **as** a "fly on the wall."
▶ to help는 '도와줄'이라는 뜻으로 앞의 a simple trick을 꾸며 주는 형용사적 용법의 to부정사이다.
▶ 전치사 as는 '~로(서)'란 뜻으로 쓰였다.

⁵ *People* [**who** tried it] **felt** *less* **angry** and **were** also **able to do** their tasks 30% better.
▶ who는 주격 관계대명사로, who 이하(who tried it)가 선행사 people을 꾸며 주고 있다.
▶ <feel+형용사>는 '~하게 느끼다'라는 의미이며, less는 '덜, 더 적게'라는 의미로 형용사 angry를 꾸며 주는 부사이다.
▶ <was/were able to+동사원형>은 '~할 수 있었다'라는 의미로 '과거의 능력, 가능'을 나타낸다.

⁷ It **stops** you **from getting** caught up in bad feelings.

▸ <stop A from v-ing>는 'A가 ~하지 못하게 막다'라는 의미로 자주 쓰이는 표현이다.

▸ getting은 전치사 from의 목적어로 쓰인 동명사이다.

⁸ **Instead of being** a fly on the wall, you could also be a cloud in the sky, or a security camera.

▸ instead of는 '~ 대신에'라는 뜻이며, 전치사 of 뒤에는 목적어로 동명사(being)가 오고 있다.

⁹ This method **can be done** anywhere at any time and is great for reducing stress.

▸ can be done은 수동태 be done이 '능력, 가능'을 나타내는 조동사 can과 함께 쓰인 것으로, '실행될 수 있다'라는 의미이다.

---

33 | 브라질 어부의 낚시 친구

정답 ▸ 1 ⑤   2 ③   3 ⓐ help ⓑ polluted   4 언제 내려야 할지

문제 해설

1 브라질의 Laguna에서 어부와 돌고래는 더 많은 물고기를 잡기 위해 서로 협력한다는 내용의 글이므로 정답은 ⑤이다.

① Laguna의 친근한 야생 돌고래   ② 어부들이 어떻게 물속에서 물고기를 찾는지
③ 돌고래에게 해를 끼치고 있는 오염된 물   ④ 어떻게 돌고래가 사람들이 물속으로 잠수하는 것을 돕는지
⑤ 어부와 돌고래 사이의 협력 관계

2 빈칸 앞에서는 어부와 돌고래가 서로 협력할 때 돌고래들이 물고기를 더 잘 찾을 수 있고, 어부의 그물에서 때때로 물고기를 얻기도 한다고 했으나, 빈칸 뒤에서는 오염된 물로 물고기의 수가 적어지면서 돌고래의 삶이 점점 어려워지고 있다는 상반된 내용이 나오므로 정답은 ③이다.

① 그러므로   ② 마찬가지로   ③ 그러나   ④ 게다가   ⑤ 예를 들어

3
> 브라질의 Laguna에서, 어부들과 돌고래들은 더 많은 물고기를 찾기 위해 서로를 ⓐ 돕는다.
> 하지만, ⓑ 오염된 물이 돌고래들에게 어려움을 주고 있다.

본문 해석

¹브라질의 Laguna에서, 일부 어부들은 야생 돌고래라는 특별한 친구를 갖고 있다! ²그곳의 물은 맑지 않아, 어부들은 혼자 물고기를 찾는 데 어려움을 겪는다. ³하지만 다행히도, 돌고래들이 특별한 잠수로 그들을 도와준다! ⁴그것은 어부들이 언제 그들의 그물을 던져야 할지 알게 해준다.

⁵과학자들은 이 우정을 관찰했고 흥미로운 점을 발견했다. ⁶어부들과 돌고래들이 함께 일할 때, 어부들은 더 많은 물고기를 잡는다. ⁷돌고래들도 물고기를 찾는 것을 더 잘하게 되며, 때때로 어부의 그물에서 물고기를 가져가기도 한다!

⁸그러나, 삶은 돌고래들에게 힘들어지고 있다. ⁹오염된 물이 돌고래들을 해치고 있다. ¹⁰이제 예전보다 물고기의 수가 더 적다.

¹¹만약 더 많은 사람들이 어부와 돌고래 사이의 이 우정의 중요성을 이해한다면, 그들은 이를 보호하는 데 도움을 줄지도 모른다. ¹²이 우정은 또한 동물과 인간이 서로 도와줄 수 있다는 것을 보여 준다.

¹In Laguna, Brazil, / some fishers have special friends — wild dolphins! ²The water is not clear /
브라질의 Laguna에서, / 일부 어부들은 특별한 친구들을 갖고 있다 — 야생 돌고래들이라는! 물은 맑지 않다 /

there, // so fishers have a hard time / finding the fish / on their own. ³But thankfully, / the dolphins help
그곳에서, // 그래서 어부들은 어려움을 겪는다 / 물고기를 찾는 데 / 혼자. 그러나 다행히도, / 돌고래들은 그들을 돕는다

them / with a special dive! ⁴It lets / the fishers know / when to throw their nets.
/ 특별한 잠수로! 그것은 (~하게) 한다 / 어부들이 알게 / 언제 그들의 그물을 던져야 하는지를.

⁵Scientists watched this friendship / and found something interesting. ⁶When the fishers and dolphins
과학자들은 이 우정을 관찰했다 / 그리고 무언가 흥미로운 것을 발견했다. 어부들과 돌고래이

work together, // the fishers catch more fish. ⁷The dolphins also become better / at finding fish /
함께 일할 때, // 어부들은 더 많은 물고기를 잡는다. 돌고래들은 또한 더 잘하게 된다 / 물고기를 찾는 것을 /

and sometimes take fish / from the fishers' nets!
그리고 때때로 물고기를 가져간다 / 어부들의 그물로부터!

⁸However, / life is becoming tough / for the dolphins. ⁹Polluted water is harming the dolphins.
그러나, / 삶은 힘들어지고 있다 / 돌고래들에게. 오염된 물이 돌고래들을 해치고 있다.

¹⁰There are now fewer fish / than before.
지금은 더 적은 수의 물고기들이 있다 / 예전보다.

¹¹If more people understand / the importance of this friendship / between fishers and dolphins, //
만약 더 많은 사람들이 이해한다면 / 이 우정의 중요성을 / 어부들과 돌고래 사이의, //

they might help to protect it. ¹²This friendship also shows // that animals and humans can help each other.
그들은 그것을 보호하는 것을 도울지도 모른다. 이 우정은 또한 보여준다 // 동물들과 인간들이 서로를 도울 수 있다는 것을.

⁴ It **lets** the fishers **know** when to throw their nets.
    A   동사원형
▶ <let+A(목적어)+동사원형>은 'A가 ~하게 하다, 시키다'라는 의미이다.

⁵ Scientists watched this friendship and found *something* **interesting**.
▶ something, anything, …등과 같이 -thing으로 끝나는 말은 형용사가 뒤에서 꾸며 주며, '~한 것'이라고 해석한다.

⁷ The dolphins also **become better at finding** fish and sometimes take fish from the fishers' nets!
▶ <become+형용사>는 '~해지다'라는 의미이며, 이때 better은 형용사 good의 비교급으로 '더 잘하는'이라는 의미이다.
▶ <better at v-ing>는 '~하는 것을 더 잘하는'이라는 의미이며, 전치사 at의 목적어로 동명사 finding이 쓰였다.

¹⁰ There are now **fewer fish than** before.
▶ <비교급+명사+than>은 '~보다 …한 (명사)'라는 의미이다.

¹¹ **If** more people understand the importance of *this friendship* [**between** fishers **and** dolphins], they might help
        주어   동사   목적어
   to protect it.
▶ <if+주어+동사 ~>는 '만약 ~한다면'이라는 의미이며, 이때 문장의 목적어는 the importance ~ dolphins까지이다.
▶ <between A and B>는 'A와 B 사이에'라는 뜻을 나타내며, 앞의 this friendship을 꾸며 주는 어구이다.

Review

본책 p.120

단어

정답

A　1 ⓒ　　　2 ⓐ　　　3 ⓑ

B　1 <u>method</u>　　2 <u>celebrate</u>　　3 <u>effective</u>

C　1 **lead to**　　2 **instead of**　　3 **have, hard time**

해석

A　1 tradition(전통) - ⓒ 오랫동안 계속되어 온 생각이나 행동 방식

　　2 dive(잠수하다) - ⓐ 수중으로 내려가다

　　3 reduce(줄이다) - ⓑ 무언가의 크기, 양 또는 숫자를 줄이다

본책 p.121

1일 1문장

정답

A　1 **The girl** (might join) the basketball team next year.

　　2 **Gifts** (can show) how much we appreciate someone.

　　3 **Andrew** often (forgets) when to hand in his homework.

B　1 My family might go to Australia

　　2 when to start the class meeting

　　3 how much she enjoyed the summer camp

C　1 언제 오븐을 꺼야 할지

　　2 돌고래들을 좀 볼지도 모른다

　　3 그가 얼마나 학생회장이 되고 싶은지

해석

A　1 그 여자아이는 내년에 농구팀에 가입할지도 모른다.

　　2 선물은 우리가 누군가를 얼마나 고마워하는지 보여줄 수 있다.

　　3 Andrew는 종종 그의 숙제를 언제 제출해야 할지 잊어버린다.

34 매년 10만 톤 이상을 먹는 음식   본책 pp.124~125

정답 ▶ 1 ⑤   2 ④   3 ⓐ taste ⓑ culture   4 나의 엄마가 구워주시는 쿠키는

문제 해설 ▶

1 대구가 포르투갈에서 중요한 음식으로 자리 잡은 이유를 역사적 및 문화적 측면에서 설명하고 있으므로 이 글의 주제로 가장 알맞은 것은 ⑤이다.

① 포르투갈과 영국 간의 무역
② 포르투갈에서 사람들이 대구를 얼마나 많이 먹는지
③ 세계에서 대구를 잡기에 좋은 장소
④ 대구를 이용한 포르투갈의 크리스마스 요리
⑤ 포르투갈에서 대구의 역사와 문화

2 7번 문장에서 요즘에 포르투갈에서 먹는 대구의 대부분은 노르웨이에서 온다고 했으므로 ④는 글의 내용과 일치하지 않는다. ①은 2번 문장에, ②는 5번 문장에, ③은 6번 문장에, ⑤는 13번 문장에 언급되어 있다.

3

포르투갈 사람들이 대구 먹는 것을 아주 좋아하는 이유

| 이유 1 | 대구의 ⓐ 맛이 좋기 때문이다. |
| 이유 2 | 대구는 그들의 ⓑ 문화의 큰 부분이기 때문이다. |

본문 해석 ▶

¹포르투갈에서, 사람들은 대구 먹는 것을 아주 좋아한다. ²그들은 매년 소금에 절인 말린 대구를 10만 톤 이상 먹는다. ³그것이 믿어지는가? ⁴그것은 전 세계 대구의 20%에 해당한다!

⁵포르투갈 사람들은 1300년대에 영국과 소금을 대구로 교환하면서 대구를 먹기 시작했다. ⁶1930년대에, 포르투갈 어부들은 오직 대구를 잡기 위해 캐나다와 그린란드에 가기도 했다. ⁷요즘에, 포르투갈 사람들이 먹는 대부분의 대구는 사실 노르웨이에서 온다.

⁸포르투갈 사람들은 대구를 왜 그렇게 좋아할까? ⁹자, 한 가지 이유로는 대구의 맛이 굉장히 좋기 때문이다. ¹⁰하지만 그것은 단지 맛 때문만은 아니다. ¹¹대구를 먹는 것은 포르투갈 문화의 큰 부분을 차지한다. ¹²포르투갈 사람들은 오랫동안 대구 요리를 즐겨왔다. ¹³그들은 특히 크리스마스이브에 양배추, 달걀, 그리고 감자와 함께 대구를 먹는 것을 아주 좋아한다. ¹⁴그것은 그들이 항상 기대하는 특별한 식사이다!

직독직해 ▶

¹In Portugal, / people really love to eat cod. ²They eat / more than 100,000 tons / of salted dried cod /
포르투갈에서, / 사람들은 대구를 먹는 것을 아주 좋아한다. / 그들은 먹는다 / 10만 톤 이상을 / 소금에 절인 말린 대구의 /

every year. ³Can you believe that? ⁴It's 20% / of all the cod / in the whole world!
매년. / 그것을 믿을 수 있는가? / 그것은 20%이다 / 모든 대구의 / 전 세계의!

⁵Portuguese people started eating cod / in the 1300s // when Portugal traded salt for codfish /
포르투갈 사람들은 대구를 먹기 시작했다 / 1300년대에 // 포르투갈이 소금을 대구로 교환했을 때 /

with England. ⁶In the 1930s, / Portuguese fishermen traveled / to Canada and Greenland / just to catch
영국과. / 1930년대에는, / 포르투갈 어부들이 갔었다 / 캐나다와 그린란드에 / 오직 대구를 잡기 위해.

cod. ⁷Nowadays, / most of the cod // that people in Portugal eat / actually comes from Norway.
요즘에, / 대구의 대부분은 // 포르투갈의 사람들이 먹는 / 사실 노르웨이에서 온다.

⁸Why do people in Portugal love cod / so much? ⁹Well, / one reason is // that it tastes great. ¹⁰But it's
왜 포르투갈의 사람들은 대구를 좋아할까 / 그렇게 많이? / 자, / 한 가지 이유로는 // 그것은 맛이 매우 좋다. / 그러나 그것은

not just about the taste. ¹¹Eating codfish / is a big part / of Portuguese culture. ¹²Portuguese people /
단지 맛에 대한 것이 아니다.   대구를 먹는 것   / 큰 부분이다 / 포르투갈 문화의.   포르투갈 사람들은   /

have enjoyed cod dishes / for a long time. ¹³They especially love having cod / on Christmas Eve /
대구 요리를 즐겨왔다   / 오랫동안.   그들은 특히 대구를 먹는 것을 아주 좋아한다 / 크리스마스이브에   /

with cabbage, eggs, and potatoes. ¹⁴It's a special meal // that they always get excited about!
양배추, 계란, 그리고 감자와 함께.   그것은 특별한 식사이다 // 그들이 항상 신나하는!

주요 구문

¹ In Portugal, people really **love to eat** cod.
▶ <love to-v>는 '~하는 것을 아주 좋아하다'라는 의미이며, 동사 love는 목적어로 to부정사와 동명사를 모두 쓸 수 있다.
  이렇게 to부정사와 동명사를 모두 목적어로 취하는 동사로는 love, like, start 등이 있다.

⁹ Well, <u>one reason</u> <u>is</u> <u>**that** it **tastes great**</u>.
        주어   동사   보어
▶ 접속사 that이 이끄는 절(that ~ great)은 주어 one reason을 보충 설명하는 보어이다.
▶ <taste+형용사>는 '~한 맛이 나다'라는 의미이다.

¹² Portuguese people **have enjoyed** cod dishes *for a long time*.
▶ have enjoyed '(지금까지) 쭉 ~해왔다'라는 '계속'의 의미를 나타내는 현재완료이며, <for+기간>과 같이 시간을 나타내는 표현과
  함께 잘 쓰인다.

¹⁴ It's *a special meal* [**that** they always get excited about ●]!
▶ 목적격 관계대명사 that이 이끄는 절(that ~ excited about)은 선행사 a special meal을 꾸며 준다.

35　**공룡 뼈에도 나이테가 있어요**　　　　　　　　　　　　　　　本책 pp.126~127

정답　1 ⑤　　2 ①　　3 (1) T　(2) F　　4 ⓐ same　ⓑ longer　　5 다양한 나라에서 온 사람들을

문제 해설　1 공룡 뼈의 둥근 선을 연구함으로써 티라노사우루스뿐만 아니라 다른 공룡들의 성장 속도도 유추할 수 있게 되었다는
　　　　　　　내용의 글이므로 정답은 ⑤이다.

　　　　2 '꼭 나무의 나이테처럼, 공룡의 뼈에도 둥근 선들이 있다.'라는 내용의 주어진 문장은 과학자들이 11개의 다양한 종
　　　　　류의 공룡 뼈를 연구했다는 내용의 7번 문장과 이 둥근 선들은 공룡이 시간이 지남에 따라 어떻게 성장했는지를 알려
　　　　　준다는 내용의 8번 문장 사이인 ①에 오는 것이 가장 자연스럽다.

　　　　3 (1) 4번 문장에 언급되어 있다.
　　　　　(2) 12번과 13번 문장에서 새롭게 발견된 공룡의 뼈를 연구한 결과 그것은 30대나 40대가 되기 전까지는 완전한 크
　　　　　기에 이르지 못했다고 했다.

　　　　4
> 과학자들은 공룡들이 ⓐ 같은 방법으로 성장하지 않았다는 것을 발견했다. 몇몇 공룡들은 아주 빨리
> 성장한 반면, 다른 몇몇 공룡들은 성체 크기에 이르는 데 ⓑ 더 오래 걸렸다.

본문 해석　　¹인간을 포함한 포유류들은 보통 어릴 때 빠르게 성장한다. ²그 후, 그들은 성인이 되면 성장하는 것을 멈춘다. ³하지
　　　　　　만 공룡들은 어떨까?

⁴과학자들은 육식 공룡인 티라노사우루스가 청소년기에 매우 빠르게 성장했다는 것을 알고 있었다. ⁵티라노사우루스는 매주 약 15에서 20kg씩 체중이 늘었다. ⁶그러나 그들은 다른 공룡들이 같은 방식으로 성장했는지 확신할 수 없었다.

⁷이를 알아내기 위해, 몇몇 과학자들은 11개의 다양한 종류의 공룡 뼈를 연구했다. 꼭 나무의 나이테처럼, 공룡의 뼈에도 둥근 선들이 있다. ⁸이 둥근 선들은 공룡이 시간이 지남에 따라 어떻게 성장했는지를 이해하도록 도와준다. ⁹이 둥근 선들을 연구한 후, 과학자들은 답을 찾았다. ¹⁰티라노사우루스와 같은 어떤 공룡들은 그것들이 어릴 때 빠르게 성장했다. ¹¹하지만 비슷한 크기에 이른 다른 공룡들은 성장하기 위해 더 오랜 시간이 걸렸다. ¹²그 과학자들은 또한 새롭게 발견된 공룡에서 나온 뼈들을 연구했다. ¹³이 뼈들은 그 공룡이 30대나 40대가 되기 전까지 완전한 크기에 이르지 못했다는 것을 보여 준다!

¹Mammals, including humans, / usually grow fast // when they are young. ²Then, / they stop growing //
인간을 포함한 포유류는, / 보통 빠르게 성장한다 // 그들이 어릴 때. 그 후, / 그들은 성장하는 것을 멈춘다 //

when they are adults. ³But what about dinosaurs?
그들이 성인일 때. 하지만 공룡들은 어떨까?

⁴Scientists knew / that the meat-eating Tyrannosaurus rex / grew very fast // when it was a teenager.
과학자들은 알고 있었다 / 육식 공룡인 티라노사우루스가 / 매우 빨리 자란다는 것을 // 그것이 청소년일 때.

⁵The T. rex gained around 15 to 20 kg / per week. ⁶But they weren't sure // if other dinosaurs grew /
티라노사우루스는 약 15에서 20킬로그램이 늘었다 / 주마다. 그러나 그들은 확신하지 못했다 // 다른 공룡들이 자랐는지 /

in the same way.
같은 방법으로.

⁷To find this out, / some scientists studied the bones / of 11 different types / of dinosaurs. Just like tree
이를 알아내기 위해, / 몇몇 과학자들은 뼈를 연구했다 / 11개의 다양한 종류의 / 공룡들의. 꼭 나무의 나이테처럼,

rings, / dinosaur bones also have rings. ⁸These rings help / us understand // how dinosaurs grew
/ 공룡의 뼈에도 둥근 선들이 있다. 이 둥근 선들은 도와준다 / 우리가 이해하도록 // 어떻게 공룡이 성장하는지 /

over time. ⁹After studying these rings, / the scientists found an answer. ¹⁰Some, like the T. rex, / grew quickly
시간이 지나면서. 이 둥근 선들을 연구한 후, / 과학자들은 답을 찾았다. 티라노사우루스와 같은 어떤 공룡들은 / 빠르게 자랐다

// when they were young. ¹¹But others / that reach a similar size / took longer / in order to grow.
// 그것들이 어렸을 때. 하지만 다른 것들은 / 비슷한 크기에 이른 / 더 오랜 시간이 걸렸다 / 성장하기 위해.

¹²The scientists also studied bones / from a newly discovered dinosaur. ¹³These bones showed /
그 과학자들은 또한 뼈들을 연구했다 / 새로 발견된 공룡의. 이 뼈들은 보여주었다 /

that it didn't reach its full size // until it was in its 30s or 40s!
그것이 자신의 완전한 크기에 이르지 않았다는 것을 // 그것이 30대나 40대가 되기 전까지!

⁶ But they **weren't sure if** other dinosaurs grew in the same way.
　　　　　　　　　　　　　　주어　　　　　　동사
▶ <be not sure if + 주어 + 동사 ~>는 '~가 …인지 확실하지 않다'라는 의미로, 자주 쓰이는 표현이다.

⁷ To find this out, some scientists studied *the bones* [**of** *11 different types* [**of** *dinosaurs*]].
▶ 전치사 of가 이끄는 어구 of ~ dinosaurs는 앞의 명사 the bones를, of dinosaurs는 11 different types를 꾸며 주고 있다.

⁸ These rings **help** us *understand*^동 **how** dinosaurs grew over time.^목
　　주어　　　동사　목적어　　　　　　보어
▶ <help + A(목적어) + 동사원형>은 'A가 ~하도록 돕다'라는 의미이다.
▶ how dinosaurs grew over time은 동사 understand의 목적어로 쓰인 간접의문문으로, '어떻게 공룡이 시간이 지남에 따라 성장했는지'라고 해석한다. 간접의문문은 <의문사 + 주어 + 동사 ~>의 형태로 쓴다.

[10] **Some**, like the T. rex, grew quickly when they were young.

[11] But **others** that reach a similar size took longer to grow.

▶ <some ~, others …>는 '(여럿 중) 어떤 것[사람]은 ~, 다른 것[사람]은 …'이라는 의미이다.

[11] But *others* [**that** reach a similar size] **took** *longer* in order **to grow**.

▶ 문장의 주어인 others는 '다른 몇몇 공룡들'을 의미하며, 주격 관계대명사인 that이 이끄는 절(that ~ size)이 꾸며 주고 있다.

▶ 이때, 동사 took은 '(시간이) 걸리다, 소요되다'라는 의미로 쓰였으며, 비교급으로 쓰인 longer는 '더 오래'라는 뜻으로 동사 took을 꾸며 주고 있다.

▶ in order to grow는 '성장하기 위해'라는 의미로 '목적'을 나타내는 표현이다.

---

36 문어가 화나면 하는 행동
본책 pp.128~129

정답 ▶ 1 ⑤   2 ①   3 (1) F (2) T   4 ③   5 너는 더 많이 배울 수 있다

문제 해설 ▶

1 문어들이 서로 조개껍데기를 던지는 이유에 대해 설명하는 글이므로 정답은 ⑤이다.

ⓠ 글의 제목으로 가장 알맞은 것은?
① 문어들의 삶   ② 문어들이 친구를 사귀는 방법   ③ 색깔이 변하는 문어들
④ 문어들 간의 나쁜 관계   ⑤ 문어들이 서로에게 물건을 던지는 이유

2 ⓐ는 호주의 과학자들(Scientists in Australia)을 가리키며, 나머지는 모두 문어들을 지칭한다.

ⓠ 다음 중 가리키는 대상이 나머지와 다른 것은?

3 (1) 7번 문장에서 문어의 피부가 어두우면 어두울수록 그것들은 더 잘 던졌다고 했다.
(2) 8번 문장에 언급되어 있다.

ⓠ 다음 문장이 글의 내용과 일치하면 T, 그렇지 않으면 F를 쓰세요.
(1) 문어의 피부가 어두우면 어두울수록, 그것들은 더 못 던졌다.
(2) 문어들은 서로의 던지는 동작을 따라 했다.

4 빈칸 앞부분에서 문어들은 화가 났거나 다른 문어와 이야기하고 싶을 때 물건을 던지며, 이는 그들이 서로 관계를 맺으려고 노력하는 모습을 보여준다고 했다. 따라서 빈칸에는 그 (물건을 던지는) 행동이 문어들이 '사회적인' 동물이라는 것을 보여준다는 의미의 ③ social이 가장 알맞다.

ⓠ 글의 빈칸에 들어갈 말로 가장 알맞은 것은?
① 수줍은   ② 용감한   ③ 사회적인   ④ 무례한, 버릇없는   ⑤ 호기심이 많은

5 ⓠ 다음 빈칸에 알맞은 우리말 해석을 써보세요.

본문 해석 ▶

[1]호주의 과학자들은 문어로 흥미로운 실험을 했다. [2]카메라를 사용해, 그들은 24시간 동안 10마리의 문어들을 관찰했다. [3]그들은 문어들이 서로에게 조개껍데기를 던지는 것을 보았다! [4]이것은 우연이 아니었다. [5]그것들은 다른 문어들을 고의로 맞히고 있었다.

[6]문어들이 화가 났을 때, 그것들의 피부는 더 어두워졌다. [7]그것들의 피부가 어두워질수록, 그것들은 더 잘 던졌다. [8]또한, 그것들은 서로의 던지는 동작을 따라 하기도 했다. [9]한 마리의 문어가 던지기 위해 다리를 들었을 때, 다른 한 마리도 같은 동작을 했다.

[10]물건을 던짐으로써, 문어들은 자신들이 화가 났거나 다른 문어들과 이야기하고 싶어 한다는 것을 보여줄 수 있었다. [11]어느 쪽이든, 그것들은 서로 관계를 맺으려고 노력하고 있었다. [12]이 행동은 문어가 <u>사회적인</u> 동물이라는 것을 보

여준다. ¹³그러니, 만약 당신이 문어들이 서로에게 물건을 던지는 모습을 본다면, 그것들이 서로에게 화난 것처럼 보여도 친구일지도 모른다고 추측할 수 있다!

¹Scientists in Australia / did an interesting experiment / with octopuses. ²By using cameras, / they
호주의 과학자들은 / 흥미로운 실험을 했다 / 문어들로. 카메라를 사용해서, / 그들은

watched 10 octopuses / for 24 hours. ³They saw / the octopuses throwing shells / at each other!
10마리의 문어들을 지켜보았다 / 24시간 동안. 그들은 보았다 / 문어들이 조개껍데기를 던지는 것을 / 서로에게!

⁴This wasn't an accident. ⁵They were hitting other octopuses / on purpose.
이것은 우연이 아니었다. 그것들은 다른 문어들을 맞히고 있었다 / 고의로.

⁶When the octopuses were angry, // their skin turned darker. ⁷The darker their skin became, //
문어들이 화났을 때, // 그것들의 피부는 더 어둡게 변했다. 그것들의 피부가 어두워질수록, //

the better they threw. ⁸Also, / they even copied / each other's throwing actions.
그것들은 더 잘 던졌다. 또한, / 그것들은 심지어 따라 했다 / 서로의 던지는 동작을.

⁹When one octopus lifted a leg / to throw, // the other did the same thing.
문어 한 마리가 다리를 들었을 때 / 던지기 위해, // 나머지 한 마리의 문어는 같은 것을 했다.

¹⁰By throwing things, / octopuses could show // that they're mad / or they just want to talk /
물건을 던짐으로써, / 문어들은 보여줄 수 있었다 // 그것들이 화가 났거나 / 그것들이 그저 이야기하기를 원한다는 것을 /

to others. ¹¹Either way, / they were trying / to build relationships / with each other. ¹²This behavior shows
다른 것들에게. 어느 쪽이든, / 그것들은 노력 중이었다 / 관계를 맺으려고 / 서로. 이 행동은 보여준다

// that octopuses are social animals. ¹³So, / if you see / octopuses throwing things / at each other, //
// 문어가 사회적 동물이라는 것을. 그래서, / 만약 당신이 본다면 / 문어들이 물건을 던지는 것을 / 서로에게, //

you can guess / they might be friends / even if they seem angry / at each other!
당신은 추측할 수 있다 / 그것들이 친구일지도 모른다고 / 비록 그것들이 화난 것처럼 보일지라도 / 서로에게!

² **By using** cameras, they watched 10 octopuses for 24 hours.
▶ <by v-ing>는 '~을 해서, ~함으로써'라는 의미로 '수단'을 나타낸다.

³ They **saw** the octopuses **throwing** shells at each other!
　　　　　　　A　　　　　v-ing
▶ <see+A(목적어)+v-ing>는 'A가 ~하는 것을 보다'라는 의미로, 목적어 the octopuses를 throwing shells at each other가 보충 설명해 주고 있다.

⁹ When **one** octopus lifted a leg to throw, **the other** did the same thing.
▶ <one ~, the other …>는 '(둘 중) 하나는 ~, 나머지 하나는 …'라는 뜻으로 두 개의 사람이나 사물을 나열할 때 쓴다.

¹⁰ By throwing things, octopuses **could show that** they're mad [or] (**that**) they just want to talk to others.
　　　　　　　　　　　　　주어　　　　 동사　　　 목적어1　　　　　　　　 목적어2
▶ <show that+주어+동사 ~>는 '~하다는 것을 보여주다'라는 의미이다.
▶ 두 개의 목적어가 접속사 or로 연결되었으며, 이때 목적어2를 이끄는 접속사 that은 생략되었다.

¹³ So, **if** you see octopuses throwing things at each other, you^주 can guess^동 (**that**) they might be friends^목
　　　　　　　　　　 부사절　　　　　　　　　　　　　　　　　　　　　　　　　　　　　 주절
even if they seem angry at each other!
　　　　　 부사절
▶ 긴 문장이지만 차근차근 뜯어보면, 단순한 구조이다. 큰 구조로는 접속사 if가 이끄는 부사절과 주절이 있고, 주절에는 접속사 that이 생략된 목적어절이 쓰였다.
▶ 주절 뒤에는 '(비록) ~일지라도'라는 의미의 접속사 even if가 이끄는 부사절이 있다.

Review

본책 p.130

단어

정답 ▶ A 1 ⓐ   2 ⓒ   3 ⓑ
B 1 whole   2 social   3 teenager
C 1 gain   2 seem   3 experiment

해석 ▶ A 1 copy(따라 하다) - ⓐ 누군가와 똑같은 행동을 하다
2 lift(들어 올리다) - ⓒ 무언가를 낮은 위치에서 높은 위치로 옮기다
3 similar(비슷한, 유사한) - ⓑ 거의 똑같아 보이는

B 1 케이크를 전부 먹다
2 몇 가지 사회적인 기술을 배우다
3 십 대들 사이에 인기 있는 패션 브랜드

C ┤ 보기 ├

| ~인 것 같다 | (체중)이 늘다 | 이유 | 실험 |

1 나는 연휴 동안 3kg이 늘었다.
2 Anne은 그녀의 생일 선물에 기뻐하는 것 같았다.
3 학생들은 오늘 자석으로 실험을 할 것이다.

본책 p.131

1일 1문장

정답 ▶ A 1 Luckily, **the phone** that I dropped (didn't break).
2 **The pizza** that we ordered (was) too salty for me.
3 **The plane** from England just (arrived) at the airport.

B 1 The restaurant that she recommended
2 Pictures from our summer vacation
3 The harder you train, the stronger you become

C 1 근처 보호소에서 온 강아지들은
2 내가 오늘 아침에 마신 커피는
3 크게 노래를 따라 부르면 부를수록, 더 신이 났다

해석 ▶ A 1 운이 좋게도, 내가 떨어뜨린 휴대전화는 고장 나지 않았다.
2 우리가 주문한 피자는 나에게 너무 짰다.
3 영국에서 온 비행기는 공항에 막 도착했다.

독해를 바라보는 재미있는 시각

리딩그라피

Reading Graphy

| Level |

2

정답과 해설
WORKBOOK

Unit 01

01 .... pp.2~3

직독직해가 쉬워지는 **구문**

1일 1문장 테니스를 치는 동안
Plus ❶ 웃기 시작했다 **❷** 찾으려고 노력하고 있다

직독직해 Practice

1 While he (was walking), // he (saw) about 20 furry animals / near the water.

➔ 그가 걷고 있는 동안, // 그는 약 스무 마리의 털로 덮인 동물들을 보았다 / 물 근처에서.

2 The otters (thought) / Steve (was) a danger too, // so they (ran) toward him / and (started) biting his ankle and legs.

➔ 그 수달들은 생각했다 / Steve 역시 위험한 사람이라고, // 그래서 그것들은 그를 향해 달려들었고 / 그의 발목과 다리를 물기 시작했다.

3 Steve (tried) to stop them, // but he (couldn't).

➔ Steve는 그것들을 막으려고 노력했지만, // 그는 그럴 수 없었다.

내신 맛보기

1 ②   **2** ④   **3** wild animals
4 You should try to eat more vegetables and fruits
5 while I was waiting for him
6 started learning

해석

1
나는 롤러코스터를 탔을 때, 정말 <u>무서웠다</u>.

① 다친   ② 겁먹은, 무서워하는   ③ 가까이
④ 털로 덮인   ⑤ 어두운

02 .... pp.4~5

직독직해가 쉬워지는 **구문**

1일 1문장 초콜릿으로 가득한 상자를
Plus ❶ 여름방학 동안 **❷** 표를 사기 위해

직독직해 Practice

1 They (wear) costumes / decorated with / lots of colorful pieces of cloth.

➔ 그들은 의상을 입는다 / ~로 장식된 / 많은 수의 화려한 천 조각으로.

2 During this festival, / everyone in town / (chases) and (throws) turnips / at two monsters.

➔ 이 축제 기간 동안, / 마을의 모든 사람들이 / 쫓아가서 순무를 던진다 / 두 몬스터들을 향해.

3 To chase him away, / the farmers (threw) turnips / at him.

➔ 그를 쫓아버리기 위해, / 농부들은 순무를 던졌다 / 그를 향해.

내신 맛보기

1 (1) local   (2) steal   **2** avoid
3 went to the beach during the summer
4 played a vocabulary game to memorize words
5 covered

해석

1
보기		
영광스러운 일	훔치다	던지다
뒤쫓다, 추격하다	현지의, 지역의	

(1)
A: 너는 태국에서 무엇을 먹고 싶니?
B: 나는 <u>현지의</u> 음식을 좀 먹어보고 싶어.

(2)
A: 도둑이 훔쳐 간 게 있나요?
B: 아니요, 그는 우리가 경찰을 불렀을 때 도망쳤어요.

03 .... pp.6~7

직독직해가 쉬워지는 **구문**

1일 1문장 방문하는 것을 상상했다
Plus ❶ 큰 소리 때문에
     ❷ 사람들에게 행복을 가져다줄 것이다

직독직해 Practice

1 (Imagine) playing / your favorite music / just by moving your eyes.

→ 연주하는 것을 상상해 보라 / 당신이 가장 좋아하는 음악을 / 오직 당신의 눈을 움직여서.

2 His friend / (wasn't able to move) his arms / because of his injuries.

→ 그의 친구는 / 그의 팔을 움직일 수 없었다 / 그의 부상 때문에.

3 However, / this amazing software / (can bring) the joy of music / to everyone.

→ 그러나, / 이 놀라운 소프트웨어는 / 음악의 즐거움을 가져다줄 수 있다 / 모든 사람들에게.

내신 맛보기

1 ⑤　　**2** ③　　　　**3** Thanks to
4 wore sunglasses because of the bright sunlight
5 can bring knowledge to readers
6 imagined exploring

해석

1

음악 소리를 내는 데 사용되는 도구

① 부상　　　　② 화면, 스크린　　③ 발명가
④ 음악가, 연주가　⑤ 악기

2

• 가족은 나에게 매우 중요하다. • 네가 실수하더라도 문제가 되지 않는다.

① 연습하다　　　　　② 만들다
③ 문제가 되다; 중요하다　④ 사고
⑤ 가능한

Unit 02

04　　　　　　　　　pp.8~9

직독직해가 쉬워지는 구문

1일 1문장 타고 가곤 했다
Plus ❶ 찾고 싶었다　❷ 나에게 가족사진 앨범을 주셨다

직독직해 Practice

1 So he (used to take apart) shoes / and (make) small changes / to improve them.

→ 그래서 그는 신발을 분해하곤 했다 / 그리고 작은 변화를 주곤 했다 / 그것을 개선하기 위해.

2 He always (wanted) / to make better shoes / for running.

→ 그는 언제나 원했다 / 더 좋은 신발을 만드는 것을 / 달리기에.

3 It (gave) him a great idea!

→ 그것은 그에게 좋은 아이디어를 주었다!

내신 맛보기

1 (1) notice　(2) patterns　(3) while
2 ②　　　　　**3** succeed
4 The coach gave him a chance to play
5 My family used to plant seeds
6 wanted to eat

해석

1

보기
심지어, ~까지도　　　무늬　　　　대학(교) ~하는 동안　　　　알아차리다

2

많은 사람이 자신들의 반려동물을 가족 구성원으로 여긴다.

① 성공하다　　　　　　② ~라고 여기다, 생각하다
③ 시험하다, 실험하다　　④ 개선하다, 향상시키다
⑤ 분해하다

05　　　　　　　　　pp.10~11

직독직해가 쉬워지는 구문

1일 1문장 자는 척했다
Plus ❶ 거짓말처럼 들린다
　　　❷ 그녀가 경기에 이길 수 있다고

직독직해 Practice

1 We (use) this word // when companies (pretend) to be eco-friendly / to sell more products.

→ 우리는 이 단어를 사용한다 // 회사들이 친환경적인 척할 때 / 더 많은 상품들을 팔기 위해.

2 It (may sound) like a nice word, // but it('s) actually not.

→ 그것은 좋은 단어처럼 들릴지도 모른다, // 그러나 그것은 실제로는 그렇지 않다.

3 Similarly, / fashion companies (might say) / their clothes (are) good / for the Earth, // but they('re) not always.

→ 마찬가지로, / 패션 회사들이 말할지도 모른다 / 그들의 옷이 좋다고 / 지구에, // 그러나 그것들이 항상 그런 것은 아니다.

내신 맛보기

1 ④   **2** ⑤   **3** ③
4 Teachers say everyone makes mistakes
5 The classroom sounded like a market
6 pretended to understand

해석

2
> • Jake는 항상 부모님께 사실을 말씀드린다.
> • 그는 그 두 가지 색깔의 차이를 **구별할** 수 없다.

① ~하는 척하다   ② 알다   ③ 돕다
④ 필요하다   ⑤ 구별하다; 말하다

3
> 그들은 학교 프로젝트를 위해 **똑똑한** 계획을 세웠다.

① 쉬운   ② 멋진   ③ 똑똑한, 영리한
④ 사실인   ⑤ 어려운

06 ······································· pp.12~13

직독직해가 쉬워지는 구문

1일 1문장 꺼진다
Plus ❶ 친구들을 사귀기 위해서 ❷ 돌아오실 때까지

직독직해 Practice

1 In the U.K., / about three billion diapers / (are thrown away) / each year, // and this (creates) / 400,000 tons of waste.

→ 영국에서, / 약 30억 개의 기저귀가 / 버려진다 / 매년, // 그리고 이것은 만들어 낸다 / 40만 톤의 쓰레기를.

2 To help with this problem, / people (started) using recycled diapers / to fix the roads in Wales.

→ 이 문제를 돕기 위해서, / 사람들은 재활용된 기저귀를 사용하기 시작했다 / 웨일스의 도로를 고치기 위해.

3 Then, / they (go through) various steps // until they (turn into) small, soft pieces.

→ 그다음에, / 그것들은 여러 단계를 거친다 // 그것들이 작고,

부드러운 조각들로 바뀔 때까지.

내신 맛보기

1 ③   **2** ④   **3** ②
4 is closed until the repairs are done
5 was in the school library to finish his project
6 are looked after

해석

2
> 무언가의 크기, 숫자, 그리고 양을 더 작게 만들다

① 단계; 걸음   ② 재활용하다   ③ 쓰레기
④ 줄이다, 낮추다   ⑤ 물질, 재료

3
> 그 사건에 대한 소식은 마을에 빠르게 퍼지기 시작했다.

① 더하다, 추가하다   ② 퍼지다, 확산되다
③ 만들다, 창조하다   ④ 부서지다
⑤ 분해되다

Unit 03

07 ······································· pp.14~15

직독직해가 쉬워지는 구문

1일 1문장 본 적이 있니
Plus ❶ 찾을 것이라고 믿었다 ❷ 참가하기 위해

직독직해 Practice

1 (Have) you ever (seen) statues / from ancient Egypt / in museums?

→ 당신은 조각상들을 본 적이 있는가 / 고대 이집트에서 온 / 박물관에서?

2 They (believed) // that a person's soul (would move) into a statue / after death.

→ 그들은 믿었다 // 사람의 영혼은 조각상으로 옮겨갈 것이라고 / 죽음 이후에.

3 They (broke) the statue's nose / to destroy the soul / forever!

→ 그들은 조각상의 코를 부러뜨렸다 / 그 영혼을 파괴하기 위해 / 영원히!

1 ⑤　　　　**2** ⓐ remove　ⓑ reason
3 (1) destroy　(2) broken
4 Have you ever eaten a frozen banana
5 He thought they would arrive
6 to win the soccer game

해석

2 ┤ 보기 ├
| 이유 | 설명하다 | 제거하다, 없애다 | 조각상 |

A: 너는 왜 벽에서 모든 사진을 ⓐ 없앴니?
B: 나는 ⓑ 이유가 있어. 우리는 벽을 페인트칠하는 중이거든.

3 ┤ 보기 ├
| 고대의 | 미스터리, 수수께끼 | 부러진, 깨진 |

파괴하다, 손상시키다

O8 .... pp.16~17

직독직해가 쉬워지는 **구문**

1일 1문장 그녀는 공부하면서
Plus ❶ 그의 꿈의 차에 대한 이야기　**❷** 준비하고 있다

직독직해 Practice

1 As they (waited), // they (saw) / a large group of bison passing by.
→ 그들은 기다리는 동안, // 그들은 보았다 / 큰 무리의 들소들이 지나가는 것을.
2 She (showed) him pictures / of her friend Ally's exciting trip / to Florida.
→ 그녀는 그에게 사진들을 보여주었다 / 그녀의 친구인 Ally의 흥미로운 여행의 / 플로리다로의.
3 Our trip (is turning into) a real adventure / now!
→ 우리의 여행이 진정한 모험으로 바뀌고 있어 / 이제!

내신 맛보기

1 (1) ⓒ　(2) ⓐ　(3) ⓑ　　　**2** ②
3 on the[her] way
4 As she walked home, she found a lost kitten
5 told stories of a journey to the mountains
6 is cooking dinner

해석

1 (1) lift(들어 올리다) - ⓒ 무언가나 누군가를 더 높은 위치로 움직이다
(2) real(진짜의, 사실의) - ⓐ 거짓인 것처럼 보이지 않는
(3) nervous(긴장한, 초조한) - ⓑ 걱정하는 느낌이 드는

2
Dory는 새로 오신 선생님께 매우 흥미로운 질문을 했다.

① 속상한　　　② 지루한　　　③ 희망에 찬
④ 놀란　　　　⑤ 신나는, 흥미진진한

O9 .... pp.18~19

직독직해가 쉬워지는 **구문**

1일 1문장 사람들을 행복하게 만들 것이다
Plus ❶ 모래성을 쌓거나 바다에서 수영하는 것을 즐긴다
❷ 냉동 딸기보다 더 맛이 좋다

직독직해 Practice

1 This sense of rhythm (makes) / us musical.
→ 이 리듬감이 만든다 / 우리를 음악적으로.
2 (Do) you (enjoy) / dancing to music / or moving to a beat?
→ 당신은 즐기는가 / 음악에 맞춰 춤추는 것을 / 또는 리듬에 맞춰 움직이는 것을?
3 Some people naturally (dance) better / than others.
→ 어떤 사람들은 본래 춤을 더 잘 춘다 / 다른 사람들보다.

내신 맛보기

1 ⑤　　**2** ④　　**3** (1) effect　(2) beat
4 Some computer games make children violent
5 She always learns faster than her classmates
6 enjoy taking, or shopping

해석

2
높은 스트레스는 건강 문제와 연관되어 있다.

① 가볍게 두드리다　② 의미하다　　　③ 타고난
④ 관련된　　　　　　⑤ 감각, 느낌

3 ┤ 보기 ├
| 박자, 리듬 | 활동 | 영향, 효과 | 역할 |

(1) 그 약은 열에 빠른 효과가 있다.
(2) 당신은 드럼의 박자를 들을 수 있나요?

10 ················· pp.20~21

직독직해가 쉬워지는 구문

1일 1문장 내가 기분이 좋은지 나쁜지
Plus ❶ 세차를 하고 있다
❷ 공원에 가거나, 집에서 쉴 것이다

직독직해 Practice

1 Now, / he (can) only (tell) // if (it's) light or dark outside.

→ 지금, / 그는 오직 ~만 알 수 있다 // 밖이 밝은지 어두운지.

2 However, / an app, "Be My Eyes," (is helping) him / every day!

→ 그러나, / 'Be My Eyes'라는 앱이 그를 도와주고 있다 / 매일!

3 They (can read) product labels or mail / for him, / (describe) photos, / or even (guide) him / to a specific place.

→ 그들은 상품의 라벨이나 우편물을 읽어 주거나 / 그를 위해, / 사진을 묘사해 주거나, / 심지어 그를 안내할 수 있다 / 특정한 장소로.

내신 맛보기

1 ④
2 (1) sight (2) function (3) connect (4) label
3 if he knows the way to the station
4 The city is developing a new park
5 can talk, have, or go

해석

2 ┤ 보기 ├
| 상표, 라벨 | 시력 | 기능 | 상품, 제품 |
| 연결하다 | 개선 | | |

11 ················· pp.22~23

직독직해가 쉬워지는 구문

1일 1문장 물어보기 위해
Plus ❶ 초콜릿과 딸기로 장식된 케이크를
❷ 음식을 먹지 말라고 경고했다

직독직해 Practice

1 However, / (don't stop) / to smell the flowers / in its Poison Garden // — they (can) actually (poison) you!

→ 그러나, / 멈추지 마라 / 꽃들의 냄새를 맡기 위해 / 그것의 Poison Garden에 있는 // — 그것들은 실제로 당신에게 독이 될 수 있다!

2 Then in 2005, / Jane (added) a special garden / called "the Poison Garden."

→ 그리고 2005년에, / Jane은 특별한 정원을 더했다 / 'Poison Garden'이라 불리는.

3 Signs in the Poison Garden / (warn) visitors / not to touch or smell anything.

→ Poison Garden 내 표지판들은 / 방문객들에게 경고한다 / 아무것도 만지거나 냄새를 맡지 말라고.

내신 맛보기

1 ③   2 (1) decide (2) despite (3) safety
3 pass down
4 The painting displayed on the wall is beautiful
5 goes to the park to walk his dog
6 warned people not to dive

2 ┤ 보기 ├
| ~에도 불구하고 | 잊다, 잊어버리다 | 안전 |
| 식물 | 결심하다 | |

12 ················· pp.24~25

직독직해가 쉬워지는 구문

1일 1문장 나에게 물을 좀 가져다 달라고 부탁했다
Plus ❶ 저녁을 요리하고 있었다 **❷** 작은 곰처럼 보인다

직독직해 Practice

1 I (asked) them / to make more characters / wearing glasses.

→ 나는 그들에게 부탁했다 / 더 많은 캐릭터를 만들어 달라고 / 안경을 쓰고 있는.

2 The idea (started) // when my mom (was looking for) an emoji / for me.

→ 그 아이디어는 시작됐다 // 나의 엄마가 이모티콘을 찾고 있었을 때 / 나를 위해.

3 There (were) few emojis with glasses, // and they (didn't look) like me.

→ 안경을 쓰고 있는 이모티콘은 거의 없었다, // 그리고 그것들은 나처럼 보이지 않았다.

내신 맛보기

1 ⑤   **2** ④   **3** agree with
4 John asked me to borrow these books
5 The tree looked like a giant monster
6 was walking

해석

1

> 그는 다른 사람들과 그의 요리 경험을 <u>공유</u>하는 것을 좋아한다.

① 공유하다, 같이 나누다   ② 보내다, 발송하다
③ 쓰고[착용하고] 있다   ④ 가입하다
⑤ 공유하다, 같이 나누다

2

> **A:** 나 이 책 다 읽었어.
> **B:** 너는 그 책의 주인공 <u>캐릭터</u>에 대해 어떻게 생각해?
> **A:** 나는 그가 매우 용감하다고 생각해.

① (과학) 기술   ② 이모티콘   ③ 소설
④ 등장인물, 캐릭터   ⑤ 캠페인

Unit 05

13 .... pp.26~27

직독직해가 쉬워지는 구문

1일 1문장 그의 신발 끈을 묶도록 도와주었다
Plus ❶ 빛나는 별들을
      ❷ 가격이 점점 더 올라가고 있다

직독직해 Practice

1 This effort (could help) / puffins stay in the area.

→ 이 노력은 도울 수 있었다 / 퍼핀들이 그 지역에 머무르도록.

2 Puffins (are) cute birds / living near the ocean / in the North Atlantic.

→ 퍼핀들은 귀여운 새이다 / 바다 근처에 살고 있는 / 북대서양에 있는.

3 The Earth and the ocean (are getting) warmer, // and this (put) puffins in danger.

→ 지구와 바다는 점점 더 따뜻해지고 있다, // 그리고 이것이 퍼핀을 위험에 빠뜨렸다.

내신 맛보기

1 ③   **2** ③
3 As a result
4 Her headache is getting worse
5 This website will help kids learn about science
6 the fire spreading

해석

2

> 그 반지는 중앙에 <u>진짜</u> 다이아몬드가 있다.

① 적은   ② 노력, 수고   ③ 가짜의
④ 호의적인, 친절한   ⑤ 멸종 위기에 처한

14 .... pp.28~29

직독직해가 쉬워지는 구문

1일 1문장 해변을 따라 달리고 있는
Plus ❶ 그 박물관이 오늘 열려 있는지
      ❷ 그 식당은 서비스가 좋다고 말한다

직독직해 Practice

1 Asteroids hitting the Earth / (is) a common story / in movies.

→ 지구에 충돌하는 소행성은 / 흔한 이야기이다 / 영화에서.

2 NASA (wanted) to see // if hitting an asteroid (could change) its path.

→ NASA는 알기를 원했다 // 소행성에 충돌하는 것이 그것의 궤도를 바꿀 수 있는지.

3 Scientists (say) // that right now, / the chance of an asteroid hitting the Earth / (is) very low.

→ 과학자들은 말한다 // 지금 당장, / 지구에 충돌하는 소행성의 가능성은 / 매우 낮다고.

1 ④　　　　**2** ⑤　　　　**3** ⑤

4 They said that they had a great time

5 The wind blowing through the trees is refreshing

6 know if the movie is

2

| • 그 개는 주인을 어디든지 따라다니기를 아주 좋아한다. |
| • 그는 조심스럽게 그 의사의 조언을 따르기로 결심했다. |

　① 충돌하다　　　② 보내다　　　③ 만들다

　④ 일어나다, 발생하다　⑤ 따라가다; 따르다

3

| 원하거나 바라던 결과를 얻는 |

　① 드문, 흔치 않은　② 궤도　　③ 아직도, 여전히

　④ 흔한　　　　　⑤ 성공적인

15 .... pp.30~31

1일 1문장 과거를 바꾸는 것은

Plus ❶ 찾도록 도와주었다

　　　❷ 나에게 몇 가지 교훈을 가르쳐 주었다

1 However, / the poles (are) really slippery and tall, // so it(s) not possible / to climb them alone.

→ 그러나, / 기둥은 매우 미끄럽고 높다, // 그래서 (~은) 가능하지 않다 / 그것들을 혼자서 오르는.

2 They (form) teams / and (help) each other climb.

→ 그들은 팀을 구성하고 / 서로 올라갈 수 있도록 돕는다.

3 Panjat Pinang (teaches) people / the importance / of teamwork and cooperation.

→ Panjat Pinang은 사람들에게 가르친다 / 중요성을 / 팀워크와 협동의.

1 ②　　　　　　　**2** take place

3 independence

4 It is important to keep a healthy lifestyle

5 She teaches high school students history

6 helped me choose

3

| 중요한 : 중요성 = 독립적인 : 독립 |

Unit 06

16 .... pp.32~33

1일 1문장 확인하지 않았다

Plus ❶ 비가 오기 시작했다

　　　❷ 그래서 우리는 영화관에서 일찍 나왔다

1 But, / FIFA (hasn't approved) / the use of the white card / yet.

→ 하지만, / FIFA는 승인하지 않았다 / 화이트카드의 사용을 / 아직.

2 In Portugal, / a referee named Catarina Campos / (started) to use the white card / first.

→ 포르투갈에서, / Catarina Campos라는 이름의 심판이 / 화이트카드를 사용하기 시작했다 / 처음으로.

3 The referee (was moved) / by their quick response // so she (gave) them a white card!

→ 심판은 감동받았다 / 그들의 빠른 대응에 // 그래서 그녀는 그들에게 화이트카드를 주었다!

1 ③　　　　**2** ⑤　　　　**3** moved

4 She had a headache, so she took some medicine

5 My friend started to draw pictures

6 hasn't told, yet

1

| 스포츠 팀의 멤버들을 가르치고 훈련시키는 사람 |

　① 둘 다(의)　　② 규칙　　　③ 코치

　④ 관중, 사람들　⑤ 행동, 태도

2

• 그 병원의 <u>의료진</u>은 사람들이 회복하도록 돕는다.
• 몇몇 <u>의학</u> 조사는 질병 예방에 초점을 두고 있다.

① 신속한, 재빠른　　　② 반응, 대응
③ 승인하다　　　④ (충고·지시 등을) 따르다
⑤ 의학의, 의료의

③ 사라지다　　　④ ~라는 의미이다, ~을 뜻하다
⑤ ~이 되다

17 .... pp.34~35

pp.34~35

직독직해가 쉬워지는 **구문**

1일 1문장 돈을 절약하는 몇 가지 조언
Plus ❶ 자르고 있었다 **❷** 사과와 오렌지 같은 과일들을

직독직해 Practice

1 Although the picture (disappears) / in just 20 minutes, // that(s) enough time / to enjoy the beautiful designs!

→ 비록 그 그림은 사라지지만 / 단지 20분 내에, // 그것은 충분한 시간이다 / 아름다운 디자인을 즐길!

2 Interestingly, / something similar (was happening) / thousands of years ago / in China!

→ 흥미롭게도, / 비슷한 일이 일어나고 있었다 / 수천 년 전에 / 중국에서!

3 After that, / they (used) a special spoon / to draw pictures, / like bamboo and mountains.

→ 그 후, / 그들은 특별한 숟가락을 사용했다 / 그림을 그리기 위해, / 대나무와 산과 같은.

내신 맛보기

1 ④　　　**2** ②　　　**3** ③
4 I know a special place to see the shooting stars
5 we grow vegetables like tomatoes and carrots
6 was practicing

해석

2

A: 이 두 요리의 맛이 어떻게 <u>다른가요</u>?
B: 이 요리는 매운데, 저 요리는 달아요.

① 고대의　　　② 다른　　　③ 창의적인
④ 아름다운　　　⑤ 흥미로운

3

보기에 불가능해지다

① 꾸미다, 장식하다　　　② 일어나다, 발생하다

18 .... pp.36~37

pp.36~37

직독직해가 쉬워지는 **구문**

1일 1문장 비록 그녀는 몸이 좋지 않았지만
Plus ❶ 그의 누나[여동생]가 그러는 것처럼
❷ 우유를 살 것을 잊어버렸다

직독직해 Practice

1 Even though you (can't hear) anything, // they (might be shouting) / for help!

→ 비록 당신이 아무것도 들을 수 없긴 하지만, // 그것들은 외치고 있을지도 모른다 / 도움을 위해!

2 This (shows) / that plants (react) to stress, // just like we (do).

→ 이것은 보여준다 / 식물들이 스트레스에 반응한다는 것을, // 꼭 우리가 그러는 것처럼.

3 So, / if you('re taking care of) plants, // (don't forget) / to give them water.

→ 따라서, / 만약 당신이 식물들을 돌보고 있다면, // 잊지 마라 / 그들에게 물을 주는 것을.

내신 맛보기

1 ②　　　**2** ⑤　　　**3** ③
4 tried the new restaurant like my friend suggested
5 Even though I'm tired, I'll finish all my homework
6 forget to turn off

해석

1

나는 내가 가장 좋아하는 스웨터에서 <u>아주 작은</u> 구멍을 발견했다.

① 독특한　　　② 아주 큰　　　③ 스트레스를 받는
④ 놀라운　　　⑤ 몇몇의, 여럿의

2

다른 사람들에게 숨겨진 사실

① 줄기　　　② 마이크　　　③ 비법, 조언
④ 소리　　　⑤ 비밀

3

> • 개들은 주인의 목소리에 <u>반응한다</u>.
> • 식물들은 햇빛을 향해 자람으로써 그것에 <u>반응을 보인다</u>.

① ~라는 의미이다, ~을 뜻하다　② 연구하다
③ 반응하다, 반응을 보이다　　④ 발견하다
⑤ 의사소통을 하다

Unit 07

19 .... pp.38~39

pp.38~39

직독직해가 쉬워지는 **구문**

1일 1문장 팀이 매일 연습하게 했다
Plus ❶ 확인해야 한다 **❷** 끝내야 하는 숙제

직독직해 Practice

1 This (is making) / the ice inside the permafrost melt.

→ 이것이 만들고 있다 / 영구 동토층 안의 얼음이 녹게.

2 That('s) why // Newtok (has to move) / to a safer place.

→ 그것이 이유이다 // Newtok이 이주해야 하는 / 더 안전한 지역으로.

3 Newtok (became) / one of the first villages / to move / because of climate change.

→ Newtok은 (~가) 되었다 / 첫 번째 마을 중 하나가 / 이주하는 / 기후 변화 때문에.

내신 맛보기

1 ④　　　　**2** ④
3 (1) face　(2) thanks to　(3) all the time
4 The teacher made us read an English book
5 He has a book to return to the library
6 have to turn off

해석

1

> 지역의 날씨 상태

① 토양, 흙　　② 따뜻한　　③ 얼어붙은
④ 기후　　　　⑤ 마을

2

> 그 얼음은 이 더운 날씨에서는 몇 초 안에 녹을 것이다.

① 만들다　　　　　　② (어떤 상태가) 되다, ~해지다
③ (상태를) 유지하다　④ 녹다
⑤ (어떤 상태가) 되다

20 .... pp.40~41

pp.40~41

직독직해가 쉬워지는 **구문**

1일 1문장 동물들에게 친절한 사람들을
Plus ❶ 젊은이와 노인 둘 다에게
❷ (만약) 내 여동생이 배고프면

직독직해 Practice

1 Noam Oxman (is) a composer // who (writes) special songs / to remember pets.

→ Noam Oxman은 작곡가이다 // 특별한 노래들을 쓰는 / 반려동물을 기억하기 위해.

2 The results (are) fun / for both the eyes and the ears.

→ 그 결과는 재미있다 / 눈과 귀 둘 다에게.

3 If the pet (is) lively, // he (makes) happy music.

→ 만약 반려동물이 활발하면, // 그는 행복한 음악을 만든다.

내신 맛보기

1 (1) ⓑ　(2) ⓒ　(3) ⓐ　　　　**2** ③
3 composer
4 He has a cousin who is a famous pianist
5 If the weather is good tomorrow
6 both children and parents

해석

1 (1) talent(재능, 재주) - ⓑ 무언가를 하는 천부적인 능력
　(2) result(결과) - ⓒ 다른 어떤 것으로 인해 발생하는 무언가
　(3) lively(활발한, 명랑한) - ⓐ 에너지와 흥미로 가득 찬

2

> • Melanie는 무서운 이야기를 <u>만드는</u> 것을 좋아한다.
> • 우리는 학교 축제를 위한 포스터를 <u>만들</u> 것이다.

① (사고, 죽음 등으로) 잃다　② 졸업하다; 마치다
③ 만들다, 창조하다　　　　　④ ~을 결합하다, 조합하다
⑤ 기억하다

3

> 연기하다 : 배우 = 작곡하다 : <u>작곡가</u>

21

pp.42~43

직독직해가 쉬워지는 구문

1일 1문장 신발을 세탁하는 데 사용된다

Plus ❶ 피곤하고 졸렸다
❷ 더 열심히 공부하고 싶은 기분이 들었다

직독직해 Practice

1 Originally, / the Stone of Destiny (was used) / to crown Scottish kings.
→ 원래, / 운명의 돌은 사용되었다 / 스코틀랜드 왕들을 왕위에 앉히기 위해.

2 Because of what the king (did), / they (felt) sad and angry.
→ 그 왕이 한 것 때문에, / 그들은 슬프고 화가 났다.

3 They (felt) // like a missing part of their history (was) finally back!
→ 그들은 느꼈다 // 그들의 역사의 잃어버린 부분이 마침내 돌아온 것처럼!

내신 맛보기

1 ④　　2 ②　　3 (1) weigh　(2) show off
4 they felt excited and nervous
5 He felt like he should apologize for the mistake
6 were used to provide

해석

2
일상적인 장소에 없어서, 찾을 수 없는 무언가

① 마침내　　　　　　② 잃어버린, 없어진
③ 돌려주다, 반납하다　④ 역사
⑤ 정부, 정권

Unit 08

22

pp.44~45

직독직해가 쉬워지는 구문

1일 1문장 의사가 될 수 있을 것이다

Plus ❶ 훌륭한 요리사인 그의 친구 Mark를
❷ 남동생[오빠]에게 책가방을

직독직해 Practice

1 You (will) also (be able to help) / people in need!
→ 당신 또한 도울 수 있을 것이다 / 어려움에 처한 사람들을!

2 Our goal (is) to make sure // food (goes) / to people who (are) hungry.
→ 우리의 목표는 확실하게 하는 것이다 // 음식이 가도록 / 배가 고픈 사람들에게.

3 Then, / we (give) this food / to people // who really (need) it.
→ 그 후, / 우리는 이 음식을 준다 / 사람들에게 // 그것을 정말로 필요로 하는.

내신 맛보기

1 ④　　　　2 (1) waste　(2) against　(3) leftover
3 hunger
4 He is a zookeeper who takes care of the pandas
5 Emily gave a carrot to the horse on the farm
6 will be able to help

해석

1
무언가가 발생하는 것을 막다

① 함께하다　　② 배달하다　　③ 구제, 구조
④ 막다, 예방하다　⑤ 일하다

2 | 보기 |
| 목표　　남은 음식　　단체, 그룹　　쓰레기, 폐기물
~에 맞서 |

23
pp.46~47

직독직해가 쉬워지는 **구문**

1일 1문장 부모님께 여행을 가고 싶다고
Plus ❶ 그래서 나는 땅콩버터를 먹지 않아
❷ 사진을 찍고 있는 그 남자는

직독직해 Practice

1 The factory (told) everyone // that this chocolate snow (wasn't) harmful / at all.
→ 그 공장은 모두에게 말했다 // 이 초콜릿 눈은 해롭지 않다고 / 전혀.

2 That('s) why // cocoa (flew) out of the factory / into the sky.
→ 그것이 ~한 이유이다 // 코코아 가루가 공장 밖으로 날아가게 된 / 하늘을 향해.

3 One person even (said), // "Chocolate snowflakes / falling from the sky! Dreams (come) true!"
→ 한 사람은 말하기조차 했다, // "초콜릿 눈송이들이라니 / 하늘에서 떨어지는! 꿈은 이루어진다!"

내신 맛보기

1 ②　　　　**2** ③　　　　**3** (1) main　(2) handle
4 that's why she was hungry
5 The weatherman told the viewers that it would be sunny
6 soccer players training

해석

1
사람들이 상품을 생산하기 위해 기계들을 이용하는 건물 또는 건물군

① 시스템　　　　② 공장　　　　③ 가루, 분말
④ 재료　　　　⑤ 눈송이

2
그들은 모두에게 점심을 사주겠다고 했다.

① 수리했다　　　② 퍼뜨렸다　　　③ ~해 주겠다고 했다
④ 청소했다　　　⑤ 실현되었다

24
pp.48~49

직독직해가 쉬워지는 **구문**

1일 1문장 해피 엔딩을 가지고 있는 것 같다
Plus ❶ 이 나무가 100년이 넘는다는 것이다
❷ 새로운 음식을 시도하는 것은

직독직해 Practice

1 Then, / why (does) the Moon (seem) / to have more of them / than the Earth?
→ 그렇다면, / 왜 달은 (~하는 것) 같을까 / 더 많은 그것들을 갖고 있는 것 / 지구보다?

2 The surprising fact (is) // that these craters (are) about 280 million years old.
→ 놀라운 사실은 ~이다 // 이 운석 구덩이들이 약 2억 8천만 년 되었다는 것.

3 Because Earth's ground (changes) a lot / and craters usually (disappear), // finding these old craters / (is) really amazing.
→ 지구의 땅은 많이 변하기 때문에 / 그리고 운석 구덩이들은 보통 없어지기 때문에, // 이 오래된 운석 구덩이들을 찾은 것은 / 정말 놀랍다.

내신 맛보기

1 ③　　　　　**2** ⑤　　　　　**3** ②
4 The surprising thing is that I got taller
5 My friends seem to agree with my idea
6 Having a shower

해석

2
A: 그 그림은 엉망이야. 너는 그것을 <u>지울</u> 수 있니? **B**: 물론이야, 내가 그것을 치울게.

① 의미하다　　　② 나타나다　　　③ 찾다, 발견하다
④ 남아있다　　　⑤ 지우다, 없애다

3
우리는 하이킹 중 <u>거대한</u> 폭포를 보았다.

① 두꺼운　　　② 거대한　　　③ 놀라운
④ 심지어　　　⑤ 긴, 오랜

Unit 09

25 .... pp.50~51

직독직해가 쉬워지는 구문

1일 1문장 피자 만드는 법을 배운 방법이다
Plus ❶ 정크푸드라고 부른다
❷ 이탈리아 예술가에 의해 지어졌다

직독직해 Practice

1 That('s) how // this beautiful city in Brazil (got) its name!
→ 그렇게 ~한 것이다 // 브라질의 이 아름다운 도시는 그것의 이름을 얻게 된!

2 Since it (was) January, // they (decided) to call / the place / "Rio de Janeiro" / in Portuguese.
→ 1월이었기 때문에, // 그들은 부르기로 결정했다 / 그 장소를 / 'Rio de Janeiro'라고 / 포르투갈어로.

3 Since then, / Brazil (was ruled) / by Portugal / for over 300 years.
→ 그 이후로, / 브라질은 지배당했다 / 포르투갈에 의해 / 300년이 넘는 동안.

내신 맛보기

1 ②   2 ③   3 ④
4 That's how he became a good guitarist
5 but his friends call him Eddie
6 The dinner was cooked by

해석

1
| 나라나 단체에 대한 힘을 가지고 있다 |

① 생각하다   ② 지배하다, 통치하다
③ ~라는 의미이다   ④ 도착하다
⑤ 결정하다

3
| A: 저 일몰 좀 봐! |
| B: 타워에서 그것의 경관은 대단해, 그렇지 않니? |

① 문화   ② 만   ③ 자연
④ 경관   ⑤ 실수

26 .... pp.52~53

직독직해가 쉬워지는 구문

1일 1문장 발견될 거예요
Plus ❶ 그녀가 먹을 수 있는 것보다 더 많은 쿠키를
❷ 블로그를 시작하고, 공유할 수 있다

직독직해 Practice

1 It (will be built) / on tall poles / above a lake.
→ 그것은 지어질 것이다 / 높은 기둥들 위에 / 호수 위의.

2 This hotel (makes) more energy // than it (uses)!
→ 이 호텔은 더 많은 에너지를 만든다 // 그것이 사용하는 것보다!

3 Plus, / you (can enjoy) / the beautiful view of the ice mountain / and, / especially in winter, / (see) the amazing aurora lights!
→ 게다가, / 당신은 즐길 수 있다 / 얼음산의 아름다운 전망을 / 그리고, / 특히 겨울에는, / 놀라운 오로라 빛을 볼 수 있을 것이다!

내신 맛보기

1 ②   2 ⑤
3 (1) environment   (2) leading
4 This library has more books than it can store
5 You can volunteer and help animals in need
6 will be provided

해석

1
| 사용된 후 원치 않게 된 무언가 |

① 지구; 행성   ② 폐기물, 쓰레기   ③ 노력
④ 햇빛   ⑤ 기둥, 막대기

2
| • 사람들은 숲을 지키기 위해 나무를 심는다. |
| • 모자를 쓰는 것은 너를 태양으로부터 보호해 줄 수 있다. |

① 도와주다   ② 청소하다   ③ 짓다, 건축하다
④ 재활용하다   ⑤ 보호하다, 지키다

3 ┤ 보기 ├
선도하는, 이끄는   놀라운   환경   특히, 특별히
(1) 비닐봉지는 환경을 해칠 수 있다.
(2) 프랑스는 패션 디자인에 선도적인 나라이다.

27

pp.54~55

직독직해가 쉬워지는 구문

1일 1문장 그의 눈에 좋은 비타민을
Plus ① 파괴된 건물을
② 내가 어제 너에게 말했듯이

직독직해 Practice

1 Drones (are) amazing flying robots // that (are helping) / us protect endangered animals.

→ 드론은 놀라운 비행 로봇들이다 // 도와주고 있는 / 우리가 멸종 위기에 처한 동물들을 보호하도록.

2 It (takes) pictures of monkeys / hidden deep / in the jungle.

→ 그것은 원숭이들의 사진을 찍는다 / 깊이 숨겨진 / 정글 속에.

3 As you (see), // drones (are not) just for fun.

→ 당신이 보다시피, // 드론은 단지 재미를 위한 것이 아니다.

내신 맛보기

1 (1) ⓒ   (2) ⓐ   (3) ⓑ   **2** ⑤
3 Far away
4 As the worker explained on the phone
5 Smartphones are great tools that are connecting people
6 the road blocked

해석

1 (1) avoid(피하다) - ⓒ 누군가나 무언가로부터 멀리 떨어져 있다
(2) hidden(숨겨진) - ⓐ 찾기 쉽지 않은
(3) save(~을 구하다, 보호하다) - ⓑ 누군가나 무언가를 안전하게 지키다

Unit 10

28

pp.56~57

직독직해가 쉬워지는 구문

1일 1문장 그의 자전거를 찾고, 닦고, 수리하는 것을
Plus ① 어려 보인다 **②** 따를 몇 가지 규칙들이

직독직해 Practice

1 It (helped) / the sheep to lose weight / and become healthier.

→ 그것은 도왔다 / 양들이 체중을 줄이고 / 더 건강해지도록.

2 One type (is called) white fat, // and it (looks) white or yellowish / under our skin.

→ 한 종류는 흰색 지방이라 불린다, // 그리고 그것은 하얗게 또는 노르스름하게 보인다 / 우리의 피부 아래에서.

3 But scientists (found) a way / to increase brown fat / in the body.

→ 그러나 과학자들은 한 방법을 찾았다 / 갈색 지방을 증가시키는 / 몸속에서.

내신 맛보기

1 ⑤   **2** ③   **3** ③
4 to take pictures, touch, and feel the artwork
5 He looked serious and worried
6 enough time to finish

해석

1
무언가에 대한 사실을 알기 위해 하는 과학적인 테스트

① 지방   ② 건강   ③ 위험
④ 열량, 칼로리   ⑤ 실험

2
밤늦게 간식을 먹는 것은 네 체중이 늘게 할 수도 있어.

① 유지하다   ② 찾다
③ (체중을) 줄이다, 빼다   ④ 증가시키다, 늘리다
⑤ 비슷한

3
• 그 소음은 두통을 일으킬 수 있다.   • 그 태풍은 도로에 손상을 일으켰다.

① 주사하다   ② 대신에
③ (문제를) 일으키다   ④ 개발하다
⑤ (불 등을) 끄다

1일 1문장 읽기에 흥미롭다
Plus ❶ 고객들에게 할인을 제공한다
　　　 ❷ 추억으로 그 사진을

직독직해 Practice

1 This secret place (makes) / the Eiffel Tower / even more interesting / to visit!

→ 이 비밀의 장소가 (~하게) 만든다 / 에펠탑을 / 훨씬 더 흥미롭게 / 방문하기에!

2 They (offered) him / lots of money, // but he (said) no.

→ 그들은 그에게 제안했다 / 많은 돈을, // 그러나 그는 거절했다.

3 He (wanted) to keep it / as a special place / for himself.

→ 그는 그것을 유지하기를 원했다 / 특별한 장소로 / 자신을 위한.

내신 맛보기

1 ③　　　**2** ⑤　　　**3** named, after
4 He offered us a great meal and room
5 would be perfect as a table
6 exciting to experience

해석

1

> 휴가 동안, 그들은 많은 장소로 여행하기 위해 차를 빌렸다.

① 봤다　　　② 제공했다　　　③ 빌렸다
④ 남아 있었다　　⑤ 만들었다

2 ① 그는 탑의 꼭대기로 올라갔다.
　② 저는 바다 전망이 있는 방을 원해요.
　③ 그 박물관은 많은 관광객들로 붐빈다.
　④ 그녀는 비를 보기 위해 창문을 통해 보았다.
　⑤ 불행히도, 그 사고에서 아무도 다치지 않았다.

1일 1문장 새로운 시작으로 여겨질 수 있다
Plus ❶ 여행해 본 적 있니
　　　 ❷ 그녀의 남동생[오빠]이 기타를 연습하도록 돕는다

직독직해 Practice

1 So, / playful aggression (can be seen) / as the opposite of cuteness.

→ 따라서, / 장난스러운 공격성은 보여질 수 있다 / 귀여움의 정반대의 것으로.

2 (Have) you ever (seen) / a cute puppy or a baby / and (thought), // "I (want) to squeeze it," / or "I (want) to bite it"?

→ 당신은 본 적이 있는가, / 귀여운 강아지나 아기를 / 그리고 생각해 본 적 있는가, / "나는 그것을 꽉 쥐고 싶다", / 또는 "나는 그것을 깨물고 싶다"라고?

3 Sometimes, / when it's too much, // cute aggression (helps) / us handle these strong positive feelings.

→ 때때로, / 그것이 너무 많을 때, // 귀여운 공격성은 도와준다 / 우리가 이런 강한 긍정적인 감정들을 다루는 것을.

내신 맛보기

1 ④　　　**2** ④　　　**3** (1) handle　(2) positive
4 She helped her friend move the bed
5 A rainbow can be seen as a symbol of hope
6 Have you ever eaten

해석

2

> 당신이 재미있게 놀고 있고 심각하지 않다는 것을 보여주는

① 공격적인　　　② 충성스러운　　　③ 귀여움
④ 장난스러운　　⑤ 정반대의 것

3 (1) 우리는 문제를 처리하기 위해 회의를 했다.
　(2) 그 회사는 고객들로부터 몇몇 부정적인 피드백을 받았다.
　　↔ 그 회사는 고객들로부터 몇몇 긍정적인 피드백을 받았다.

Unit 11

31
pp.62~63

직독직해가 쉬워지는 구문

1일 1문장 그녀가 얼마나 많이 그 책을 좋아했는지

Plus ❶ 구름처럼 느껴진다 ❷ 매일 테니스를 치는 것은

직독직해 Practice

1 They (can show) // how much we (love) our friends and family.

→ 그것들은 보여줄 수 있다 // 우리가 얼마나 많이 우리의 친구들과 가족을 사랑하는지.

2 Birthday celebrations / (feel) like a very old tradition.

→ 생일 축하 행사는 / 매우 오래된 전통처럼 느껴진다.

3 By the end of the 19th century, / giving birthday cards / also (became) common.

→ 19세기 말 즈음에는, / 생일 축하 카드를 주는 것은 / 또한 흔해졌다.

내신 맛보기

1 present   2 ④   3 ②
4 how much their parents worry about them
5 Reading sci-fi novels is one of my favorite things
6 felt like paradise

해석

1
흔한 : 드문 = 과거 : 현재

2
그는 국가의 수영 챔피언이다.

① 짧은   ② 오래된   ③ 드문
④ 지역의   ⑤ 부유한

3 ① 그는 남한의 축구 영웅이다.
② 그들은 새해 첫날을 축하 행사. (×, → celebrate(d))
③ 그는 그녀의 관심을 얻기 위해 크게 소리쳤다.
④ 그들은 그들의 전통을 지키기 위해 노력하고 있다.
⑤ 그녀는 한국의 문화와 역사를 배우고 있다.

32
pp.64~65

직독직해가 쉬워지는 구문

1일 1문장 될지도 모른다

Plus ❶ 끝낼 수 있었다 ❷ 버스를 타는 대신에

직독직해 Practice

1 The "fly on the wall" method (might sound) funny, // but it really (works)!

→ '벽에 붙은 파리' 방법은 우습게 들릴지도 모른다, // 하지만 그것은 실제로 효과가 있다!

2 People who (tried) it / (felt) less angry / and (were) also (able to do) their tasks / 30% better.

→ 이것을 시도한 사람들은 / 화를 덜 느꼈다 / 그리고 또한 그들의 일을 할 수 있었다 / 30% 더 잘.

3 Instead of being a fly on the wall, / you (could) also (be) a cloud in the sky, / or a security camera.

→ 벽에 붙은 파리가 되는 것 대신에, / 당신은 또한 하늘의 구름이 될 수 있다, / 또는 보안용 카메라가.

내신 맛보기

1 (1) ⓐ   (2) ⓒ   (3) ⓑ   2 ③
3 (1) time   (2) reduce   (3) caught up
4 We were able to find a solution to the problem
5 The movie might look long
6 for having

해석

1 (1) method(방법, 방식) - ⓐ 무언가를 하는 방법
(2) imagine(상상하다) - ⓒ 마음속으로 실제가 아닌 무언가를 생각하거나 만들다
(3) trick(비결, 요령) - ⓑ 무언가를 하는 영리하고 효과적인 방법

33
pp.66~67

직독직해가 쉬워지는 구문

1일 1문장 언제 훈련을 시작해야 할지

Plus ❶ 이상한 무언가를 ❷ (만약) 우리가 서두른다면

1 It (lets) / the fishers know / when to throw their nets.

→ 그것은 (~하게) 한다 / 어부들이 알게 / 언제 그들의 그물을 던져야 하는지를.

2 Scientists (watched) this friendship / and (found) something interesting.

→ 과학자들은 이 우정을 관찰했다 / 그리고 무언가 흥미로운 것을 발견했다.

3 If more people (understand) / the importance of this friendship / between fishers and dolphins, // they (might help) to protect it.

→ 만약 더 많은 사람들이 이해한다면 / 이 우정의 중요성을 / 어부들과 돌고래 사이의, // 그들은 그것을 보호하는 것을 도울지도 모른다.

내신 맛보기

1 ④　　　　**2** on, own

3 (1) ×　(2) ○　(3) ○

4 Did you do anything special during the weekend

5 If you don't buy a new computer

6 decide when to go

해석

1

하거나 다루기 매우 어려운

① 야생의　　② 친절한, 우호적인　③ 맑은, 깨끗한

④ 힘든, 어려움　⑤ 오염된

3 (1) 다른 사람들의 말을 듣는 것은 <u>중요성</u> 기술이다.

(2) 어부는 그의 <u>그물</u>에 많은 물고기를 잡았다.

(3) 내리고 싶으면 버스의 그 <u>버튼</u>을 누르세요.

Unit 12

34 .... pp.68~69

직독직해가 쉬워지는 구문

1일 1문장 내가 가장 좋아하는 축구선수

Plus ❶ 시간을 보내는 것을 아주 좋아한다

❷ 쭉 친구였다

직독직해 Practice

1 Nowadays, / most of the cod // that people in Portugal (eat) / actually (comes from) Norway.

→ 요즘에, / 대구의 대부분은 // 포르투갈 사람들이 먹는 / 사실 노르웨이에서 온다.

2 In Portugal, / people really (love) to eat cod.

→ 포르투갈에서, / 사람들은 대구를 먹는 것을 아주 좋아한다.

3 Portuguese people / (have enjoyed) cod dishes / for a long time.

→ 포르투갈 사람들은 / 대구 요리를 즐겨왔다 / 오랫동안.

내신 맛보기

1 ③　　　　**2** (1) ⓒ　(2) ⓑ　(3) ⓐ

3 traded, for

4 The park that I visit on weekends is peaceful

5 People in this town have kept the local tradition

6 started to get up

해석

2 (1) travel(가다, 다니다) - ⓒ 한 장소에서 다른 곳으로 가다

(2) meal(식사) - ⓑ 아침, 점심, 또는 저녁으로 먹는 음식

(3) reason(이유) - ⓐ 어떤 일이 발생하는 이유의 원인

35 .... pp.70~71

직독직해가 쉬워지는 구문

1일 1문장 라디오에서 나오는 소리가

Plus ❶ 안전할지　❷ 다른 사람들은

1 The scientists also (studied) bones / from a newly discovered dinosaur.

→ 그 과학자들은 또한 뼈들을 연구했다 / 새로 발견된 공룡의.

2 But they (weren't) sure // if other dinosaurs (grew) / in the same way.

→ 그러나 그들은 확신하지 못했다 // 다른 공룡들이 자랐는지 / 같은 방법으로.

3 Some, like the T. rex, / (grew) quickly // when they (were) young.
But others // that (reach) a similar size / (took) longer / in order to grow.

→ 티라노사우루스와 같은 어떤 공룡들은 / 빠르게 자랐다 // 그것들이 어렸을 때.
하지만 다른 것들은 // 비슷한 크기에 이른 / 더 오랜 시간이 걸렸다 / 성장하기 위해.

내신 맛보기

1 gain　　　**2** ②　　　**3** ③
4 The smell of fresh flowers filled the room
5 He wasn't sure if he should wear a coat
6 Some students, others

해석

1
> 다른 : 비슷한 = (체중)을 줄이다 : (체중)이 늘다

2
> 해바라기는 키가 3미터에 이를 수 있다.

① 연구하다　　　② ~에 이르다　　　③ 발견하다
④ 이해하다　　　⑤ 멈추다

3 ① 그 방은 새로 페인트칠 되었다.
② 도보 여행은 우리가 예상한 것보다 더 오래 걸렸다.
③ 그 16세기 건물은 최근에 지어졌다.
④ 요즈음, 그녀는 일주일마다 책 여섯 권을 읽는다.
⑤ 사자는 가장 유명한 육식 동물 중 하나이다.

36 ················· pp.72~73

직독직해가 쉬워지는 구문

1일 1문장 더 오래 기다릴수록, 더 화가 났다
Plus ❶ 작업자들이 도로를 수리[보수]하는 것을 봤다
　　　　❷ (비록) 비가 올지라도

1 The darker their skin (became), // the better they (threw).

→ 그것들의 피부가 어두워질수록, // 그것들은 더 잘 던졌다.

2 They (saw) / the octopuses throwing shells / at each other!

→ 그들은 보았다 / 문어들이 조개껍데기를 던지는 것을 / 서로에게!

3 So, / if you (see) / octopuses throwing things / at each other, // you (can guess) / they (might be) friends / even if they (seem) angry / at each other!

→ 그래서, / 만약 당신이 본다면 / 문어들이 물건을 던지는 것을 / 서로에게, // 당신은 추측할 수 있다 / 그것들이 친구일지도 모른다고 / 비록 그것들이 화난 것처럼 보일지라도 / 서로에게!

내신 맛보기

1 ④　　　　**2** ⑤　　　　**3** on purpose
4 Even if he is busy
5 The more I talked with Elena, the better I could understand her
6 saw the boys dancing[dance]

해석

1
> • 그녀의 머리카락은 회색으로 변하고 있었다.
> • 그들은 함께 그 트로피를 들어 올렸다.
> • 그 어린아이들은 서로에게 눈 뭉치를 던졌다.
> • 나는 내 친구들과 관계가 좋다.

① 들어 올렸다　　　② 던졌다　　　③ 변하는
④ 추측했다　　　⑤ 관계